Catch on!
知道的書

Catch on!
知道的書

公眾輿論

訊息與真實的明辨

PUBLIC OPINION

沃爾特・李普曼 Walter Lippmann——著

陳琪徨——譯

作家小傳

1931年《時代》雜誌封面上的李普曼，他是該年停刊的《紐約世界報》首席社論作家。

這可能是一場不知內情人士會覺得透著詭異趣味的嬉戲。在黑海濱城市索契（Sochi）某處的高級官員別墅區裡，有四個人開始玩起了業餘羽毛球，一隊由蘇聯的最高領導人赫魯雪夫（Nikita Khrushchev）與他的女翻譯員組成；另一邊則是一位全球聞名的美國專欄作家與他的第二任妻子。

他們的會面從那天早上11點就開始，並不都是在談論天下大事，除了羽毛球，還吃了兩頓豐盛的餐點；席間赫魯雪夫還體貼地擺了個大碗，讓這對作客採訪的夫婦可以把面前斟滿的烈酒倒掉好一些，不必如俄羅斯習性般一飲而盡。那天赫魯雪夫心情很好，他的醫生有事前往莫斯科，當下他似乎可以放縱享用美食，無視醫生規定他的不發胖飲食方式。

後來，年逾70歲的專欄作家實在撐不住了，他和太太以需要回去睡覺為由結束了這八小時的拜訪。赫魯雪夫則同意這位作家之後如有需要，可以自由引述他那天的談話。

這其實是美蘇「冷戰」期間的一場採訪。作家很快在飛回倫敦的機上就開始動筆寫作，畢竟這位來自美國最大對手國領導人的意圖與說法需要十分緊迫地出版為一本《即將到來的俄羅斯考驗》（*The Coming Tests with Russia*）。作家在這本書的後記日期註記離會面還不到一個月，他指出赫魯雪夫對全球有些區域問題的評估及研判「不像是虛張聲勢」，而美國的政府與人民需要對此趕緊做好準備。

事後來看，這位在書中被作者簡略稱為「 K先生」（Mr. K）的赫魯雪夫的確不是在虛張聲勢，而考驗也很快到來。比如，K先生明白告知這位專欄作家，於古巴發生的革命是必然的，且他掌握的情資使他有理由相信美國會在近日武裝一群古巴人登陸攻擊卡斯楚（Fidel Castro）政權，而且這個行動「會失敗」……。

沃爾特．李普曼與赫魯雪夫在索契會晤那天是1961年4月10日。七天後，令美國政府顏面無光的「豬玀灣事件」（Bay of Pigs Invasion）被寫入國際史事；一支古巴流亡者部隊入侵三天後被肅清，千人被俘，配合行動的美國船隻及飛機也蒙受戰損。時任美國總統的甘迺迪（John F. Kennedy）因此解職了「中央情報局」（CIA）三位最高級別官員，其中也包括中央情報總監艾倫．杜勒斯（Allen Dulles），後面我們還會再提到他。

——◇◆◇——

與赫魯雪夫的採訪是李普曼不凡人生的寫照之一。與他祖國不同陣營的領導人都對他懷有敬意；他的意見世界精英想要聆聽，各國政要視他為一個可以理解美國高層政治的傳播窗口；他主張新聞從業者要與政治領導人物保持距離與懷疑，自己卻長期深入美國歷屆總統及商業界的諮議圈內；他對新聞媒體影響公共訊息品質的責任既有期待也有悲觀，但生涯的事業高峰脫不開美國報業最黃金的年代。他支持過六、七位美國總統競選者，在他們當選後某個時點則多半反對他們。這當中尤以因越南戰爭而被李普曼激烈批評的林登．強森（Lyden Johnson）反應最為激烈，這位總統甚至組織團隊，特別蒐集歷年來李普曼文章的預測與事實錯漏清單（這種文件總是會曝光出來），這也的確讓李普曼受窘。

1931年當他從《紐約世界報》（*New York World*）離開前往

《紐約先驅論壇報》（*New York Herald Tribune*），並就此開啟了一生評論事業最輝煌悠久的〈今日與明日〉（Today and Tomorrow）專欄時，其實震動了許多人，他的進步派朋友們指責他投向了保守的共和黨陣營。但其實李普曼都支持／批評過美國兩黨人士。

李普曼的早期著作及圈子使其被定義為「新自由主義」的濫觴之一，但他的許多理論卻又被認定為否定民選制度及精英保守傾向；他的傳播學名著《公眾輿論》可能是首次引入各種心理學研究於此領域的經典傑作，其間關於「共識製造」及「刻板印象」等概念至今仍在流傳，但他許多專欄中的失準判斷似乎又源於「並不總是理解大眾情緒或其對公共政策的影響」。有人稱他是「美國新聞學之父」，但他其實並不太從事傳統定義的新聞工作，也不以動用自己與權力圈的交集挖掘出搶先內幕為樂，他樹立的風格比較接近「當其他記者追逐新聞時，李普曼更喜歡沉思它。」

2022年，一場為紀念《公眾輿論》原著出版百年的哥倫比亞大學「李普曼研討會」上，一位學者佛斯特（Tom Arnold-Foster）就指出，這本書提出了「民主是唯一可行方式，但……各種現代性使得民主社會很難良善實行」的尖銳悖論，李普曼總是聲稱自己感到了「幻滅」，可是書的結尾卻簡單留下了一種樂觀，沒有回應書中提出的問題。

也有很多人認為李普曼的特色是文筆更甚於觀點，有時他文詞中的華麗曲折及迂迴，曾令一位新聞評論者利伯林（A.J. Liebling）揶揄他「或許是當今世界上最偉大的『一方面這樣』（on-the-one-hand-this）作家。」

在80歲生日前夕的一場與研究生研討對話中，李普曼說，「自從我寫了《公眾輿論》這本書，甚至在寫作過程中，我開始意識到，依賴選票的一般大眾對於處理許多問題的能力是非常有限的。我寫了一本書叫《幻影公眾》（*The Phantom Public*，1925年），主張最終公眾輿論真正能做的就是說『是』或『否』。它無法做比這更複雜的事情。……這是民主的一個重大未解決問題……。」

——所以，不要只論是或否，李普曼獨一無二，因此他有時一方面這樣一方面那樣。黨派與「某某主義者」難以歸類他，標籤化的立場及刊文後的謗譽對他的人生自然有影響，但遠非他關心的事務，他為自己設定的志向是在複雜時局中提供洞察。於是，就如那本他授權深入使用私人資料研究的傳記《沃爾特·李普曼與美國世紀》（*Walter Lippmann and the American Century*）作者羅納德．斯蒂爾（Ronald Steel）所說的，「讀者求教於李普曼的，不是解決問題的方法，而是不動感情的冷靜分析。他有一種化繁為簡的非凡本領。他的卓著成就可歸功於兩種品質：一是他總能夠撥開爭論與互鬥的迷霧，把握住形勢的本質，二是他的文體極為清晰明瞭。」

不管你喜不喜歡李普曼，他的評論就在那裡。斯蒂爾說，「……這種影響是實實在在的，但卻又難以估量。他並不指揮千軍萬馬，然而他確實具有左右輿論的巨大力量。」

——◇◆◇——

1914年，完成哈佛學業，來自德國猶太裔優渥家庭的李普曼開始和一群志同道合、亟欲改造美國社會的進步派朋友共同籌辦一本雜誌，意圖帶來一份編輯與思想都嶄新的刊物，這段期間的人與事經歷直至他於1922年加入《紐約世界報》社論版工作之前，對於李普曼本人及其思想留下了深重的烙印。

事情一開始不太順利。首先原本刊物的名字叫「共和」，但後來一位波士頓人已搶先一步登記了這個名字，他們不得不放棄。好一番討論後，只得更名為《新共和》（*The New Republic*）。創刊前的夏天，李普曼至歐洲休假兼探望雙親，這趟旅程使他結識了如H.G. 威爾斯、蕭伯納等英國文壇名流，並為日後替《新共和》開展人脈，只是這一切都比不上他有天在比利時遊覽，日記上描述的景象：「布魯塞爾的人們『在街上哭泣』，銀行恐慌導致信貸市場崩潰，並伴隨著德國入侵的威脅。」起因是那年六月，奧匈帝國的王儲斐迪南被刺，後來被稱為第一次世界大戰的前奏開始。李普曼從一位成長於富裕家庭的孩子轉變了他看待世界的方式，他寫道，「在這場戰爭中我的作用是要了解世界政治，培養對國家事務和軍事方面的興趣，擺脫那種僅僅致力於解決社群問題的舊自由主義⋯⋯。」

《新共和》在11月創刊，返美的李普曼在首期執筆了一篇書評，他顯然不太滿意H.G. 威爾斯的新作品《艾薩克・哈曼爵士的妻子》（*The Wife of Sir Isaac Harman*）。這時大戰已開打三個月，也隨即出現了所謂戰時宣傳（war propaganda）的力量，由於《新共和》的立場支持美國參戰，李普曼曾回憶道：「（《新共和》）所採取的立場，使我得到了人生唯一一次被賄賂的經歷。一位著名的英國出版商來到辦公室，表示如果我們能夠承諾每週撰寫一篇同樣風格的文章，他準備在戰爭期間每週購買五萬份。」

大戰也讓《新共和》銷售從兩千餘份增至1918年戰爭結束時的四萬份；這時間李普曼並與他的妻子搬到了華盛頓一處地標「杜邦圓環」（Dupont Circle）的某間寄宿老房子裡，前後幾年，這房裡住有一位大法官及李普曼夫婦與他的哈佛同學（也是《新共和》的編輯成員）等人，可能由於這房子裡的人有種進步的

The New REPUBLIC

A Journal of Opinion

Volume I — New York Saturday 7th November 1914 — Number I

THE New Republic is frankly an experiment. It is an attempt to find national audience for a journal of interpretation and opinion. Many people believe that such a journal is out of place in America; that if a periodical is to be popular, it must first of all be entertaining, or that if it is to be serious, it must be detached and select. Yet when the plan of The New Republic was being discussed it received spontaneous welcome from people in all parts of the country. They differed in theories and programmes; but they agreed that if The New Republic could bring sufficient enlightenment to the problems of the nation and sufficient sympathy to its complexities, it would serve all those who feel the challenge of our time. On the conviction that this is possible The New Republic is founded. Its success inevitably depends on public support, but if we are unable to achieve that success under the conditions essential to sound and disinterested thinking, we shall discontinue our experiment and make way for better men. Meanwhile, we set out with faith.

APART from the narrow margin whereby the Democrats retained control of the House of Representatives, the salient feature of the election is the apparently reactionary revulsion of popular opinion. Progressivism of all kinds has fared badly. The Progressive Party has been reduced to an insignificant remnant. The unprogressive members of the older parties are much more conspicuous on the face of the returns than are their progressive brethren. If we may judge by the fate of the proposed woman's suffrage amendments, progressive legislation has fared as ill as progressive candidates. The revulsion appears to be complete. No explanation can explain it away, but how is it to be explained?

In all probability it is more than anything else an exhibition of fatigue. Popular interest has been strained by a political agitation which has lasted too long and has made a too continuous demand upon its attention. It is tired of Congresses which do not adjourn, of questions which are always being discussed and never being settled, of supposed settlements which fail to produce the promised results, and of a ferment which yields such a small net return of good white bread. The voter whose interest is flagging reverts to his habits. He had been accustomed to vote as a member of one party when business was good, and sometimes to change over to the other party when business was bad. Business has been undeniably bad. His attention was not diverted from the business depression by the impulse of new and attractive political objects. On the contrary, progressive politics and economics had ceased to be either new or attractive. So the good voter cast his ballot as one or the other kind of a partisan, and the bi-partisan system has regained some of its old vitality. Neither should the substantial contribution which President Wilson has made to this result be overlooked. His scrupulous loyalty to his own party, and his determination to govern by means of a partisan machine and the use of partisan discipline, has resulted in the recrudescence of merely partisan Republicanism, and the increased political importance to the individual voter of a close connection with one of the two dominant parties.

THE severest blow which non-partisan progressivism received at the elections came from the apparently successful Senatorial candidacies of Sherman in Illinois, Gallinger in New Hampshire, and Penrose in Pennsylvania. These three gentlemen are all of them machine politicians with unsavory records, who represent everything most obnoxious to an American progressive. They were to a considerable extent opposed by the progressive elements in their own parties. Yet they were all nominated and elected by popular vote, and no adherent of popular government can question their title to their offices. The meaning of the lesson is unmistakable. Direct primaries and the direct popular election of Senators will not contribute much to the triumph of genuine political and social democracy so long as partisan allegiance remains the dominant fact in the voter's mind. Bi-partisanship will con-

7th November, 1914 — THE NEW REPUBLIC — 27

Mr. Wells Avoids Trouble

The Wife of Sir Isaac Harman, by H. G. Wells. New York: The Macmillan Co. $1.50.

SOMEWHERE in "The New Machiavelli" H. G. Wells pictures himself surrounded by piles of manuscripts discarded in an effort to find a true account of his story. When I finished reading "The Wife of Sir Isaac Harman" I wondered whether Mr. Wells had not passed beyond the stage of rejecting any part of his own work as inadequate. For though this latest book is amusing, and perhaps useful, it is a careless book written with comfortable facility out of the upper layers of his mind. You say to yourself, Wells has turned out another book. You cannot say to yourself, as you could of his earlier work, Wells has learned from fresh experience and Wells is giving of that experience. For "Tono-Bungay" and "The New Machiavelli" were wrung with tortured sincerity out of a man's own life, and they were scarred and shapeless with the effort; they seemed to stammer inevitably into Wells's famous suspension points, with their own inner need for the elusive fringes of the truth.

Since he wrote "The New Machiavelli" Wells seems like a man who has retired to live in the country on the proceeds of his accumulated spiritual capital. Where formerly each book had been a fresh adventure and a new conquest, these later ones seem like creations from an armchair which cost little and give little. No doubt it is understandable that men should grow weary of danger, that arctic explorers should become lecturers and that old soldiers should write their memoirs, that Wells should plagiarize Wells. Few men who write have driven themselves as he has driven himself. The old Wells seemed to be living in a chronic crisis, in which there were immense visions and shattering disappointments, a gorgeous socialism breaking its heart over the actual facts. In the characters he created love was a pursuit in which the woman his hero desired was always just beyond the one he possessed. He was forever adjusting his hope to reality, trying almost in agony to find in England a home for his dreams. And because that struggle was relentless, Wells has come to typify the modern man, his weakness and his constant relapses, his tentative hope and his overwhelming tasks.

For what distinguished Wells among the Utopians is the fact that his Utopia was never finished and that every new experience amended it radically. He was not content to indulge his fancy or to clamor for freedom. He seemed to live in that dangerous region where freedom is being tried and vision embodied. He seemed to be buffeted from both sides, challenged by his dreams which revolted at the compromises of reality, and assaulted by reality which denounced the emptiness of all dreams. He seemed to spend himself in that struggle—the severest that a man can face; and he seemed to win by a constant renewal of effort in which he refused to sink either into placid acceptance of the world, or into self-contained satisfaction with his vision.

But in his later books there has been an evident slackening of effort, betrayed at first by a too great fluency of style, an increase of mannerism, a tendency to large rhetoric, and to plots which creak along by accident. Worse than that, his heroines have become distant and beautiful, they have moved up in society as heroines do, so that of late a Wells heroine to have a soul and to suffer must also have a title. Moreover, the villain has appeared, as the husband in "The Passionate Friends," as Sir Isaac in this book. Now a villain is a device for shirking the issue; you ascribe all the difficulties to him, and your story can proceed. But he is fatal to the truth, as the earlier Wells would have proclaimed on every page.

Yet here is the villain drawn as an uncannily malignant figure who is responsible for modern commercialism and for the suffering of generous souls like the wife, Lady Harman. "Poor Sir Isaac had lived like a blind thing in the sunlight, gathering and gathering, when the pride and pleasure of life is to administer and spend . . . ." And you take it from this book that only when he dies is freedom possible. At any rate, Lady Harman kisses the other man and the final note is a happy one. The earlier Wells, I think, would have begun the book there; he would have written the history of the marriage of well-meaning Lady Harman and well-meaning and inadequate Mr. Brumley. He would, in short, have faced the real problem of love and business and politics, which is not of black villains and of white heroines, but of maundering and confused human beings.

Wells has tried to write that book several times, but of late the effort seems too great for him, and so he writes instead these hasty, imitative, and somewhat querulous additions to the stock of the popular novel. There has perhaps always been in him a tendency to run away from his problem. His distressed heroes and heroines have fled to laboratories or gone up in balloons or committed suicide. He himself has fled recently from the business of reconstruction to a very thin picture of "The World Set Free." Generally he has conquered this weakness or compensated it by a great mass of honest speculation and vivid experience, but in this latest book the flight has become precipitate amidst a wreckage of abstract nouns in the plural and absurdly simplified accounts of human motive. For the mere fact that Wells has written about marriage as if the wife were all innocence and the husband all villainy is in itself the most distressing commentary on this book.

W. L.

The Right to Believe

The Mob, a play in four acts, by John Galsworthy. New York: Charles Scribner's Sons. 60 cents net.

MANY gallant creations have come from Mr. Galsworthy, but none deeper or more poignant than "The Mob." For a time Mr. Galsworthy seemed diverted. "The Pigeon" and "The Eldest Son" were characteristic, but they were slighter than seemed warranted by his powers. In this recent drama, however, (produced on the English stage last March and now published for the habituated reader of plays), he returns to a larger, more inclusive world. There is, moreover a change in mental temper. No longer does he blindfold himself and his reader to hold his scales impartially. He stands squarely before a common moral issue, and, while still reticent, commits himself as never before.

The beauty of courage has always stirred the soul of Mr. Galsworthy. This is a drama of the beauty of courage. By accident it relates to war, and since war is uppermost in people's minds perhaps the accident is happy. Mr. Galsworthy could not, in point of time, have calculated to help our groping sympathies, but because he adverts to the sharp problem of public action and private conscience his drama responds to the cue of the hour.

A British imperial exigency creates the situation in "The Mob." Several British subjects have been murdered by the natives of a powerful country, presumably in Africa. Feeling runs high in England and the idea of a war is popular. The government of the day is impressed with this feeling. It is ready to accede to the newspapers and the

《新共和》的創刊頁面及李普曼執筆的書評。

自許及與人辯論的精神，因此被當地人戲稱為「真理之屋」（the house of truth）；居民裡面可能身份最異類的是一位藝術家古茨頓·博格魯姆（Gutzon Borglum），他曾向屋子裡的人們展示過一個模型，後來還真拿到了預算並付諸實踐，刻出了著名的美國地景「總統雕像山」（Mount Rushmore）。

李普曼還在杜邦圓環的歲月中與時任海軍部、後來成為總統的小羅斯福（Franklin Delano Roosevelt）來往，以及一位後來成為美國著名的外交關係協會（Council on Foreign Relations, CFR）成員與編輯《外交事務》（Foreign Affairs）五十餘年的阿姆斯壯（Hamilton Fish Armstrong），他為李普曼協助研究，與李普曼在公私都成了摯友及夥伴；許多那個年代影響美國走向的政治精英都聚居於這個圓環附近，例如既是律師又有外交情報官身份的艾倫·杜勒斯一家，艾倫的兄長約翰後來也官至國務卿。

戰爭期間，李普曼本人被徵召為陸軍尉級軍官，後來並參與起草了著名的「十四點和平建議」；在那場事後證明沒能帶來穩固和平的巴黎和會工作期間，李普曼還結識了一位與他一樣年少成名，才思敏捷的經濟學家凱恩斯（John M. Keynes）；這份交誼後來也使得李普曼完成了他「為《新共和》最成功的一次採買」

——凱恩斯極著名的《凡爾賽和約的經濟後果》(*The Economic Consequences of the Peace*)一書，最初以連載形式於《新共和》刊登後，迴響熱烈。二戰時，有回李普曼還拜訪過「廚房裡的凱恩斯」——那時凱恩斯的自宅也因倫敦轟炸頻仍受損，只能在炊事間與客人敘舊。

退役回到美國之後，戰爭帶來的種種改觀讓李普曼本人、「真理之家」、《新共和》團隊都不一樣了，他將完全進化為那個後人記述中的「專欄作家李普曼」形象，每一任美國領導者都不能忽略他的意見及政策支持。

——◇◆◇——

李普曼的新聞工作經歷主要在《紐約世界報》社論版及後來的《紐約先驅論壇報》的〈今日與明日〉專欄。1922年的《紐約世界報》已經不是報人老普立茲(Joseph Plutizer)主導，管事的是他的兒子拉爾夫(Ralph)。可能與我們今日所熟知的的新聞「普立茲獎」及捐助創立哥倫比亞大學新聞學院這種公眾形象不同——在老普立茲時代，紐約地區激烈的報業競爭和其他產業沒有二致。《紐約世界報》就搞過兩次噱頭，一次是為經費用罄的「自由女神委員會」募款（可謂一場百年前的「眾籌」行動）續建，這個「專案」事後刊出了十萬以上的小額捐助者姓名，當然也拉抬了閱報份額。還有一次，報社贊助一名女記者環遊世界，為的是打敗那個年代著名作品《環遊世界八十天》的情節。

到了普立茲晚年至拉爾夫時期，已經對這種聳動及刺激人們注意力的競爭疲倦，他們想把這種事讓給地區小報去做。已頗負名聲的李普曼與其才華正是《紐約世界報》新撰稿人的理想典型。只是，他可能與報社編輯部的人們想得有點不同。

羅納德．斯蒂爾的傳記上說，「……他身着細條紋的西服，頭戴圓頂硬禮帽，拿着手杖，……像是個刻板嚴厲的人。他看起來更像是公司董事，而不是記者。」

李普曼第一次從他頂樓的辦公室來到編輯部時，一位忙於截稿的編輯打量這人的衣著與眾不同，認定他是個信差，對他大叫，「坐下等。我一會兒就把信件袋裝好。」這位「信差」則用疑惑的眼光看着他，「對不起，我是沃爾特．李普曼。我想問問你關於住房的那篇文章。」

主管《紐約世界報》社論版主管時的李普曼才三十四歲，

編輯部的記者把李普曼稱為「頂樓君王」，但他其實並不像這個稱號般喜歡干預或嚴厲地對待這家報社的編採工作者，但他會細心修改下屬的每一篇稿子，特別重視文法及用詞。斯蒂爾的書上說，「普立茲兄弟想解雇報社裡年齡大的員工以削減開支時，李普曼竭盡全力保留他」，一些記者因為報導而遭到刁難時則出面維護；另一位《紐約世界報》的撰稿人則寫道，「他（李普曼）在《世界報》……為人辦的事比他們知道的要多得多，但也許他們永遠不會知曉。」

同樣受到李普曼照顧的人還有三十二歲的詹姆斯·凱恩（James M. Cain）。1924年他來到《紐約世界報》應徵，雖然有新聞界的推薦信，但他不甚有把握能在這家報紙得到某種他能勝任的寫作工作，凱恩回憶，「我告訴他（李普曼）……我剛從肺病療養院出來——我曾患有肺結核——我需要一份不需要太多走動的工作。於是我建議一個只要坐在那裡思考文章、構思的工作。……我就這樣繼續說著，李普曼盯著我，……他在聽我說話，雖然不予理會，但他在沉思。我心想，這傢伙到底怎麼了？他打斷我，問我有沒有寫作樣本……。後來，當我們成為了融洽的朋友時，我問他關於這次面試的事，他說：『當我聽你說話時，我開始意識到，你的不定詞從未分裂，你所有的代名詞都正確無誤，而且你的分詞也沒有懸垂』。」從小被父親要求的嚴密口語風格讓這位以前和友人會把「社論」（editioral）故意開玩笑說成「由訓練有素的海豹撰寫」的「白痴論」（idiotorials）的凱恩得到了一份全職工作。凱恩形容李普曼「在紙上，總是讓我覺得有點文藝氣息⋯⋯人們無疑把他當成一個瘦小緊張的男人。他並不小——而是一個高大魁梧的人，非常強壯，有著粗厚有力的雙手。」

在一次於報社大樓外的同行中，李普曼曾伸出他強壯的手拉住凱恩——在一輛冒失疾駛的車輛只距他幾公分前開過時；對於其實更想成為小說家凱恩，李普曼也出手協助他說服當時美國知名的出版人諾普夫（Alfred Knopf）簽下凱恩的初稿出版。這部作品後來大獲成功，有18種語言翻譯版本，並被改編成電影戲劇，有很多人都知道這部《郵差總按兩次鈴》（*The Postman Always Rings Twice*）的故事情節。

不過，凱恩倒沒有因為這些恩情而假意認可李普曼的文風。筆下另一種風格的他公開寫過有次和李普曼午餐時，他抱怨這位上司的文章總想「挖掘基本原則⋯⋯這行不通。就像音樂：鋼琴有八個八度，小提琴有三個，短號有兩個，而⋯⋯號角只有四個音符。現在你如果拿的是號角，那就沒有必要把自己固定在鋼琴樂譜前。」」

「也許你說的對」，李普曼回應，「但該死的，我不打算花一輩子寫號角聲。」

據斯蒂爾的傳記記述，李普曼在《紐約世界報》工作了九

《紐約世界報》的編輯主管群合影。前排座中間為李普曼，後排立者左二是詹姆斯．凱恩。（圖片來源：Yale University Library Digital Collections：Lippmann, Walter, 1889-1974。https://collections.library.yale.edu/catalog/10014445）

年，於新聞界聲名日隆，產出了約1200篇社論，三分之一是關於外交事務，而「在美國人大概對海外任何事情都不感興趣」的年代，這是個顯著的選擇。

《紐約世界報》在1931年不敵市場現實轉售，與《紐約電訊報》合併。不想寫號角聲的李普曼接下來的聲量卻經常響徹世界。

——◇◆◇——

二十一世紀的人們絕對很難想像，李普曼的報紙專欄〈今日與明日〉是如何運作的，它又能多大程度影響各國重要決策者的運作。

1958年，一篇《時代》雜誌的報導〈那個特立獨行的人〉（The Man Who Stands Apart）試圖再現這個專欄的生產過程：

> 「每週有兩天，早餐後的華特．李普曼（Walter Lippmann）會把自己隔絕在華盛頓寧靜的伍德利路（Woodley Road）上，他那爬滿常春藤的家中書房裡，撰寫他的聯合專欄〈今日與明日〉。這間書房明顯是一位學者的巢穴。……

對於如『利普曼專欄的誕生』這麼智識性的事件，這週遭的環境設置看來很隨興。

……自早上六點醒來後，創作情緒的螺旋已經逐漸緊繃，他已躺在床上沉思了一會兒。現在是九點。大約兩個小時後，他用墨水以緊湊難辨的字跡寫作，盡可能縮寫（例如「negotiate」變成「nego」），構思出 750 到 1000 個精心挑選的詞語。他將自己的作品朗讀進口述錄音機，連標點符號都一應俱全：『這並不太可能～逗號～我認為～逗號～總體而言……』；在他的工作人員打字並核對他的訊息後，這段話會透過長途電話讀給紐約《先驅論壇報》的自動錄音設備聽。

在那個時刻，這位作者已將日常瑣事拋諸腦後。他的興趣在於學人的追求，推進而非販賣思想和觀點。他對讚譽和批評都漠不關心，不清楚有多少讀者關注他，也不在乎：『擔心你的觀眾數量，就像每天量血壓一樣。』」

在最高峰時期，〈今日與明日〉會從挪威奧斯陸、加爾各答到東京各地，發布於美國和海外約 270 家其他報紙上，其多語種

一幅描繪書房裡李普曼的畫作（原畫為彩色），畫家是Stanley Meltzoff，收藏於史密松學院／美國國家肖像畫廊。

https://www.si.edu/object/walter-lippmann:npg_NPG.95.51

發行量估計達到 2000 萬。

有次，當李普曼以一篇專欄斥責甘迺迪總統的政策時，「總統氣憤地問親信為什麼他還要費心閱讀媒體對他行動的批評……『嗯，』他自問自答，『畢竟這是沃爾特．李普曼』。」

1968年「越戰」正熾，在中國政府的外交出版史料中，毛澤東有次與越南共產黨領導人胡志明的得力助手「范文同」談話時說，「美國有一個習慣，就是不打長期戰爭。……特別是，美國記者沃爾特．李普曼最近發表了一篇文章，警告不要再次陷入陷阱。他說美國已經在越南陷入了陷阱，……因此，你們的事業是有希望的。」

在一封中央情報局（CIA）現已公布的歷史通訊中，李普曼從報社寄了封短信知會情報總監艾倫．杜勒斯，信上說明一位加拿大記者菲爾波特（Elmore Philpott）——李普曼並不認識也沒聽過這個人——在寫給他的信上說，自己剛從中國回來，並與外交部門人士有接觸談話；李普曼轉述菲爾波特的話，大意指出：中國將考慮進行某種「如你專欄上建議」的計畫，自兩個島嶼名義上撤回軍事行動，但不代表中國政府對主權有任何退讓……。這份短信文件上的日期是1958年11月 ，三個月前，「第二次台海危機」（即「823炮戰」）剛爆發。

李普曼本人和〈今日與明日〉專欄後來已成為某種高級的美國政治單元，他的意見聲望猶如一種重要思想通貨。

1937年，紐約和華盛頓的建制派對一樁「風流韻事」（其實後來幾乎瀰漫成一件「醜聞」——在當時的美國社會倫理觀下）大感震驚，他們焦慮李普曼這個思想通貨發生流動性問題。這場危機最簡要的版本是：李普曼與那位在《新共和》時期即結識的阿姆斯壯的妻子「海倫」陷入了不倫戀。

在一次海倫歐洲之行時，四封抒發離愁的李普曼來信寄至某處旅宿，但已經離開前往下一站的海倫沒能收到。旅宿的工作人員十分盡責，他們不知海倫現在何處，就把信轉寄回給收件人夫婿的美國辦公室。阿姆斯壯的秘書則十分多事，認出李普曼出了名難辨的字跡及收件者名字後，她心生懷疑地拆了信後交給老闆。

這兩對夫婦其實有多年交往，還結伴出遊過數次，結果情誼與婚姻雙雙破裂。原本有意挽回妻子的阿姆斯壯後來無心處理離婚分產及撫養權事宜，他的朋友艾倫·杜勒斯（那時是以律師的資格，而不是情報官的技術）無酬且迅速地辦理完法律程序。只是，阿姆斯壯長期編輯的《外交事務》再不會有李普曼的文章了。

著有《杜邦圓環》（*On Dupont Circle*）一書的史羅德斯（James Srodes）描述了政治圈內對此風波的憂心，「……雖然婚外情司空見慣，但離婚仍然是一件不光彩且不被接受的事情。……更深思熟慮的觀察者擔心更大的後果。……沃爾特．李普曼現在被外交關係委員會和《外交事務》雜誌列入黑名單……剝奪了一個讓他發揮影響力的場所……失去了李普曼那常常相左的參考意見……。」

斯蒂爾的傳記上則記述了，這場因為「四封走失的情書」爆發的不幸，也讓《紐約先驅論壇報》上另一位當時極有名的專欄〈紀錄〉（On the Record）新聞作家桃樂西．湯普森（Dorothy Thompson，她的辦公室和李普曼在同一層樓）甚至擔心起來，「李普曼和阿姆斯壯之間的糾紛，可能會削弱美國人民抗擊納粹威脅的意志，因為他們兩人都是熱情飽滿、影響巨大的國際派人士……。」

——◇◆◇——

自二戰及至美蘇冷戰，這個長達三十五年的專欄裡，李普曼產出了超過四千篇文章，包括書籍在內，他一生寫作逾千萬字。期間他當然曾有過誤判形勢、預測總統選舉結果失準、批評過公認是由凱南（George Kennan）設計的著名「圍堵」（containment，又稱「遏制」）戰略，認為這個戰略假設蘇聯會在內部自行浮現問題的想法過於天真……等等；但這些都無礙他寫下評論，協助讀者追求理性的腳步，就如斯蒂爾的傳記上說的，「他一生都試圖理解外部的革命與巨變，幫助他的同胞『適應現實』。」

到了1967年，李普曼終於告別了〈今日與明日〉，在其他報刊媒體的撰文變得較少或不定期，寫書之外，偶爾接受那時興起中的廣電媒體採訪。

斯蒂爾從1969年開始為李普曼的傳記進行研究，後來成書的前言上形容，「1967年他半退休的時候，就好像是種已經形成制度的做法突然停止了存在。整整三代人都靠沃爾特．李普曼指點政治事務的迷津。」

一部專注於研究李普曼經濟主題言論的《李普曼：公共經濟學家》（*Walter Lippmann*：*Public Economist*）的作者古德溫（Craufurd D. Goodwin）感慨地說：「當我們反思 21 世紀美國公共政策辯論時，面對尖銳的意識形態和政治分歧，以及媒體在快速變化的技術和商業危機中的混亂，我們可能會想，如果能像我們的父母那樣，早上醒來喝著咖啡，幾乎每天都能看到〈今日與明日〉該有多麼安適。」

1971年1月，李普曼最後一篇專欄文發表在《新聞週刊》（*Newsweek*），評論了時任美國副總統阿格紐（Spiro Agnew，他後來在任內因故辭職）。他於1974年11月過世，火化後骨灰撒於緬因州海濱。最後一本未完成的書籍工作稿標題是《人的難以治理》（*The Ungovernability of Man*）。

曾被他批評，但其實私人非常敬重他的戰略家凱南追悼：

「在戰後（二次大戰）時代的複雜性開始成形之時，他並不比我們其他人更有完美的答案來應對那些問題。……核武、人口過剩、饑荒，以及現在明顯逼近每個人的環境污染威脅——三〇年代他苦思信念困境和自由主義意義的努力，都是人們看不見的。……但他從未失去對公正理性的信心。當他無法教導他人**思考什麼**時，他教導他們**如何思考**；考慮到我們的世界正被目不暇給的快速變化所吞噬，這或許是他能做的最有用的事情。」

沒有李普曼的世界繼續快速變化，數位及影視媒介讓新聞日報業的盛世再不復返；斯蒂爾辛勤研究採訪，但心裡希望李普曼「不會要求預看書稿」的那本傳記終於出版；那個李普曼在索契採訪時還自信滿滿的蘇聯政體，也在他身後多年一如凱南的戰略研判崩解。不會變的是，這世界再無李普曼。

目錄

第五部　公眾意志的形成

第六部　民主形象

第七部　報紙

第八部　給人們更有組織的訊息

|獻詞|

致費伊・李普曼

韋丁河，長島。一九二一年。

「你看！有人類生活在一處地下洞穴中，有一個向光的出口，貫穿整個洞穴。這些人從小就遭囚禁於此，雙腿及脖子都被鍊住，動彈不得，只能看向前方，他們的頭部因為鎖鏈固定住而無法轉動。其上方與身後有一團熊熊火焰，在火焰及囚犯之間有一條高起的通道。仔細觀察，你會發現通道旁有一道矮牆，就像木偶師表演時擺在面前的布幕，上面用來展示木偶。」

「我看見了。」他說。

我說：「你有沒有看到有些人沿著這道牆行走，手上還拿著各種器皿？這些器皿的影子映在了牆上；還有用木頭、石頭和其他材料做的人偶和動物？正如你預期，有些囚犯在交談，有些則沉默不語。」

「這畫面真奇怪，這些囚犯也很奇怪。」他說。

我回答：「和我們一樣，他們只能看見自己的影子，或是彼此的影子，透過火光投射在洞穴對面的牆上。」

「確實如此。如果他們的頭無法轉動，要怎麼看到影子以外的事物呢？」他說。

「同理，那些被搬運的物品也只有影子嗎？」

「是的。」他回答。

「那麼，如果這些囚犯彼此交談，會不會以為所談論的事物，就是他們眼前所見的那些影子呢？」

柏拉圖《理想國》第七卷

第一部

序言

INTRODUCTION

第1章

外部世界及我們心中想像的畫面

海洋中有一座島嶼，一九一四年時曾住著幾名英國人、法國人及德國人。現在島上沒有牽電纜，而英國郵輪會在此停留，但在郵輪固定來傳遞消息之前，一度有兩個月的等待期。郵輪九月那時還沒到，島上的人們仍在談論報紙上關於卡約夫人（Henriette Caillaux）的新聞，她因槍殺了報社編輯加斯頓．卡爾梅特（Gaston Calmette）而即將接受審判。正因如此，島上所有人對獲取消息的渴望不同以往，他們在九月中的某天齊聚碼頭，等著船長捎來判決結果。這群人知道過去六週以來，他們之中分成兩派，英國人及法國人一直以協定不容侵犯的名義對抗著德國人。說也奇怪，這段期間他們雙方檯面上以朋友自居，但背地裡卻各懷鬼胎。

然而，他們的困境和大部份的歐洲人沒有什麼不同。消息時間差已達六週，在歐洲大陸，消息間隔可能只有六天或六小時。

總有一段間隔，有一個時刻是，歐洲的人們一如往常做生意的畫面早已變成混亂不堪的生活景象。對每個人來說，總有一個時刻是還在調適接受一個早已不復存在的場景。直到七月二十五日，全世界的人們都還在生產往後根本無法運送出去的貨物，買到其實根本進不來的商品，還在規劃事業藍圖，還在思考企業走向，還懷抱著希望與期待，我們就是相信如此的世界就是真實世界。人們正在撰寫描述如此世界樣貌的書，相信心裡所想像的畫面。超過四年後的某個星期四早上傳來了要停戰的消息，人們終於能一吐積累已久的苦水，為殺戮畫下句點，但真正迎來停戰前的短短五天之內，儘管已經在慶祝和平的時刻，其實有數千名年輕士兵戰死沙場。

回顧過去，我們體悟到自己是如何間接知道所身處的時空背景。我們能了解到消息傳遞的速度忽快忽慢，但無論我們相信什麼才是真實的，就算不確定，還是會裝作事實就是如此。習以為常的是，針對其他民族及其他年齡的人們，我們相信自己能了解這些人，知道他們何時對於這荒謬可笑的世界畫面信以為真。事後看來，我們自以為是地認為，他們需要了解的世界及確實已知的世界，常常相互矛盾。我們也能了解，雖然他們在想像的世界中治理爭鬥，進行貿易與改革，但現實中不是有所收穫，就是根本一無所獲。他們開始找尋印度而發現美洲，獵巫而將老婦吊死，以為能以賣而不買的手段致富。一位穆斯林哈里發（caliph）依循他信奉的真主阿拉旨意，焚毀了一座位於埃及亞歷山卓（Alexandria）的圖書館。

聖安博（St. Ambrose）大約在西元三八九年寫到柏拉圖的洞穴預言中的一個例子，提到一名意志堅定的獄囚。「討論大地的本質及位置對我們所嚮往的未來生活沒有幫助，了解經典所述就足夠了。神將大地懸在虛空（約伯記26:7），那何必要爭辯神究竟將大地懸於空氣中還是水上，引發關於空氣如何支撐大地的爭議，或者說假設大地懸於水上，那大地為何不會崩塌而沉到水底呢？……其實並非因為大地彷彿上下平衡般懸掛在中間，而是因為偉大的神用祂的意志力支撐著，維持穩定於無常及虛無之上[1]。」

這對我們所嚮往的未來生活沒有幫助，了解經典所述就足夠了。那麼為何要爭辯？只可惜在聖安博後的一百五十年，因為正反兩面的問題，論述還是無解，猶如一灘渾水。科斯馬斯

1　Hexaemeron, i. cap 6, quoted in *The Mediaeval Mind*, by Henry Osborn Taylor, Vol. i, p. 73.

（Cosmas）是名以科學成就聞名的修道士，他受任命書寫一部基督教地形學，或稱基督教對世界的論述[2]。顯然當時他確實知道大家對他的期待，因為他根據讀過的經典得出所有的結論。當時，顯然世界是一個平坦的平行四邊形，東西的寬度是南北距離的兩倍，正中央是四面環海的大地，而海的盡頭是另外一圈大地，是大洪水前人們生活的地方，這片大地正是諾亞的登船處。北方有一座錐狀的高聳山脈，太陽及月亮繞著這座山公轉。太陽繞到山的背面時是夜晚，天空和大地邊緣相連在一起，由四面高牆組成，牆頂形成向內凹的屋頂，這樣大地如同宇宙的地面。天空和大地之間有一片海，是蒼穹上的水體，這座海和宇宙的屋頂之間的空間是聖域，而大地和天空之間住著天使。最後，因為聖保羅說過，所有上帝創造的人類居住在地面上，那他們怎麼能住在地面的另外一側呢？我們知道，基督徒根本不會提到這個概念，就算眼前有如此一座通道[3]。

他更不會有前往另一側的想法，任何信基督的國王也不會

2　Lecky, *Rationalism in Europe*, Vol. I, pp. 276-8.
3　Lecky, *Rationalism in Europe*, Vol. I, pp. 276-8.

給予他船隻嘗試前往，就連虔誠的水手也不會想嘗試。對科斯馬斯而言，他所繪製的地圖毫無荒謬之處。因為他絕對相信這就是宇宙的面貌，我們才能開始理解他一定會害怕麥哲倫或是培立（Robert Peary）這類探險家，或是擔心飛行員航行在距地表七英里處，冒著可能撞擊到天使及天頂的風險。同樣地，所有政黨絕對相信他們所認為的反對黨是什麼樣子，儘管事實不見得如此，這樣我們才能完全理解戰爭及政治有多火爆。因此，就像哈姆雷特（莎士比亞劇作筆下人物），他隔著沙沙作響的布幔，用劍刺殺了波隆尼爾（Polonius），以為他是叔父，或許也如哈姆雷特接著所說的：

「你這個卑鄙亂闖的蠢材，再會！
我把你當作是你的上司，你認命吧。」

大眾所了解的偉大人物，常只是他們的表面罷了，因此俗諺「僕從目中無英雄」所說，倒是有幾分道理。對僕從來說的確有幾分道理，但這些貼身僕人也常沉浸在自己營造的虛假之中。當然，皇室的形象也是建構來的。不論他們相信自己的公眾品格，還是請管家為他們出謀劃策，至少會有兩種截然不同的自我：大眾面前的皇室自我及私下身為人的自已。偉大人物的傳記描述或多或少分為這兩種自我的歷史軌跡。例如林肯被賦予高貴的人物形象，是一位重量級的史詩人物，並非一般凡夫俗子，和希臘神話英雄埃涅阿斯（Aeneas）或是聖喬治屬於同等級的。奧利佛（Frederick Scott Oliver）筆下的漢彌爾頓（Alexander Hamilton）是相當空泛的，只是簡單帶過，如同奧利佛自己將其稱為「美國工會論」。這篇論文是州立聯邦制度的正式成果，並非一位人物的傳記。有時人們藉由表露自己的內心層面來創造自己的外在形象。戰地記者雷賓頓（Charles Repington）以及社交名媛作家瑪格特．阿斯奎斯（Margot Asquith）的日記是一種自我寫照的風格，當中的細節表露無遺，是作者如何看待自己的一種表徵。

然而最有趣的描寫風格是自然而然在人們內心產生的內容。作家利頓．斯特雷奇[4]（Lytton Strachey）說道：「維多利亞女王登基時，所到之處群眾熱情洋溢，瀰漫著愛慕的氣氛。這些人看著稚氣的女王那天真無邪、端莊賢淑的模樣，一頭金髮，臉頰紅

4　Lytton Strachey, *Queen Victoria*, p. 72.

潤，內心滿是對皇室鍾愛的雀躍之情。而當中最令所有人瞠目結舌的是女王和叔父之間的對比。這些噁心老男人腐敗自私、愚蠢可笑，留下債務累累、不知所措及聲名狼藉的永久形象。他們如冬天的雪片般消逝，最終終於等到春天來臨，光明璀璨的一刻。」

傑恩・皮耶福（Jean de Pierrefeu）5就見識過這種第一手的英雄崇拜，因為他是法國名將霞飛（Joseph Joffre）聲勢如日中天時的下屬：

> 「兩年來，整個世界對著馬恩河戰役勝利者表達至高無上的敬意。幫忙搬運行李的工人確實承受不了箱子、包裹及信件的重量，也跟著彎腰鞠躬。這些寄給將軍的信件表明了寄件者對他的欽佩之意。我認為除了霞飛將軍，沒有任何一位指揮官能夠體會何謂榮耀。這些來自世界各地的寄件者寄給他一盒盒最頂級的糖果、香檳、各年份的好酒、水果、野味、裝飾器皿、衣物、菸草產品、墨水台及紙鎮等。各地都獻出各自的特產。畫家獻畫，

5　Jean de Pierrefeu, *G. Q. G. Trois ans au Grand Quartier General*, pp 94-95.

雕塑家獻小塑像，老太太送被子或襪子，牧羊人在小木屋裡為將軍刻煙斗。世界各地所有與德國敵對的製造商送出他們的產品，哈瓦那送雪茄，葡萄牙送波特酒。我還知道一位髮型師用了將軍心愛之人的頭髮做了一張他的肖像畫，一位專業的抄錄員也用了相同的點子，但特色是由數以千計的小字片語所組成，這些片語都是用來歌頌霞飛將軍的。至於信件，上面有來自各個國家的各種字母，以各種方言書寫，也有仰慕信件，字裡行間充滿感激之意以及愛慕欣賞之情。這些寄件者稱他為世界的救世主、國家之父、上帝的代理人、人類的恩人等等……數千名孩子在父母不知情的情況下，用筆寫下了他們對將軍的愛慕，大部份的他們都稱將軍為我們的父親。這些孩子情感的宣洩以及對將軍的欣賞，還有因為野蠻主義失敗而如釋重負的嘆息聲，其實背後無比心酸。對所有這些天真可愛的小靈魂而言，霞飛將軍猶如聖喬治擊潰惡龍一般。的確，他為人類的良知而戰，是代表正義戰勝邪惡、光明戰勝黑暗的化身。

神經病、傻子、裝瘋賣傻之人以及行為癲狂者都將他們那混沌的腦袋轉向了他，如同轉向了理智。我讀過某個人的信件，寄件者住在雪梨，他懇求將軍能解救他，免於敵軍威脅；另一名來自紐西蘭的寄件者請求他將一些軍人送到一位債主的住處，這些人欠了他十磅，但他慷慨表示一筆勾銷。

最後，好幾百位年輕女子克服了自己的膽怯，勇敢向他示愛，要求與他結婚，連他們的父母親都不知情。有些人則只願意服侍他。」

只因霞飛和下屬士兵們在戰爭中取得勝利，加上戰爭的絕望、個人的苦難以及希望未來勝利的催化，這位將軍的形象變得更加理想。然而除了英雄崇拜之外，邪惡力量也會被召喚出來。以同樣製造英雄的機制，惡魔也會誕生。如果正義來自霞飛、福煦（Ferdinand Foch）、威爾遜（Woodrow Wilson）或是羅斯福，那麼邪惡則來自德國末代皇帝威廉二世（Ferdinand Foch）、列寧及托洛斯基（Leon Trotsky）。他們代表邪惡一方的萬能形象和正義一方的英雄是一樣的。對很多思想單純且容易懼怕的人而言，世界上沒有任何地方是沒有政治對立、沒有衝突、沒有阻擋、沒有離奇死亡以及神祕災禍的，而造成這些狀況的源頭無不和這些個人的邪念有關。

世界對於這種象徵性人物的集體崇拜明顯相當罕見，而每位作者非常喜歡以這種有特色且毫無爭議的人作為例子。戰爭的情境活生生給出了這樣的例子，但塑造這些人物並非是空穴來風。回到正常的情況下，有象徵意義的場景同樣會制約行為，但每一個象徵不那麼具包容性，因為很多是相互排斥的。每一個象徵不但會因為本身只代表一部份人，所以產生的情感共鳴有限，而且就算在這群人之中，也還是會有個別的差異。在相對安定的時代，這些輿論的象徵意義容易受到檢視、比較及爭辯。這些象徵時而來時而去，成為焦點後又被人遺忘，所有人的情緒從未完美凝聚在一起。畢竟，只剩一種人類活動能讓所有人達到內心的團結一致，其發生在戰爭中間階段，這時恐懼、爭鬥及憎恨完全佔據人心，不是要將其各自攻破，就是要仰賴這些情緒，而感到疲憊無力感之前也會產生這樣的情況。

幾乎在其他時刻，甚至是戰爭陷入僵局之時，會有一股更飽滿強大的複雜情感湧出，產生衝突、抉擇、遲疑及妥協。如皮耶福的例子所示[6]，輿論的象徵意義經常帶有利益權衡的特色。比方說，停戰協定後，不穩定且不成功的協約國象徵究竟會多快消失，同盟的各個國家所認為的他國象徵意義馬上就會瓦解：英國捍衛公民法律，法國監督自由疆界，而美國是社會運動推手。接著想想各國家對於自己的象徵意義如何分崩離析，因為政黨與階級的衝突以及個人的政治抱負開始煽動延宕未決的議題。然後領導者的象徵意義如何被取代，因為威爾遜、克里蒙梭（Georges Clemenceau）及勞合・喬治（Lloyd George）一個接著一個，不再是人類希望的化身，只是淪為一個理想破滅世界中的談判者及管理者。

不論我們對此感到遺憾，認為這是和平的軟性弊病之一，或是讚頌它為一種回歸理智的方式，顯然在這裡無關緊要。我們首先對虛構及象徵的關注是要忘記其對於現行社會秩序的價值，要將其視為人類溝通機制的重要一環。畢竟，只要是利益與自我限制範圍沒有小到所有人都能知曉任何事的社會，那內在思想就會處理無形及難以捉摸的事件。如小說裡的那位戈弗草原鎮的舍溫

6　參見第五部。

小姐[7]知道法國的戰爭正在升溫，並試圖想像畫面，她從未去過法國，也就是她連現在的戰爭前線也沾不上邊。

她看過法國及德國軍人的照片，但要她想像三百萬人的場景是不可能的。事實上，沒有人能想像這樣的畫面，連專家都不會這樣做。他們會將這些軍人們想成兩百個分隊。然而，舍溫小姐無法取得戰事地圖，因此如果她要想像戰爭的畫面，就要專注在霞飛及威廉二世身上，彷彿他們兩人在對戰。如果我們能看見她心中的畫面，那浮現的圖像或許和十八世紀雕刻畫裡的偉大軍人很類似。他站在那裡毫不畏懼，身形比實際的還要高大，背景裡還看得到彎彎曲曲由小人影所組成的軍人隊伍。偉大人物也不會不知道這些期待。傑恩．皮耶福提到一名攝影師去拜訪霞飛，將軍正在他的「辦公室，桌上沒有任何文件，他坐在桌前簽名，這時赫然發現牆上沒有地圖。然而根據一般大眾的想法，將軍的辦公室沒有地圖是不可能的，因此有些地圖會為了拍照而掛上，事後才拿下來。[8]」

7 See Sinclair Lewis, *Main Street*.

8 Jean de Pierrefeu, *G. Q. G. Trois ans au Grand Quartier General*, p. 99.

任何人對一件沒有經歷過的事，他的唯一感受是來自內心對這件事的想像。那就是為什麼我們直到了解他人的意圖後，才能真正理解他們做這件事的背後原因。我曾見過一位賓州礦鎮長大的女孩，她的歡喜情緒會突然跌到谷底，只是因為一陣風吹裂了廚房的窗戶玻璃，好幾個小時都無法平復，而我完全無法理解發生了什麼。等她可以說話時才明白，原來窗戶玻璃破了代表一位至親已經過世，因此她為父親哀悼，還驚慌到逃出家門。當然很快經電報證實，這位父親人還好端端的，安然無恙，但在電報傳來之前，破碎的玻璃對女孩而言是最真實的訊息，這種真實感只有一位專業的精神科醫師曾做過的長期調查能告訴我們。然而，就連一般人都能察覺，這個因為家庭困境而失控的女孩已經在胡思亂想，想像一套完全不符合現實的畫面，就只因為一個外在事實的發生、一個還記得的迷信以及一陣面對父親那種複雜的情緒翻滾，一種既悔恨又恐懼但卻又參雜感情的五味雜陳。

這些例子中跳脫常理之處只是程度差別而已。比方說一位檢察長曾被門口的炸彈爆炸驚嚇過，所以當他讀到公告，預示一場革命會發生在一九二〇年五月一日時，他會自我連結並相信這是真的，從這個例子我們得知這和上述所說的內心機制沒有什麼不同。當然戰爭的情境提供了很多這樣的例子：隨機的事實、豐富的想像、相信的意願，除了這些還有因本能劇烈反應而創造的虛幻現實。顯然在某些情況下，人們面對虛幻及現實的反應是一樣劇烈的，而且這些情況大多會營造出人們所反應的那種虛幻場景。以聖經故事作比喻，沒有罪的才有資格扔石頭，那就讓那些不相信俄國軍隊於一九一四年八月侵略英國的人先扔第一塊石頭，讓那些不接受胡謅暴行的人先扔第一塊石頭，因為根本沒有直接證據，也沒有陰謀、背叛者或是任何間諜。讓那些不會以訛傳訛的人先扔第一塊石頭。

從所有這些例子中，我們務必特別注意一個常見的因素，那就是在一個人與他所處的環境之間安插一個「擬態環境」。他的行為就是對這個擬態環境的反應。然而因為是行為，這些動作結果不會在刺激行為的擬態環境裡運作，反而是在動作發生的真實環境裡產生。如果行為不是實際動作，而是所謂的想法及情緒，要察覺到這虛構世界的破綻需要很長的時間。但當虛與實的刺激最後變成針對事物或他人的行動時，矛盾很快會產生。然後，隨之而來的是一股想用頭槌牆的衝動，一種不經一事不長一智的體悟，還有理解哲學家赫伯特・史賓賽（Herbert Spencer）的理論被現實抹煞的感覺，總之就是內心會感到不適，難以適應。的確以社會的角度，一個人是透過虛構作為媒介來適應環境的。

我所說的虛構並非謊言，而是一個人自己或多或少所營造的環境本身。虛構的範圍從完全的幻想到科學家們有意運用示意圖，或是個人認定數字的小數點精確度對特定的問題根本無關緊要。虛構可以有任何程度的貼合度，只要將貼合度列入考慮，虛構就會如同真實一般。事實上，人類文化一大部份是選擇、重新編製、追溯模式以及如哲學家威廉．詹姆斯（William James）所說的風格化，也就是我們思想的「隨機發散及重組」[9]。運用虛構的另一種方式是直接讓人接觸情感的高低起伏來替代。這並非是真的替代，因為有時候不管以天真的眼神來看待事情是多麼新鮮，天真本身並非智慧，儘管智慧來自天真，也能透過天真矯正錯誤，畢竟整體而言，真實的環境太龐大、太複雜且對直接的認知太稍縱即逝。我們不具備處理那麼多枝微末節、那麼變化多端以及各種排列組合的能力。儘管我們必須要在這樣的環境有所行動，但也必須以平易近人的方式來重新建構環境，這樣才得以應

9 James, *Principles of Psychology*, Vol. II, p. 638.

付。要穿越這個世界，人們必須有地圖。他們一直遭遇的難處是取得能符合自身或是他人需求的地圖，他們需求往往只存在於波希米亞海岸這樣的虛幻之中。

那麼輿論分析者務必要開始理解行動的場景、人想像的場景畫面以及人在行動場景裡對於想像畫面的反應之間的三角關係。這就像一場戲，戲中演員根據自身的經驗表演，故事情節由演員的真實人生來傳達，不只是舞台上的角色扮演。移動的場景常巧妙地凸顯出這場兩面戲的內在動機以及外在行為。兩個人表面上在爭執錢的事，但他們的內在激情是難以捉摸的。然後，此場景會逐漸模糊消散，而這兩人各自心中的想法會有新的建構。檯面上他們為了錢的事在爭吵，記憶中他們是回想起青少年時期，當時其中一人因為另一個人而被女友拋棄。這場表面戲碼可以解讀成：主角不貪；主角沉浸在愛情中。

類似的場景也在美國的參議院上演。一九一九年九月二十九日早餐時間，有幾位參議員讀著《華盛頓日報》的一則關於美國海軍陸戰隊在歐洲達爾馬提亞海岸登陸的新聞。報上說：

現在已確立的事實

「以下的重要事實顯然已經確立。英國海軍部透過最高戰爭委員會（Supreme War Council）及海軍少將納普從倫敦傳來的消息，命令海軍少將安德魯指揮在亞得里亞海的美國海軍。此命令並未徵得美國海軍部的同意……」

丹尼爾斯並不知情

「無可否認，丹尼爾斯（Josephus Daniels）的定位很微妙，當接到電報說美國海軍繼續進行海上戰役時，有權全權指揮的他竟然不知情。由此可知，英國海軍部也許想對海軍少將安德魯發號施令，以此代表大不列顛及其盟友，因為假如要壓制鄧南遮（Gabriele D'Annunzio）追隨者的勢力，情勢上不得不犧牲某個國家。」

「進一步可以得知，有了新國際聯盟的加持，計畫他國在緊急時刻能直接指揮美國海軍，不管美國海軍部同不同意……」等等。

（劃線字為作者個人標註）

第一個評論的是賓州的諾克斯議員，他義憤填膺地要求徹查。康乃狄克州的布蘭德基議員接著說，憤怒的情緒已經模糊了事件的可信度。諾克斯議員當下氣憤地想釐清這則報導是否為真，而布蘭德基議員三十秒後想了解的是海軍如果陣亡了會發生什麼。對這個問題感興趣的諾克斯議員做出回應，忘記了他剛要求調查的事。假如美國海軍陣亡意味著發生戰爭。這場辯論還是以條件句方式持續進行著。伊利諾伊州的麥克康米克議員提醒參議院，威爾遜政府傾向發動未經許可的小型戰爭，他一再提起羅斯福總統關於「發動和平」的妙語，然後引起了更多討論。布蘭德基提到海軍聽命於某處的最高軍事委員會行動，但他不記得美國在該組織的代表人是誰。最高軍事委員會並非美國憲法範疇，因此印第安那州的紐議員提交了一份要求真相的決議案。

到目前為止，這幾位參議員仍然些許認為他們在討論一個謠言。身為律師的他們還是記得一些證據形式，然而作為血氣方剛的漢子，他們已經經歷了憤懣不平的情緒，會有這種情緒很合理，因為事實就是美國海軍未經國會同意就聽命於一個外國政府而展開軍事行動。情緒上，他們想相信這是真的，因為他們是對抗國際聯盟的共和黨員，這引起了民主黨主席內布拉斯加州希區考克議員的注意。他捍衛最高軍事委員會：它奉戰爭聯盟國之命行事。目前尚未看到和平的曙光，因為共和黨還在拖延和平的時程，因此這場行動是必要且合法的。現在雙方都假設這則報導是真的，而他們下的結論只是黨派之間的結論。然而，這個意想不到的假設竟出現在爭辯是否提決議案調查該假設的真相，這顯然困難重重，甚至連訓練有素的律師在結果出來之前都很難不做回應。回應是即時的，虛構取代的事實，因為虛構是必要的。

幾天後，一份官方報告顯示，海軍並未接獲英國政府或是最高軍事委員會的命令而行動，他們沒有一直與義大利對戰，而是應義大利政府要求保護該國，當局還正式對美國的指揮官表示感謝。美國的海軍並未與義大利交戰，他們的行動是根據既定的國際慣例，和國際聯盟絲毫沒有關聯。

行動的場景在亞得里亞海，在華盛頓的參議員們腦中，此場景的畫面是由一位根本毫不在乎亞得里亞海的人提供的，這樣一來或許是為了矇騙過關，他真正的目的是要擊垮國際聯盟。參議院回應畫面的方式是藉由對聯盟的看法來強化黨派之間的分歧。

在這個特定的情況，參議院的表現究竟是達到正常標準以上還是以下，還是能否與眾議院或是其他國家的國會相比擬，這根本不需要裁定。此刻，我只想思考人們在各自環境中行動的世界場景，而該環境會受到擬態環境的激化。即使人們能對蓄意欺騙的行為不以為意，政治學仍必須解釋兩國互攻的事實，雙方相信各自的行動為自衛，或者要解釋戰時的兩方都確信各自為共同利益發聲。我們可能會說，他們身處在兩個不同的世界，明確來說，他們其實位在同一個世界，只是所思所感大相逕庭罷了。

就是這些特殊的世界，不論是攸關個人、群體、階級，或是地方的、職業的、國家的還是黨派的傑作，處在偉大社會的人類必須為此調整政治說法，其多樣複雜的程度難以形容。然而，這些虛構畫面決定了一大部份人的政治行為。我們必須思考五十個主權國家的國會中，可能至少有一百個立法機關，當中至少有五十個地方市議員階級隸屬於這些立法機關，而這些行政、管理及立法單位構成了世界的正式權力當局，但這還不足以顯示政治生活有多複雜。在無數的權力當局之中，各自都還有政黨，而這些政黨本身也有階級，分屬各家士族派系，往下延伸還有個別政治人物，其個人還有自己的人脈、記憶思想以及恐懼與希望這般的感覺。

不知是基於某種不明原因，還是因為支配的野心、犧牲一方或相互攻防的心態而產生了來自這些政治集團的指令，這些集團能啟動軍隊或談和、徵召士兵、徵稅、流放、監禁、保護財產或充公、鼓勵某企業同時又削弱他業、促進或阻礙移民、提升或審查通訊、立校、造艦、宣布「政策」及「前途走向」、提高經濟壁壘、建立或移除財產、使某民族受他族掌控或是偏袒某階級作為對抗手段。對於每個決策，有些針對事實的觀點目的是要使人信服，有些針對情況的觀點可視為推論的基礎及感覺的刺激因子。什麼是針對事實的觀點？那為何如此認定？

然而，這不足以減弱真實的複雜性。正式的政治結構存在於社會環境中，當中有無數大小型企業與機構、自願及半自願協會以及代表國家、城市和居住社區的團體，而這些團體經常無法左右政府表明的決策，那麼這些決策究竟是依據什麼？

作家卻斯特頓（G. K. Chesterton）說道：「現代社會本質上是不穩定的，因為依據的概念是所有人為基於不同的理由做同樣的事……正如每個罪犯腦中也許像是一個單獨的犯罪地獄，那麼任何郊區店員的內心或許是一個獨立思想的灰色地帶。第一個人或許是名唯物主義者，認為自己的身體就像是一台產生他內心想法的可怕機器，他或許會聽從自己內心的想法，想著時鐘那無趣的滴答聲。住在隔壁的人可能是基督科學家，認為他的身體不知怎麼地比影子還要渺小，他幾乎會認為他的手腳是幻覺，很像戒酒時經歷的震顫性譫妄，手腳如同夢境中爬動的蛇一樣。在街上的第三個人也許不是基督科學家，但是名基督徒。他可能會如鄰居們所說，沉浸在童話故事中，一個神祕卻具體的故事，當中滿是詭異朋友的模樣。第四個人可能是神智學者，而且很可能是吃素的。我想何不大膽妄想第五個人是惡魔的信徒……現在不管這類的差異是否有意義，但這類的一致性是站不住腳的。期待所有人總能不斷思考事情不同的面向但卻能做同一件事，如此猜想很不切實際。社會並非是靠交流或約定俗成來建立的，而是靠機運。四個人可能會在同一個街燈下相遇，其中一個人將街燈塗成青綠色，將其視為偉大市政改革的一部份；一個人在燈光下閱讀禮拜書；一個人在酒精的催化下熱情地抱著街燈，而最後一人在那裡只是因為青綠色的街燈是和女友約會的顯眼地點，然而每晚都期待同樣的事會發生根本不合常理……」[10]

---

10 G. K. Chesterton, "The Mad Hatter and the Sane Householder," *Vanity Fair*, January, 1921, p. 54

這街燈下的四個人可比作政府、政黨、公司、社會、社交場合、行業及職業、大學、宗教教派以及世界中的國家。想想立法委員投票支持會影響遙遠民族的法規，一位政治家做決策。想想巴黎和會重組歐洲疆域、一位駐外大使試圖分辨本國與外國政府的意圖、一位倡導者在落後國家推動土地許可權、一位編輯要求開戰、一位神職人員呼籲警方規範娛樂活動、一家交誼俱樂部決定罷工，一群縫紉圈的人準備規範學校、九名法官決定奧勒岡的立法機關是否要修正女性的工時、一組內閣成員開會決定承認某國家政府的存在、一個政黨會議推派候選人及擬定政見、兩千七百萬選民投票、一名居住在科克的愛爾蘭人想著位在貝爾法斯特的同胞、共產國際計畫重建人類社會、董事會面對一系列員工的要求、一位男孩選擇未來志業、一位商人預估新一季的供應需求量、一位投機者預測市場走向、一位銀行家決定是否要信託一間新的企業、廣告商、潛在顧客……想想各式各樣的美國人思考「大英帝國」、「法國」、「俄國」或是「墨西哥」的概念，這和卻斯特頓提出的青綠色街燈下四人的概念沒什麼兩樣。

因此，人類天生的思想差異是一座複雜難懂的叢林，在我們深陷其中之前，應該要聚焦在這些不可思議的差異上，了解人類是如何認識這個世界的[11]。我不相信生物學上有什麼關鍵性差異，因為人類是一種動物，如果不是也太奇怪。然而，作為理性生物，行為是對自身環境的回應，而在理解各環境其實有顯著相似之處之前就要概括這些相對的行為簡直太過淺薄。

我們了解到這個概念的實際價值是，過去關於先天及後天、天生特質及後天環境的爭議必須要再修正。擬態環境是「人類天性」及「條件」所組成的混合體。依我之見，這表示大談人類是什麼、依據我們的觀察將會做什麼，或是社會的必要條件為何，這些都沒有意義，因為我們無從得知人們因應偉大社會的事實時會如何表現，我們真正知道的是，他們面對所謂偉大社會殘缺畫面時的反應為何。依照這樣的證據，坦白說我們無法對人或偉大社會做下任何定論。

那麼這將會作為我們調查的線索。我們應該假設每個人的行為不是基於直接確切的知識，而是根據自己創造的或是他人帶給他的畫面。如果他的地圖告訴他地球是平的，他就不會航行到接近地表的邊緣地帶，因為他相信最後會掉下去。假如他的地圖包

11 Wallas, *Our Social Heritage*, pp. 77 et seq.

含一座青春永駐的水池，像探險家龐塞．德雷昂這樣的人（Juan Ponce de León）一定會去尋找。假設有人挖出看似黃金的黃色泥土，他會表現得好像發現黃金一樣好一陣子。想像的世界是什麼模樣，在某個特定時刻決定了人們會怎麼行動，而非他們會達成什麼。換句話說，這會決定他們的努力、感覺及希望，而不是成就與結果。這些大聲嚷嚷著「唯物主義」及鄙視「唯心思想者」的馬克思共產主義者，什麼會是他們希望的寄託？答案是在階級意識團體的宣傳下所形成的集團。假如宣傳並非努力改變人們回應的畫面，或是取代現有的社會模式的話，那麼何謂宣傳？。階級意識其實不是體悟世界的方式嗎？國家意識還有其他定義嗎？吉丁斯教授（Franklin Henry Giddings）提出的同類意識不是一種人的信任過程嗎？過程中人們在龐大的特定群體中找到屬於自己的同類，難道不是嗎？。

試著解釋社會生活為追求樂趣及遠離痛苦。我們會不假思索地說，享樂主義者會再要求問其他問題，因為如果人本來就會追求這樣的目標，那麼這個論調並未觸及到一個關鍵性問題：為何他認定走某個途徑可能會有樂趣，而不是其他的呢？人的良知能得出答案嗎？他如何剛好在此刻有特定的良知去思考這件事呢？

是經濟學上的自利理論嗎？然而，人們是如何認定什麼方式對自己有利呢？渴望安全感、聲望或者是支配權嗎？還是為了所謂的自我實現？人們是怎麼認定安全感的，他們認為的聲望是什麼，他們如何理解支配手段的，還有談到自我實現，他們對自我的觀念究竟為何？樂趣、痛苦、良知、習得、保護、提升、精通等毫無疑問都是解釋人們行為方式的名詞。這些行為方式可以說是本能反應，但我們無法解釋這樣的行為或行為傾向是如何造成行為結果的。正是人們會推測這點可以證明他們的擬態環境，也就是他們對於世界的內在認知，決定了他們的想法、感覺及行動。假如現實與人類反應之間有直接立即的連結，優柔寡斷及內心挫敗則不會產生，而且（假使我們每個人和子宮裡的胎兒對這個世界同樣能適應良好），那蕭伯納（George Bernard Shaw）就不可能會說九個月大的人類胎兒，其行為和植物沒兩樣。

精神的潛意識要適應政治想法的主要難處就是來自此連結。佛洛伊德派學者在意的是，不同人之間對於他人以及具體情況的適應不良情形為何。他們的假設是，如果能夠平息內心的精神錯亂，那麼人對正常人際關係的想法就不太會或根本不會感到疑惑。然而，輿論處理的是間接、無形以及令人費解的事實，而且這些事實毫無明顯判斷依據。輿論所提及的情況就只是意見而已。另一方面，精神分析學家一直認為環境是可知的，就算不可知，那至少對頭腦清晰的知識份子來說是可接受的。這個假設正是輿論的癥結點。社會分析學家不會將知悉的環境視為理所當然，反而專注研究龐大的政治環境是如何形塑的，以及如何能更成功地形塑這樣的環境。精神分析學家調查對不特定X的適應性，這裡的X稱為環境；社會分析學家則是調查特定的X，在此稱為擬態環境。

當然他對這個新心理學說方面的理解永遠都會有欠缺，不僅是因為這個學說如果應用得當，能有助於人們獨立思考，無論發生什麼情況，而且也是因為這個研究夢境、幻想及合理化的學說，已為如何形塑擬態環境的問題點了一盞明燈。然而，他的評判標準不會是現今社會秩序下的「正常生理職業」[12]，或者是「不受宗教壓制的以及教義傳統約束的」[13]職業。對社會學家而言，何謂正常的社會職業，或者什麼是不受壓制及約束的職業？確定的

12 Edward J. Kempf, *Psychopathology*, p. 116.

13 Edward J. Kempf, *Psychopathology*, p. 151.

是，保守的批判者的確會先假設，而接著才是思想漫無邊際的批判者，但他們推測時會將整個世界視為理所當然。事實上，他們會說社會是一種實體，當中的正常性或是自由性和他們的觀念相符，而這兩個觀念僅僅是輿論。雖然作為醫者的精神分析學家也許會對輿論做假設，社會學家並不會將現存的輿論產物作為研究輿論的評判標準。

我們必須以政治應對的世界是摸不著的、無形的而且意想不到的。我們必須繼續探索、報導及想像這樣的世界。人類不是亞里斯多德般的神，能夠一眼就看穿所有的生命。人是經演化的生物，能夠為了生存跨越一大段豐富的現實生活，而且也能在一個時間段當中擷取一些洞察及喜悅的片刻。然而，人已經創造出一種方式，能看見肉眼所不能見，聽見耳朵所聽不到的，能夠舉足輕重，還能計算及分類他自身記憶力所不能及的物件。人還會運用想像來看見他從未看過、接觸過、聞過、聽過或者記得過的浩瀚世界。漸漸地，他在心中為自己創造了一個值得相信卻無法觸及的世界畫面。

外面世界的那些特色與其他人類的行為有關，而這個行為的範圍涵蓋了我們的、取決於我們的，亦或者是使我們感興趣的，那些特色我們簡單稱之為公眾事件。我們心中的畫面，不論是這些人類的、我們自身的、他人的，還是關於他們的需求、目的以及關係的等等都是他們的公眾意見。那些由多群人作為行為依據的畫面，或是個人以團體名義行事的畫面，統稱輿論，翻成英文時為Public Opinion，要以字首大寫字表示。因此接下來的幾個章節，我們會先探究一些原因，了解為何人們在處理外面世界時常被心中的畫面誤導。以外面世界為標題，我們應該先考量主要會限制我們理解事實的因素，這些因素包含人為審查、社交的限制、一天能注意公眾事件的時間不足、事件的訊息因為必須簡化而扭曲、很難用極少的詞彙來表達複雜的世界，以及害怕面對似乎會威脅到人們生計的事實。

然後，除了分析這些或多或少屬於外在的限制之外，我們會繼續分析的是，來自外界的這些零星訊息如何受到內在的因素影響，例如根深蒂固的畫面及先入為主的成見，還有能闡釋、補足及強烈引導我們注意力及觀點方向的偏見。再來是檢視個人因素，來自外界的這些有限訊息形成了刻板印象的模式，而一個人如何意識到及認定這些訊息與個人的利益相符。隨後的章節將會繼續探討的是，討論話題如何具體化成為輿論，以及國家意志、群體思維、社會宗旨等等是怎麼形成的。

前五部是本書的敘述主體，接下來是分析輿論的傳統民主理論。論點的本質是，原先的民主絕不會因為人們心中的畫面與外面的世界不符而認真面對所產生的問題。然後，由於民主理論遭受社會主義思想家批評，緊接著的是要審視最前衛且思路清晰的這些評論，這些評論來自英國的行會社會主義者。我在此的目的是了解這些改革者是否有考量到輿論的主要困難點何在。我的結論是他們忽略了這些困難點，與原先的民主主義者完全一樣，因為身處在一個相當複雜的文明之中，他們的假設也是人們的心中不知怎麼地存在著一套關於外面世界的知識，這相當神祕。

我的主張是代表性的體制，不管是一般指稱的政治還是產業方面，都無法順利運作，無論選舉的基礎為何，除非有一個獨立且專業的組織能讓決策者明白這些無形的事實。因此，我有意主張要認真接受一項原則，個人決策代表必須要有這些無形的事實表徵作輔助，單單接受此原則就有可能產生權力分化這樣圓滿的結果，讓我們遠離難以忍受且不可行的虛構畫面，當中我們每個人一定會獲取關於所有公眾事件的參考意見。有人主張新聞媒體的問題令人困惑，因為批評者及辯護者期待媒體理解這個虛構畫面，期待媒體彌補在民主理論中沒有預料到的情況。此外還主張讀者預期在沒有損及己身利益的情況下會有奇蹟發生。民主主義者認為報紙是他們理論缺陷的萬靈丹，而分析新聞本質以及新聞業的經濟基礎似乎顯示，報紙必然反映且或多或少強化輿論的架構是有缺陷的。我的結論是，輿論如果要健全就要產生架構給新聞媒體，而不是像現今的媒體一樣，由他們來組織架構。我所認定的組織是政治學的任務，就是在決策之前取得作為策劃者的定位，而不是作為決策後的辯護者、批評者或是記者。我努力指出政府及產業的錯綜複雜趁虛而入，給予政治學很大的機會變得更加完善並服務大眾。當然我希望這幾頁的內容能幫助一些人更深刻領悟到這個機會，因而能更有意識地去追求這樣的機會。

第二部

我們如何認識外部世界

APPROACHES TO THE WORLD OUTSIDE

第2章

審查與保密

一位將軍在歷史上最大戰役之一的危急時刻主持編輯會議，這個畫面似乎更像是來自蕭伯納筆下的巧克力士兵的場景，而不是日常生活中的一頁。然而，我們從這位編輯法國公報的將領得知的第一手資料是，這些會議是戰時的日常業務寫照，而且在凡爾登（Verdun）情勢最糟糕的時刻，霞飛將軍與其內閣會面並討論隔天早上的報紙上要印那些內容，必須字字珠璣。

根據皮耶福的說法[1]，「二十三號晚報（一九一六年二月）」的文字編輯過程相當戲劇化。在首相辦公室的貝斯洛將軍（Henri Berthelot）聽從首相命令，打電話給貝雷將軍（Maurice Pellé），要求他加強報導力度並強調敵軍攻擊的篇幅。讓大眾做好最壞打

1　Jean de Pierrefeu, *G. Q. G. Trois ans au Grand Quartier General*, pp. 126-129.

算是必要的，以防事態發展至一發不可收拾的地步。這樣的焦慮情緒顯示，不論是總司令部（Grand Quartier Général）還是戰爭部，都促使政府不要太過自信樂觀。貝斯洛將軍一邊說，貝雷將軍一邊紀錄。他遞給我的紙上寫著政府的期望，加上當日由馮戴姆林將軍（Berthold von Deimling）發布以及針對一些戰俘的指令，當中陳述這次攻擊是為了確保和平的一次大反攻行動。這些巧妙運用的說詞目的是要顯示德國正展開一個沒有先例的猛烈攻勢，同時也顯示從德軍的成功的角度，法國希望能結束戰爭。這樣的邏輯是，大家不需要對我們的撤軍感到詫異。一個小時後，我拿著我的手稿下樓時發現，克勞德爾上校（Henri Claudel）的辦公室裡聚集了少將、雅南將軍（Maurice Janin）、杜邦上校（Charles Joseph Dupont）以及雷諾瓦中校（Louis Renouard），但克勞德爾上校人不在。因為擔心我寫的內容可能不會受到青睞，貝雷將軍自己早就準備好要提出的公報。我讀了一下我所寫的內容，發覺太平庸了，但另一方面貝雷將軍的內容似乎又太聳動。我刻意刪減了馮戴姆林將軍的當日指令，如果將修改的部份放進公報會違背大眾所習慣的套路，文章會變成懇求語氣。內容大概是說：「你認為我們該如何抵抗？」這樣寫的疑慮是，大眾可能會受到突然的語氣轉變而分神，會誤以為我軍大勢已去了。於是我解釋了我的觀點並建議報紙採用戴姆林將軍的文章，以單獨的形式刊登。

「因為意見分歧，貝雷將軍去請凱斯泰諾將軍（Édouard de Castelnau）過來做最後決定。將軍面帶微笑前來，不發一語，然後他幽默地為我們這種特殊的戰時報章機構說了一些好話，接著開始過目這些文章。他選了更簡單明瞭的，將標題改得更鏗鏘有力，並安插了預料之中會減少爭議的文字。他全然反對安插戴姆林將軍的指令，但贊同將這篇文章以特殊的形式登載⋯⋯」霞飛將軍當晚仔細地讀了公報底稿，隨後核准出刊。

幾個小時之內，那兩三百字的刊物內容就會傳遍全世界。接獲消息的人們會開始在心中產生畫面，想像凡爾登北面的山丘上正在發生的事，而在那樣的畫面面前也許會增加信心或是陷入絕望。在布雷斯特的店主、在阿爾薩斯－洛林（Alsace-Lorraine）的農人、在波旁宮的副官，以及在阿姆斯特丹或是明尼阿波利斯的編輯，他們都必須懷抱希望，但也準備好毫不恐慌地接受可能會戰敗的事實。因此，他們知道，失去陣地對司令部而言不足為奇。他們必須嚴肅看待此事，而不是感到詫異。事實上，現在法國參謀部還沒有完全準備好面對德軍進攻。防衛壕溝還沒挖、替代道路還沒造，而且鐵絲網也不夠，但如果坦承的話，可能會讓平民心中浮現災難即將來臨的畫面。司令部可能會很失望，但也會重新振作。國內外的人內心充滿不確定感，心中也沒有專業人士決心要達成的特定目標，他們可能會根據完整報導，在正反兩方針對將領能力的論戰中，丟失了戰爭的原貌。因此，官方當局不會將軍方知道的事實全盤公諸於世，反而只呈現部份事實，以此方式才最有可能穩定人們的情緒。

在此情況下，營造擬態環境的人們是真正了解實際情形的人，但幾天後，一件連法國軍方都不知道的事件發生了。德軍宣布[2]，他們前一天下午就已經攻下杜歐蒙堡（Fort de Douaumont），而法國尚蒂伊總部裡沒有人得到這則消息，因為第二十部隊在二十五日早上交戰後，戰爭情勢已經逆轉。前線的報導完全沒有提到杜歐蒙一事，但調查顯示，德國的報導是真的，儘管沒有人知道堡壘是如何被攻陷的。同時，德國公報也正向全世界散

2　On February 26, 1916. Pierrefeu, *G. Q. G.*, pp. 133 et seq.

播消息，而法國也必須為此解釋。因此總部的解釋是，「尚蒂伊全然不知該攻擊是如何發生的，因此在二十六日晚報中，我們構想出一個只有千分之一真實性的杜歐蒙堡戰役。」這則虛構戰役的報導如下：

> 「在杜歐蒙堡附近發生了一場慘烈的戰役，杜歐蒙堡是凡爾登堡壘的前方陣地，敵軍歷經幾次失敗的攻擊且傷亡慘重後，今天早上攻陷此地，但我方與他們再次狹路相逢，這次已無法將我們擊退。」[3]

法國及德國雙方對於該戰役的說法完全不一樣。在戰線上變換軍隊時，陣地在一陣混亂的指令下會因為不明原因而被遺忘。只有炮陣指揮官及一些士兵會留在堡壘。有些發現大門敞開的德

3　這是我的翻譯版本，根據《紐約時報》二月二十七日（星期日）刊登來自倫敦的英文譯文如下：
一九一九年二月十六日
杜歐蒙堡（Fort de Douaumont）正展開激烈戰鬥，該堡為凡爾登舊防禦體系中的一個前沿陣地。今晨，敵軍經過數次徒勞無功且損失慘重的進攻後所奪取的陣地，已由我軍重新奪回並越過此地，而敵軍的一切反攻均未能將我軍擊退。（原法文僅記為「pertes très élevées」，英文譯文略顯誇大）

軍潛入堡壘並將所有人挾為人質。很快地，在山丘上的法軍害怕來自堡壘的襲擊。杜歐蒙根本沒有戰役及傷亡，而且也沒有如公報所說越過了這個地方。確定的是，他們所在地點離堡壘有一段距離，但堡壘已落入了敵軍手中。

然而根據公報，所有人相信堡壘已快被包圍。文字並沒有很明確，但「一如往常，新聞媒體讓整起事件發酵。」軍事作家的結論是，德軍很快就要投降。他們再過幾天會開始問自己，為何該守備部隊還沒有投降，食物不是短缺嗎？「透過新聞媒體要求他們放棄包圍的計謀是必要的」[4]

法國公報的編輯告訴我們，隨著戰爭持續進行，他與同事開始減輕報導德軍頑強抵抗的力道，就算他們執意繼續消耗軍力。有必要記住這次，事實上是直到一九一七年年底，所有協約國對戰爭的普遍觀點是「消耗」敵軍軍力。沒有人會再相信任何戰爭行動，堅信戰略及外交手段都無關緊要，僅是消滅德軍的問題而已。大眾或多或少秉持這個信念，但面臨德軍的成功時，他們還是需要不斷有人提醒不要放棄希望。

4　Pierrefeu, pp. 134-5.

「幾乎一天不到，老天有眼，公報……認為德國的情況是軍損慘重，而且相當慘重，如提到流血犧牲，那就是橫屍遍野，大屠殺。同樣地，收音機不斷利用凡爾登情資單位的數據，該單位的長官關代少將（Léon Edmond de Cointet）發明了一套計算德軍傷亡人數的方法，而這個方法顯然很有用，數據每兩週大約增加十萬，然後這些三十萬、四十萬及五十萬的死傷數字不斷公佈，每日、每週及每月以各種方式反覆放送，產生一種驚人效果。我們的說法有點不同：『根據戰俘的說法，德軍在戰爭期間的死傷相當可觀』……『經證實，死傷』……『敵軍消耗的軍力已無法再繼續戰鬥』……某些說法每天都在套用，之後因為已經太過濫用而廢止：『在我們的炮彈及機槍的猛攻下』……『遭我們的炮彈及機槍擊潰』……一再的重複敘述讓中立者以及德國人加深了印象，有助營造一種血腥的畫面，儘管德國的廣播媒體瑙恩（Nauen）無法挽回這些永無休止的複誦所帶來的負面影響。」[5]

5　Pierrefeu, pp. 138-139.

這份司令部的公報希望藉由這些報導受到大眾接受，它的構想如下，等候審查員修正：

「這次交戰，敵軍積極抵抗，不斷削弱軍力，由此我們領悟到一九一六年梯次的已經到了前線，還有已經徵召待命的一九一七年梯次，以及第三類別的軍力資源（超過四十五歲的男性或是康復中的病患）。幾週後，軍力耗盡的德軍將與所有盟軍對抗（七百萬對上千萬）」[6]

根據皮耶福，司令部已經改變信念。「只有看到敵軍消耗太不正常了，好像我們的軍隊沒有耗損一樣，尼維爾將軍（Robert Nivelle）分享了這些想法，我們看見了一九一七年的結果。」

我們學會這個叫做宣傳。一群能避免獲取獨家事件訊息的人，操弄該事件新聞的走向以符合他們的目的。在這情況下的愛國目的並不會造成分歧，他們利用權力使盟軍以他們預期的方式來看待事件。關代少將的傷亡數據傳遍全世界是同樣道理。他們

6 Pierrefeu, p. 147.

有意引起某一種特定的推論，意即消耗戰的進行對法軍有力，然而這樣的推論並非爭論，而是自然而然來自內心產生的畫面，當中無數德軍在凡爾登旁的山丘上陣亡。藉由將陣亡的德軍變成畫面的焦點，不去提及死去的法軍，一個關於戰役的特殊觀點就產生了。這個觀點旨在降低德國領土擴大的影響以及其頑強抵抗的印象，此外也要讓大眾默認盟軍奮力的防衛策略。大眾習慣戰爭的畫面包含了大型戰略行動、兩邊夾殺攻擊、包圍以及戲劇性的投降，他們已經逐漸遺忘這個畫面，而心中開始萌芽的可怕想法是，戰爭的輸贏就是在比對人數多寡。透過控制來自前線的所有新聞，參謀部左右了與此策略一致的事實觀點。

戰場上軍隊參謀部的位置相當固定，以至於能很大程度地控制大眾的認知。參謀部有權選擇能前往前線的特派記者、掌控他們行動、閱讀及審查來自前線的訊息，以及執行廣播工作。軍政府也藉由下達關於通訊及護照、信件、海關及封鎖的命令，強化了控制，透過法權和祕密組織來加強控制出版業及大眾集會。然而，就軍隊而言，如此掌控欠妥之處，畢竟一直都有敵軍的公報，這幾天的廣播內容中立者不可能沒聽到。最重要的是，士兵之間也會交談，這些談話意想不到的效力在他們休假時會蔓延開來[7]。軍隊行事運作上效率不佳，那就是為何海軍及外交審查總是更加完善得多。越少人知道事情的真相，那麼他們的行為就更容易監控。

如果沒有形式上的審查，那宣傳嚴格來說是不可能推行的。為了做宣傳，大眾與事件之間一定有某個屏障。在某個人能創造一個他想要的擬態環境之前，能了解真實的環境的機會一定很有限，因為當能直接接觸真實環境的人們可能誤解他們所看見的，那其他人就無法決定自己會不會也誤解，除非他能決定他該看哪以及看什麼。軍事審查是最簡易的屏障，但絕不是最重要的，因為大家知道這個屏障的存在，因此某種程度上會視為理所當然而忽視。

在不同時刻以及為了不同的對象，有些人會遵循特定的保密標準，而其他人則接受這樣的標準。祕密之間的界線會因為出版品如我們所說「與公眾利益格格不入」，逐漸弱化成一種連大眾都認為無關緊要的祕密。祕密的定義為何，每個人的觀念標

7　在美軍對聖米耶勒（St. Mihiel）及默茲－阿戈訥（Offensive Meuse-Argonne）發動攻勢前的數週裡，法國的每個人都彼此透露了這個重大祕密。

準不一，因此一個人的財富多寡可以是一種祕密，而在所得稅法中增加仔細的規定能使該法盡可能更加私密。一塊地的銷售不是祕密，但價格也許是。薪水大致上比工資更為私密，收入比遺產更加私密。一個人的信用評比流傳度有限。大公司的利潤比小公司的曝光度還大。某些對話是需要保密的，例如夫妻、律師及客戶、醫生跟病患以及牧師與領受聖餐者之間的對談。主管會議一般也是保密的，很多政治會議也是。大部份在內閣會議談論的內容，或是大使對國務卿報告的事項，亦或是私人會談及國宴場合上所談的，都不應該公開。許多人認為雇主及員工之間談合約也是私密的。以前總有某個時刻是所有公司的事務，就像現今一個人的宗教信信仰一樣需要保密。過去總有某個時刻是他的信仰如同他眼睛的顏色一樣可以公開讓大家知道。然而另一方面，傳染病曾經和一個人的消化問題一樣私密。隱私觀念的歷史說起來會很有趣，有時候觀念會嚴重牴觸，就像列寧領導的布爾什維克（Bolsheviks）公開祕密條約的時候，或是美國國務卿休斯（Charles Evan Hughes）調查生命保險公司的時候，亦或是某人的醜聞從社會期刊《城鎮話題》（Town Topics）上流到赫斯特（William Randolph Hearst）的報紙頭版時。不論隱私理由的好壞，困境的確存在。無論在何地，只要涉及所謂的公眾事件，就必須堅守隱私，因此問自己如何依據意見來說明這些事實常具有啟發性。究竟是誰看到、聽到、感覺到、計算過以及命名了我們有意見的事物？是那個告訴我們的人嗎，還是告訴他的那個人，亦或是某個遠房親戚？他可以看到多少？他告訴我們法國認為這個那個時，究竟觀察到了法國的哪一個面向？如何能夠觀察到？當時在哪裡，什麼時候觀察到的？能和什麼樣的法國人交談，讀了什麼報紙，以及在何處得知他們的說法的？我們能問自己這些問題，但卻很少回應。然而，這些問題會提醒我們，針對事件的意見與事件本身之間的差距有多大，而這個提醒本身是一種保護機制。

第3章

接觸與機會

雖然審查及隱私從來源攔阻了很多訊息，還是有一大部份的事實完全沒有傳遞到大眾的心中，就算有也很緩慢，因為要傳遞訊息有其明顯的限制。

藉著思考戰爭期間政府做的宣傳，讓「所有人」都了解事實所預估需要的努力是有的。我們記得美國參戰之前，戰爭已經打了兩年半，數百萬份又數百萬份的公報已經流通，很多祕密演說也已發表。讓我們來參考克里爾（George Creel）爭取「人們有權知曉及駕馭信仰」的說法，這樣一來，「美國主義的絕對事實也許能傳遍世界的各個角落。」[1]

克里爾必須集結包含新聞部的機制，他告訴我們，該部門發行了超過六千則新聞，他也必須徵求七萬五千名四分鐘人發表

1　George Creel, *How We Advertised America*.

至少七十五萬五千一百九十場演說，面對聽眾超過三億人次，男童子軍對著美國家庭發表威爾遜總統加註的演講稿，每兩週發行的期刊送到六十萬老師的手中，二十萬台幻燈機為了講座設置，推出了一千四百三十八種不同的海報、窗卡、報紙廣告、漫畫、印章及按鈕設計，商業空間、教堂、兄弟會、學校用來作為發表場地。然而，我尚未開始給予克里爾的努力一些公道，他的努力沒有包含麥卡度（William Gibbs McAdoo）了不起的自由公債組織，沒有胡佛（Herbert Hoover）影響深遠的糧食宣傳，也沒有紅十字會、基督教青年會、救世軍、哥倫布騎士會、猶太人福利理事會的活動，更不用說愛國社團的獨立工作，例如強制和平同盟會、自由國家協會聯盟、國家安全聯盟，同盟軍宣傳局以及政府無名組織的活動也沒有包含其中。

或許這是最大最密集的努力，讓一個國家的所有人能夠很快獲取一套統一的資訊。傳統的思潮改變行動可能相對緩慢，也更明確，但絕不會以如此空前的大規模進行。現在如果這個努力在危機時刻需要如此極端的措施來向人民宣傳，那這些正常的傳遞管道有多開放？執政政府正在努力，而儘管戰爭持續下去，我相信這些努力能在全美國大幅成功地創造出所謂的單一輿論。但思考一下這些堅定的行動、複雜的籌劃、經費以及所需的人員，這些在和平時期是不存在的，而且不可避免的是，派別有很多，也有很多團體、群體、族群及階級只聽到片面模糊的事件資訊。

他們墨守成規，自我封閉，對大型事件毫不關心，而且還很少和非同溫層的人打交道，也很少閱讀。旅遊及貿易、信件、電報、廣播、鐵路、高速公路、海路、汽車以及即將革新的空運，當然對資訊傳遞有重大的影響。每一項都以複雜的方式影響了資訊及意見的提供及品質，而每一項都會受到技術、經濟及政治條件的影響。每當政府放寬護照程序及海關檢查、開通新鐵路及港口、建立新航線、提高或降低稅率、加快或放慢投遞郵件的速度、不審查電報以及降低其價格、興建、拓寬或改善高速公路時，資訊的傳遞都會受到影響。關稅表及津貼會影響商業機構的走向，因而影響人類的契約行為。而且也很有可能會發生例如麻州塞勒姆的情況，造船技術的改變會讓整座城市從國際影響中樞，淪為一座平靜的地方小鎮。所有快速傳遞的立即影響並非都是好的。例如法國的鐵路系統太集中在巴黎，這對法國人而言不見得是好事。

確實，衍生自通訊方式的問題是最關鍵的，而國際聯盟計畫中最有益的特色之一，該計畫一直是作為鐵路運輸及取得海路的研究參考。壟斷纜線[2]，以及港口、燃料補給站、山路、運河、海峽、河道、航廈、市場等，不光只是讓一群商業人士致富或是增加政府的聲望，壟斷代表的是新聞及意見交換時的阻礙，然而壟斷不是唯一的，成本及供應量也會是更大的阻礙，因為如果旅遊或貿易成本很驚人，如果設施需求量超過供應量，就算沒有壟斷，阻礙也會存在。

一個人的收入多寡會大幅影響他能否取得居住環境外的世界資訊。有了錢，他能夠克服幾乎所有具體的通訊障礙。他能夠旅遊、買書和期刊，以及在關注的範圍內，帶來任何所知的世界事實。一個人的收入以及社群的收入決定了可能的通訊量。然而，人的想法決定了收入應該怎麼花，因而長期影響他會得到多少收入。如此也會有些相當寫實的限制，因為他們常常是自己決定以及自我放縱的心態花錢。

有很多頂層階級的人會將閒錢跟時間花在汽車及比較汽車上，花在橋牌遊戲及事後分析上，花在電影及拙劣的藝術作品

2　因此，重視雅普島（Yap）是非常明智的做法。

上，總是和同樣的人交談，話題也大同小異。某程度上，他們並非是遭受審查、侵犯隱私、高價或是有通訊困難的苦主。他們苦於貧血、缺乏食慾及失去對人性場景的好奇心。他們要了解外面世界發生什麼事根本一點問題也沒有。利益的世界正在等著他們，而他們待在外面就可以了。

他們根據自己社會框架的規則及絕對事實，彷彿綁著鍊子在固定半徑的圈子裡移動。在男性之中，行業裡、在俱樂部以及吸菸車廂中的交談圈，面積比他們屬於的環境還要大，而在女性之中，社會框架及交談圈通常是幾乎一模一樣大的。就在這樣的社會框架，來自閱讀、課程講座及交談圈的資訊會開始匯集，當中有人分類、接受、反對、判斷以及批准。在環境中，每個討論階段最後會決定哪些有關當局及消息來源是可採納的，而哪些不可。

我們的社會框架是由「正在說話的參與者」所組成的，他們的認可對我們而言是最具份量的。住在大城市的男女興趣很廣，而且有錢遷移，這裡的社會框架界線不那麼嚴謹。但即使在大城市，還是存在著許多能滿足自身社會框架的聚落。在相對較小型的社區中，資訊流通更自由，人從早到晚的交情更為真實，但幾乎每個人都知道他們屬於及不屬於的環境。

通常，一個社會框架的辨認依據是假設孩子可能會互相通婚。在該環境之外結婚，在答應婚約之前至少會經歷懷疑的時刻。每個社會框架有一個畫面，其在整個階級的相對位置相當清楚。同位階的環境之間很容易產生共鳴，每個人很快能接受彼此，待人和睦是很正常的，而且毫不尷尬。然而，如果和「高階」或「低階」的環境接觸，互享利益時總會有遲疑，感到些許不滿，以及意識到自己格格不入。確定的是，在美國這樣的社會當中，每個人在不同的環境有些來去自如，尤其是沒有種族隔閡以及經濟地位快速轉變的地方。然而，經濟地位並不是由收入多寡來衡量的，因為至少在第一世代的人之中，社會地位不是由收入來決定的，而是一個人的工作品格，而且在這樣的家庭傳統可能會持續一兩個世代才會消失。因此，銀行業、法界、醫界、公共事業、報業、教堂、大零售業、經紀業及製造業的社會價值等級和銷售、監管、專業技術工作、護理看護、學校教育及店家是不一樣的，而上述這些的等級也因此與水電、私人司機、製作女裝、轉包或是速計有所不同，因為這些工作是來自擔任管家、女僕、電影操作員或是火車頭工程師。然而，工作的財務收入多寡未必和這些等級一致。

不論認可的考驗究竟為何，成形的社會框架不是只代表經濟階級，而幾乎像是一種血緣上的宗親。其中成員和愛情、婚姻及孩子的連結相當密切，或者更確切來說，其心態及渴望之事都能和大家有所共鳴。因此，在這樣的社會框架，意見會面臨規範的考驗，例如家庭傳統、得體、行為端正、尊嚴、品味形塑，這些組成了環境本身的畫面，是深植於孩子心中的畫面。此畫面中有很大的空間會默許一個有利的版本，在心中每一人的環境用來作為接受他人社會地位的依據。較粗鄙的人迫切需要來自他人直接表露的敬意，而別人則認為如此敬意看不見卻感覺得到，會對此得宜且謹慎地保持沉默。然而，那樣的認知在婚禮、戰爭或是社會動盪時會顯化，依照特羅特（Wilfred Trotter）的分類，那種集體特質泛指群體本能[3]。

在每個社會框架的範圍裡會有一種預示，像是在小說《純真年代》（*The Age of Innocence*）[4]中，范德盧頓家族與曼森．明格特女士是公認其社會模式的捍衛者及演繹者。他們會說，我們有今

3 W. Trotter, Instincts of the Herd in War and Peace.
4 Edith Wharton, *The Age of Innocence*.

天是因為范德盧頓家族的提拔。邀請我們加入他們象徵著高的社會地位。進入大學會經過仔細評比，而這樣的評比是大眾普遍接受的，甄選決定了誰能夠就讀。背負著優生學責任的領導人出奇地敏銳，不僅必須時時刻刻維持所在環境的形象，還必須養成一種特殊技藝，洞悉其他社會框架的一舉一動。他們的角色猶如外交部，在那裡一個環境的大部份成員相當自滿，為了一切實際目的，認為自己的環境就是世界，領導人一定要熟悉自身的環境結構，並不斷觀察其在環境階級的定位。

事實上，這個階級是由環境領導人維繫而成的。任何一個位階都會有一種可稱作領導人所組成的社會框架，但縱向來看，只要是由社會接觸而成的，社會真實的維繫是透過這些穿梭自如的非等閒之輩所達成的（雖然常認為不可信），例如《純真年代》中的朱利斯．博斯特及艾倫．奧蘭斯卡，因此最終會建立能進出不同社會框架的個人管道，塔爾德（Gabriel Tarde）的模仿律就是透過這種管道運作的。然而，大部份的人沒有這樣的管道。對他們而言，社會的專屬記錄以及上流社會的寫照有其存在意義。他們也許會發展出一套自己的社會階級，幾乎無人知曉，有黑人族群及「外來」元素，但這群同質的人總認為自己是「一國」，儘管社會框架之間差異極大，他們之中有各種人際接觸，而各種標準會透過這樣的互動開始傳遞。

有些社會框架的位階相當固定，符合羅斯教授（Edward Alsworth Ross）所稱的「常規的輻射點」[5]。因此，社會上流很可能被社會底層模仿，當權者會被部下模仿，成功人士會被失敗者模仿，有錢人會被貧窮人模仿，城市會被鄉村模仿。然而，模仿行為沒有範圍。有權力的、上流的、成功的、有錢的以及城市的社會框架基本上遍布整個西半球的國家，而從很多方面來看，倫敦是其中心。該框架的成員都是世界上最具影響力的人，包含外交界、金融界、陸海軍高層、一些教會親王、一些大報章業者，還有他們手握邀請權杖的妻子、母親及女兒們。突然之間，這形成了一個很大的交談圈及真實的社會框架，但其重要性在於，公私之間的界線終於幾乎消失了。這個框架的私人事件變成公眾議題，而公眾議題變成私人事件，尤其是涉及家庭的事件。如哲學家所言，瑪格特・阿斯奎斯的分娩和皇室成員生產一樣，就論域而言與關稅議案或是國會辯論沒有什麼不同。

5　Ross, *Social Psychology*, Ch. IX, X, XI.

有大範圍的國家政府是這個社會框架沒有興趣的，至少在美國其對國家政府的掌控起伏不定，但它在外國事件的影響力總是很強烈，而在戰爭期間，其威望是大幅提升的。這正常不過了，因為這些見多識廣的人能和外面世界接觸，大多數人做不到。他們在各自首府聚餐，而他們的國家榮譽感毫不空泛，被朋友冷落或認可的體驗相當寫實。對戈弗草原鎮的肯尼柯特醫生而言，溫斯頓在想什麼相當不重要，而以斯拉·史托巴迪的想法才至關重要，但對女兒嫁給斯威森伯爵的明格特女士來說，拜訪女兒或是招待溫斯頓意義重大。肯尼柯特醫生和明格特女士都對社會階級相當敏銳，但明格特女士對掌控世界的社會框架很敏感，而肯尼柯特醫生的社會框架只掌控戈弗草原鎮。然而，在影響偉大社會大型關係的事件中，會發現肯尼柯特醫生常認為他的想法純粹是他自己的意見，儘管事實上他的意見是源自戈弗草原鎮的上流社會，逐漸演變成這個城鎮的社會框架。

我們的調查目的不是要說明社會議題，我們只需要修正在我們內心接觸的世界裡，受到社會框架影響的範圍究竟有多大，而這個社會框架如何傾向修正我們容許的意見，以及決定對此該如何評判。每個社會框架或多或少自行決定了直接權限範圍內的事件，最重要的是也決定了如何妥善行使判斷。然而，判斷本身是建立在可能承襲過去的模式上[6]，或是從其他社會框架傳遞或模仿而來。最上層的社會框架由那些體現領導偉大社會的人所組成。由於不接受任何其他的框架，畢竟當中大部份的第一手訊息都是關於當地事件，這個上流社會中，戰爭與和平的重大決策，以及關於社會策略及最終權力分配的決策，在至少可能是個人人脈的範圍內都是關係上的實踐。

因為地位及接觸機會大大決定了自己能看到、聽到、閱讀到以及經歷到的，而且也決定了他人准許我們看到、聽到、閱讀到及知道的，難怪做道德判斷比提供建設性的建議還司空見慣。然而，要真正有效思考，絕對要清空所有自主判斷的雜念、重新以純淨的眼光看待、跳脫情感、展現好奇心以及敞開心胸。人類歷史就是如此，偉大社會規模的政治意見需要無私的沉著冷靜，這在任何時段都很少有人能夠做到。我們關心公眾事件，但也沉浸在我們自己的私人事件當中。要努力不將輿論視為理所當然，我們其實能給予的時間及專注力有限，因為過程中會不斷受到干擾。

6 比較第三部。

第4章

時間與關注

想當然耳，要只預估人們每天專注在了解公眾事件的時間量是不可能的，然而有趣的是，我已測試的三個預估值的一致性還可以接受，儘管是在不同時間、地點以及用不同方法得出的。[1]

霍奇基斯及法蘭肯寄了一份問卷給紐約一千七百六一名男女大學生，而且幾乎都收到了回覆。史考特的問卷對象是芝加哥的四千位知名企業及專業人員，總共回收了兩千三百份。兩份問卷當中，百分之七十到七十五的填寫人回應說，他們一天大約花十

1 July, 1900. D. F. Wilcox, *The American Newspaper: A Study in Social Psychology*, Annals of the American Academy of Political and Social Science, vol. xvi, p. 56.（這些統計表格在詹姆斯・愛德華・羅傑斯（James Edward Rogers）的《美國報》中有重製。）
1916 (?) W. D. Scott, *The Psychology of Advertising*, pp. 226-248. See also Henry Foster Adams, *Advertising and its Mental Laws*, Ch. IV.
1920 *Newspaper Reading Habits of College Students*, by Prof. George Burton Hotchkiss and Richard B. Franken, published by the Association of National Advertisers, Inc., 15 East 26th Street, New York City.

五分鐘看報紙，芝加哥那份問卷中只有百分之四覺得不到十五分鐘，而四分之一的人認為有超過。至於紐約那份問卷中，大概百分之八的人認為自己看報紙的時間不到五分鐘，而百分之十七點五的人超過五分鐘。

很少人對十五分鐘有精確的時間概念，所以這些數據不該只看表面。此外，大部份的商業人士、專業人員以及大學生容易有些許奇特的偏見，認為看報紙不應該花太多時間，而且可能也會想給別人一種他們閱讀速度很快的印象。所有這些數據能參考的意義是，有超過四分之三的人認為自己很少透過看報紙了解外面的世界。

這三個預估值可由一個沒那麼主觀的測驗證實為有效數據。史考特詢問他的填寫人每天會閱讀多少份報紙，他們的回答是：

14% 只讀一份

46% 兩份

20% 三份

10% 四份

3% 五份

2%六份

3%所有（調查中僅提供八份）

讀兩到三份報紙的人佔百分之六十七，相當接近同份問卷中花十五分鐘讀報者的百分之七十一。混讀四到八份報紙的人，得出的數據大約和花超過十五分鐘讀報者的百分之二十五一樣。

然而更加困難的是要猜想閱讀時間是如何分配的。問卷要求大學生明確指出「他們最感興趣的五個主題版面」。只有不到百分之二十投給「一般新聞」，不到百分之十五投社論，不到百分之十二投「政治」，幾乎百分之八投財經，停戰協定後不到兩年有幾乎百分之六投國外新聞，百分之三點五投地方新聞，大約百分之三投商業，還有百分之零點二五投關於「勞工」的新聞。非常少人說他們最感興趣的是體育、特別報導、戲劇、廣告、漫畫、書評、「精準報導」、音樂、「道德勸說」、精簡報導、藝術、故事、貨物運送、校園新聞、「時事新聞」及圖片等。排除這些，大約有百分之六十七點五的人認為最感興趣的是探討公眾事件的新聞與意見。

這是混合男女大學生的問卷。相較於男大學生，女大學生較有興趣的是一般新聞、國外新聞、地方新聞、政治、社論、戲劇、音樂、藝術、故事、漫畫、廣告以及「道德勸說」。另一方面，男大學生更專注於財經、體育、商業、「精準報導」及「精簡報導」。這些差異很符合大眾的理想，什麼是有涵養及道德的，什麼是男子氣概及果斷的，不會讓人懷疑回應的全然客觀性。

不過，這也相當符合史考特針對芝加哥商業及專業人士的問卷結果。問卷的問題不是最感興趣的報紙排版，而是說明偏好報紙的哪一版。將近百分之七十一的人根據他們的感覺喜好選擇：當地新聞（17.8%）、政治（15.8%）、財經（11.3%）、國外（9.5%）、一般（7.2%）、社論（9%）。另外百分之三十決定的理由和公眾事件無關。他們大概有百分之七左右偏好「道德勸說」，百分之零點二的人最在意幽默。

這些偏好與報紙給予的各主題版面空間的符合程度為何？遺憾的是，在製作問卷當下沒有針對這一點給予芝加哥及紐約的對象填答，因此沒有收集到資料，但威爾考克斯（Wilcox）二十多年前做了一個有趣的分析。他研究了十四座大城市所發行的一百一十份報紙，將超過九千種專欄主題做分類。

平均來說，全國各類報紙的主題經證實包含了：

I	新聞 55.3%	戰爭 17.9%	
		一般 21.8%	國外1.2% 政治6.4% 犯罪3.1% 綜合11.1%
		特別15.6%	商業8.2% 運動5.1% 社會2.3%
II	插畫 3.1%		
III	文學 2.4%		
IV	意見 7.1%	社論 3.9% 信件與回饋 3.2%	
V	廣告 32.1%		

為了讓這個表格能更方便比較，必須要省去廣告的空間並重新計算百分比，因為廣告在兩組問卷對象中的偏好度非常低。我認為這點就我們的目的而言是合理的，因為報紙只能印他們能取得的廣告[2]，而剩餘的部份是為了目標讀者的興趣而設計的。修正後的表格如下：

2　除了新聞媒體認為令人反感的那些廣告，以及在罕見情況下無法排進版的那些。

I	新聞 81.4%＋	戰爭 26.4%－	
		一般 32.0%＋	國外1.8%－ 政治9.4%＋ 犯罪4.6%－ 綜合16.3%＋
		特別23%－	商業12.1%－ 運動7.5%＋ 社會3.3%－
II	插畫 4.6%－		
III	文學 3.5%＋		
IV	意見 10.5%－	社論 5.8%－ 信件與回饋 4.7%＋	

在這個新的表格中，如果我們總計應該有關公眾事件的項目，也就是戰爭、國外新聞、雜項、商經新聞以及意見，我們會發現一九〇〇年的篇幅是百分之七十六點五，一九一六年芝加哥商業人士基於報紙偏好得出的百分之七十點六，以及一九二〇年紐約大學生五個最感興趣主題的百分之六十七點五。

這似乎表示，現在大城市的商業人士及大學生的喜好，或多或少符合二十年前大城市報紙編輯平均的判斷。因為當時報紙主題的比例毫無疑問地增加了，報紙的發行量及尺寸也增加了，因此現在如果我們能從更一般的對象中得到精確的回覆，而不是大學生，或商業及專業人士這樣的對象，我們會預期他們花在閱讀公眾事件的時間會比較少，看的篇幅也是。另一方面，我們也會預期一般人花在看報紙的時間會超過十五分鐘，儘管公眾事件的篇幅比例比二十年前小，但扣除這部份的剩餘比例是比較大的。

這些數據中沒有明確項目是要扣除的。這些數據僅有助我們每天努力要取得能給予意見的資訊，讓此行為觀念變得更為明確。當然報紙不只是唯一的管道，但確實是主要的途徑，除此之外還有雜誌、公共論壇、肖托夸運動（chautauqua）、教堂、政治聚會、貿易公會會議、女性社團，以及電影院的連載報導。然而整體評估來看，我們任何人都是直接接觸來自未知環境的資訊，每天花的時間其實不多。

第5章

速度、文字及清晰度

我們主要是透過文字來得到未知世界的資訊。透過電報或廣播的方式，記者將這些文字傳給編輯，經過他們檢查修訂後才會印製。電報很貴，而且設備往往有限，因此新聞常要用密碼方式呈現。一則發出的新聞如下：

Washington, D. C. June I. — The United States regards the question of German shipping seized in this country at the outbreak of hostilities as a closed incident.
（華盛頓，六月一日——在敵對之際，美國認為在國內查獲德國貨物的問題是一樁封閉事件。）

這則新聞可能會用以下的形式透過電報傳送：

Washn i. The Uni Stas rgds tq of Ger spg seized in ts cou at t outbk o hox as a clod incident.[1]

另一則新聞說：

Berlin, June 1, Chancellor Wirth told the Reichstag to-day in outlining the Government's program that 'restoration and reconciliation would be the keynote of the new Government's policy.' He added that the Cabinet was determined disarmament should be carried out loyally and that disarmament would not be the occasion of the imposition of further penalties by the Allies.

（柏林，六月一日——維爾特總理今天告訴國會說明政府計畫大綱，『復原及和解會是新政府的政策要點』，他接著說內閣堅決要確實卸除武裝，而這個決定不會成為同盟軍進一步懲罰的理由。）

可能會以這個形式傳送：

Berlin 1. Chancellor Wirth told t Reichstag tdy in outlining the gvts pgn tt qn restoration & reconciliation wd b the keynote f new

1　菲利浦斯編碼（Phillips Code）。

> gvts policy. qj He added ttt cabinet ws dtmd disarmament sd b carried out loyally & tt disarmament wd n b. the ocan f imposition of further penalties bi t alis.

在第二則新聞中，有外國口吻的冗長內容已經被剔除、翻譯、加密然後解密。接受到訊息的接線生邊收邊謄寫下來，而我得知一位好的接線生一天八小時能寫超過一萬五千個字，期間只扣除半小時的午餐時間以及兩個十分鐘休息時間。

一些字常必須要代表一整串的動作、想法、感覺以及結果。例如：

> 「華盛頓，十二月二十三日——韓國委員會今日在此發表一份聲明，指控日本軍方的犯行，比戰爭時比利時所經歷的一切更加『駭人聽聞及野蠻』。委員會表示，這份聲明是根據從滿洲收到的真實報告提出的。」

在這裡，目擊者向負責「真實報導」的記者說明關於此事件的資訊，其說法精不精確不得而知，他們接著將訊息傳給五千英里外的委員會。這個委員會準備了一份聲明，但如果要刊登，篇幅會太長，所以一位特派記者會將這則聲明刪減三點五英吋的長度，意思必須要以如此方式縮短，這樣才能讓讀者判斷要多重視這篇新聞。

善用文體的記者能否如實將韓國七個月間所發生的事濃縮成一百字的文章，這點令人懷疑，因為語言無法完美地傳達語意。文字像貨幣一樣會不斷經過好幾手，今天產生的畫面是如此，而明天可能會變。無法確定相同的文字能否在讀者及記者心中產生相同的概念。理論上，如果每一件事實及關聯有其特殊性，又如果每個人對此特殊性有所共識，那麼溝通上就不可能會產生誤解。實際上的確有方法可以達到這個理想，而這可以部份解釋為何在所有世界的合作形式中，科學調查是最有效的。

人們能掌控的文字量比能表達的還要少，而如讓．保羅（Jean Paul）所言，語言是一本彙整過去隱喻的字典[2]。記者要應付五十萬名未知讀者，而演說者要將話語傳到偏遠村莊及國外，對他們而言，不可能使用幾個片語就想傳達所有他們想表達的意

2　Cited by White, *Mechanisms of Character Formation*.

思。白里安告訴下議院說：「勞合·喬治的文字遭到誤解且傳達有誤，似乎讓泛德主義者認為，要出動的時間到了。」[3]一位英國首相以英語向所有關注的世人發表演說，他用他的話對著各種人表達他的意思，而這些人會有自己對於其含意的理解。不論多浮誇還是多隱晦，或者是他必須說得更浮誇及更隱晦，他的意思會更容易扭曲，因為這些話先帶入標準的演說中，然後在聽眾各自的心中傳遞開來。[4]

---

3 Special Cable to *The New York Times*, May 25, 1921, by Edwin L, James.

4 一九二一年五月，因科爾凡蒂（Wojciech Korfanty）在上西里西亞（Upper Silesia）發動叛亂，英國與法國之間的關係變得緊張。一九二一年五月二十日《曼徹斯特衛報》（*Manchester Guardian*）的倫敦通訊中刊登了下列消息：

「**法英之間的文字交流**

「對法國風俗與性格相當熟悉的圈子裡，我發現他們普遍認為法國新聞媒體此次的危機中，我們的媒體與輿論使用的語言生動活潑，甚至有時過於激烈，表現刻意而顯得敏感。一位消息靈通的中立觀察家是這樣告訴我的：

「像金錢一樣，文字是價值的象徵，代表意義，因此，如同金錢般，其代表價值也會上升或下降。博須埃（Bossuet）用法語「etonnant」一詞賦予極重的意涵，如今這層意涵已消失。英語中的「awful」亦可觀察到類似現象。有些國家天生傾向輕描淡寫，有些往往誇大其詞。英國士兵（British Tommy）所稱的不健康之地，卻只能由義大利士兵借助豐富的詞彙與熱情洋溢的模仿來形容。傾向輕描淡寫的國家，能使其文字貨幣價值保持穩定；而傾向誇大其詞的國家，其語言則遭受通膨之苦，意即言過其實。

「『傑出的學者』、『才思敏捷的作家』等表達翻譯成法語時，必須譯為『偉大的博學家』、『精緻的大師』。這只是一個換算的問題，就如在法國一英鎊兌四十六法郎，但人們明白這並不會增加其在本國的價值。閱讀法國報紙的英國人，應當努力進行一種類似銀行家將法郎換回英鎊的心理運算，而且切記正常情況下的匯率為二十五，但因戰爭影響，現已變為四十六。因為戰爭導致語言交換也如同貨幣交換一般，產生了波動。

看著他的數百萬聽眾根本很難解讀，還有數百萬可以解讀文字但不了解意思。能完全解讀又理解的人之中，我們假設有四分之三的人一天為這個主題花大約半個小時閱讀。對他們而言，這些新輸入的文字是整套思路的線索，未知的結果最後也許是根據這個線索推論的。必要的是，這些我們透過閱讀文字而激起的想法，形成了我們大部份意見的原始資料。世界很廣大，關係到我們的情況很錯綜複雜，訊息很少，大部份的意見一定是靠想像建構的。

我們使用「墨西哥」時，一位紐約居民心中會產生什麼樣的畫面？很可能會綜合了沙子、仙人掌、油井、油頭飛車黨、喝萊姆酒的印地安人、揮舞著落腮鬍的老保王黨捍衛者，態度高高在上又暴躁，亦或是像讓．雅克（Jean Jacques）畫中的純樸農民，面對煙霧瀰漫的工業發展前景憂心忡忡，奮力爭取人權。那「日本」這個字會營造什麼畫面？當中隱約會有斜眼的黃種人，圍繞著黃禍想法、照片新娘、扇子、武士、萬歲、藝術以及櫻花嗎？

「希望此論點也能雙向成立，而且法國人其實了解，英國人語言的內斂以及他們言語表達的熱情是等值的。」

那麼「外國人（alien）」這個字呢？根據一群英格蘭大學學生一九二〇所寫的，這個字的定義如下：[5]

「與自己國家敵對的人」

「反政府的人」

「站在對立面的人」

「一個不友善國家的人民」

「戰爭時的外國人」

「企圖傷害所在國家的外國人」

「來自異國的敵人」

「反國家的人」等等

然而，外國人（alien）這個字是一個說不上來但精闢的法律用詞，比主權、獨立、國家榮譽、權利、防衛、侵略、帝國主義、資本主義、社會主義等字的含意還要精確得多，畢竟針對這些字，我們會馬上表達「支持」或「反對」。

5　*The New Republic*: December 29, 1920, p. 142.

要單獨思考表面類比、注意到個別差異以及了解多元的能力是思緒要清晰。這是一個相對的能力，然而清晰度的差異很大，比方一個新生兒和檢查花朵的植物學家之間的差別。對嬰兒來說，他的腳趾、父親的手錶、桌上的檯燈、天上的月亮以及一本居伊．德．莫泊桑（Guy de Maupassant）很棒的亮黃小說版本之間看不出有什麼顯著的差異。對很多聯合俱樂部的成員而言，民主主義者、社會主義者、無政府主義者以及竊盜犯之間也是大同小異，然而對一位老練的無政府主義者而言，巴枯寧（Mikhail Bakunin）、托爾斯泰（Leo Tolstoi）以及克魯泡特金（Peter Alek-seyevich Kropotkin）之間的差別就如宇宙一般大。這些例子顯示如果要在嬰兒間取得關於德．莫泊桑完整的公眾意見，這有多難，或者要在聯合俱樂部裡針對民主主義者談出一番道理，同樣有困難度。

一位只搭別人車的人，可能不會注意到福特汽車、計程車及一般汽車之間有什麼細微差異。然而，讓同一個人開著一台車，或如精神分析學家所說，讓他將性慾投射在車子上，那麼他看著前方距離一個街區的那台車，會說出化油器的差別。這就是為什麼在談論的過程中，當「一般話題」轉向個人嗜好時，人會有一種如釋重負的放鬆感，就好像將聊天室的場景轉向戶外的田野。畫家根據他隨機記憶想像所看到的畫面，透過個人的情緒反應將其描繪下來，而這就好像在平面的世界逗留後，回到了三維世界的感覺。

費倫齊（Sándor Ferenczi）說，我們很容易辨認兩件部份相似的東西[6]：小孩比成年人更容易，而天真或容易受到刺激的人比成熟穩重的人更容易。童年時期的意識似乎是難以駕馭的感知混合體。小孩沒有時間感，也幾乎沒有空間感，他伸手去碰吊燈那樣的自信和伸手觸摸母親的乳房的感覺是一樣的，而且剛開始的那種期待感也是一樣的。身體的運作只會一步一步地自行發展成熟。就全然沒有經驗而言，這就是一個連貫且無法辨認的世界，而如某位哲學家所說，在這個世界中，所有事實生而自由平等。這些屬於世界的事實尚未與意識流中正巧並排的事實區隔開來。

費倫齊說，嬰兒剛開始會透過哭泣來得到他想要的一些東西，這是「神奇的萬能幻想時期」。在下一個階段中，他會用手

6 Internat. Zeitschr, f. Arztl. Psychoanalyse, 1913. Translated and republished by Dr. Ernest Jones in S. Ferenczi, *Contributions to Psychoanalysis*, Ch. VIII, *Stages in the Development of the Sense of Reality*.

指著他想要的東西，然後就得到了，這叫做「透過神奇手勢幫忙的萬能時期」。之後，孩子學會說話，詢問他想要的，然後部份的要求會成功，而這個階段是「神奇的想法及話語時期」。每一個階段可能會為了某種情況而持續著，儘管會重疊或只有偶爾才會察覺，例如在一個無傷大雅但很少人能完全擺脫的迷信之中。在每一個階段中，部份的成功率往往能確認行為的方式，然而失敗卻往往會刺激下一個階段的發展。很少有人、政黨甚至是國家明顯超脫這個神奇的經驗機制，然而在菁英民族中的菁英人士中，一再經歷失敗的磨練已經構成了新的法則。他們學習到月球不是藉由對其吠叫來移動的。農作物不是因為春季節慶或是共和黨勝選才從土裡長出來的，而是靠陽光、水分、種子、肥料及耕種而來的。[7]

考慮到費倫齊反應類別的圖解價值，我們能注意到的重要特質是能明辨粗糙認知及模糊類比的能力。關於這個能力研究已經在實驗室裡進行了[8]。蘇黎世聯想研究（Zurich Association Studies）

7　作為病理學家，費倫齊並未描述這個較成熟的時期，此時經驗會被整理成方程式，是建立在科學基礎上的現實主義階段。

8　例如，在蘇黎世大學精神科診所，由卡爾．古斯塔夫．榮格（C. G. Jung）醫師指導下明確指出，稍微的心理疲憊，內心注意力受干擾或是因外在因素而分神，往往會讓反應的特質「扁平化」。一個非常「扁平」的例子是音韻連結，一種直接對聲音反應，而不是對文字語意反應，例如貓和帽。例如一次實驗顯示，在第二輪連續的一百個反應中，音韻連結增加了百分之九。這時，音韻幾乎是一種內心反射的重複，一種非常原始的心理類比模式。

如果實驗室相對簡單的環境都能立即弭平差距，那城市生活的影響該是如何？在實驗室的環境裡，實驗對象的疲憊感微不足道，而且也不太會分心，他們的興趣及自我意識某種程度能讓自己不受干擾。然而，如果節拍器的拍子能壓制人的心智能力，那工廠中每天八到十二小時的噪音、氣味及高溫，或是每天聽到打字機的鍵盤聲、電話聲以及大力關門聲，如何影響依據在電車及地鐵上讀到的報紙訊息而形成的政治判斷呢？在沒有刺耳尖叫

進行的診斷性聯想研究（Diagnostische Assoziation Studien）。這些測試主要依據克雷佩林-阿沙芬堡（Krapelin-Aschaffenburg）分類法執行。測試結果顯示反應時間，並將對刺激詞的反應分類為「內部」、「外部」及「音韻」。此外，還分別呈現前一百個單字與後一百個單字的結果，以及在受試者因心中有念想而分心，或在節拍器敲擊的同步反應時，其反應時間及反應品質的數據。Some of the results are summarized in Jung, *Analytical Psychology*, Ch. II, transl. by Dr. Constance E. Long.

聲的喧鬧聲中還能聽見什麼嗎？或是在不像電子標誌那般刺眼的大眾憤怒目光中還能看見什麼嗎？城市人的生活缺乏孤獨、沉默及輕鬆感，夜晚吵鬧而絢爛。住在大城市的人受到持續聲響的侵擾，如今強烈又刺耳，如今沉浸在未完成的節奏裡，永無止盡且毫不停歇。在現代的工業環境之下，人們必須在吵雜的噪音之中思考。如果我們的辨別能力常是既呆板又愚鈍，至少這會是一小部份的原因。在經驗及實驗顯示噪音不利於思考的條件下，執政者決定了人們的生、死及幸福。「思考變成一種難以忍受的負擔」就是環境造成的。如果身處有利環境，思考就不會是負擔，會和跳舞一樣讓人興高采烈，一樣自然。

在特別需要思考能力的行業裡，當中的每個人都知道，在一天之中必須為自己創造一段沉靜時刻，然而在這個我們吹捧為文明的忙亂環境，公民在最糟糕的可能條件下執行危險的政府工作。認清這個事實能激發我們在工廠及辦公室的動力，不論是為了較短的工作天，還是為了更長的假期，或只是光、空氣、秩序、陽光及尊嚴。然而如果要提升我們生活的智慧品質，那麼這只是剛開始而已。對員工來說，只要很多工作是日復一日漫無目的的例行公事，一種單調運用固定肌肉的機制，那麼他會無意識地認為生活中沒有什麼值得特別思考的事，除非這件事的宣達如晴天霹靂一般。只要他從早到晚都禁錮在人群之中，他的注意力就會發散，不容易集中。在他成為各種喧擾的受害者的地方，他的注意力就不會堅定和清晰，即使在可以喘口氣的家裡，他仍需要遠離繁重的家務、嬉鬧的孩子、刺耳的言論、難以下嚥的食物、難聞空氣以及令人窒息的裝飾。

有時候我們會選擇走進一棟安靜寬敞的建築物，去有現代舞台的劇院專心看戲、去海邊或是一個安靜的地方，這樣我們才會記得一般的都市生活是多麼擁擠、變化無常以及浪費喧鬧。我們學會了解為什麼我們的腦筋會糊塗，無法精確思考，為什麼會因為接觸頭條新聞和口號而腦筋打結，很像在跳義大利的塔朗特舞，又為什麼腦筋失去了分辨的能力，明明差異很明顯但卻察覺不到。

然而，這種外在的失調會進一步受到內在的影響而更加複雜。實驗指出，速度、精確度以及智慧的聯想品質會受到的情緒衝突而開始錯亂。在連續提供一百個包含中性及聳動字眼的實驗中，字與字間隔五分之一秒，結果顯示有五到三十二個刺激出現了反應變化，或者根本就無法反應。[9]顯然，我們的公眾意見會受到各種情結斷斷續續的影響，例如抱負及經濟利益、個人的恩怨、種族偏見、階級感等等。這些情結會以各種方式扭曲我們的閱讀思考以及言行舉止。

最後，因為意見不會中止於一般社會大眾，因為為了選舉、宣傳、號召、集權等目的，注意力的品質仍舊難以提升。文盲、傻瓜、神經質的人、營養不良的人以及歷經挫敗之人，他們的人數不容小覷，比我們想像的還要可觀。因此，像是心智不成熟或行為野蠻的人、陷入糾葛泥淖的人、沒有朝氣活力的人、故步自封的人，還有經驗不足以理解問題，及進行討論的人等等，流行的公眾意見容易在這群人之中繼續蔓延開來。他們所得到的公眾意見會開始形成許多誤解的小漩渦，會因為偏見以及牽強的類比而變調。

公眾意見的流行需要考慮到聯想的品質，而且必須要讓大多數人的情感容易產生漣漪。而「偏狹」或「特殊」的公眾意見則不容易讓人產生共鳴。然而，同一個人面對不同的刺激會以不同

9　Jung, *Clark Lectures.*

的品質反應，或是同一個刺激在不同時刻也是如此。人類的感受很容易受牽動，彷彿一個高山國家，對所有人類而言，那裡有許多孤立的山峰、獨立廣闊的高原，以及深不見底的岩層。因此，那些空氣稀薄的山峰彷彿是數學家弗雷格（Gottlob Frege）及皮亞諾（Giuseppe Peano）之間的細微差異，或是薩塞塔早期跟晚期作品之間的差異，這些受其影響情感的人也許是另一層級的忠實共和黨員，而他們挨餓害怕時的感覺與另一個人挨餓害怕的感受是無法看出差異的。難怪發行量大的雜誌傾向以漂亮女性的臉當作商標，用一張具有吸引力的美麗臉龐，但無辜感又可以讓人接受。

因此，我們公眾意見所應對的環境會因不同方式而產生不同的反應變化，例如透過對來源的審查及保密，或藉由有形的社會屏障、極少的注意、精簡的語言、分散注意、無意識的情感匯集、消磨、暴力或使其單調無趣的手法等。這些會影響我們接觸該環境的限制因素，加上事實的隱晦性及複雜性，讓公眾意見的清晰度及看法的公正性受到阻礙，可行的想法會被誤導性的虛構故事取代，而我們能夠審視試圖混淆視聽者的機會也會遭到剝奪。

第三部

刻板印象

STEREOTYPES

第6章

刻板印象為何

我們每個人在地球上的一小塊地方生活工作，在所處的小範圍裡移動，而認識的人當中，我們真正熟識的人其實不多。在任何影響甚遠的公眾事件中，我們頂多只能看到片面。就連擬定條約、制定法律及發號司令的當權者都可能遭遇如此情況，更何況是受條約、法律以及命令約束的普羅大眾。我們的意見所涵蓋的時空範圍免不俗比我們觀察到的更廣泛，而牽涉的事物更多更雜。因此，這些意見是來自他人的報導以及想像拼湊而成的。

然而，連目擊證人都不能重現當時場景的全貌[1]，因為經驗似

1　E. g. cf. Edmond Locard, *L'Enquête Criminelle et les Méthodes Scientifiques.*
近年來累積了大量有趣的資料，探討證人可信度的問題。一位傑出評論在《泰晤士報》（倫敦）文學增刊（一九二一年八月十八日）中指出，證人的可信度因其類型、事件的性質以及感知的種類而各不相同。因此，觸覺、嗅覺和味覺的感知，其證據價值較低。我們的聽覺在判斷聲音來源與方向時，存在缺陷且容易隨意，當聽到他人談話時，「未聽清的詞語會由證人出於善意予以補充。他會根據自己的理解形成一個談話主旨的理論，並將所聽到的聲音重新排列以符合該理論。」即使是視覺感知也容易

乎顯示，他本來想像的畫面之後會開始模糊，通常他所認為的事件樣貌其實是加油添醋後的結果。人在意識之下，事實其實很少能保持原樣，大部份的事實都已經有缺角了。一則報導是知曉訊息者及訊息本身的共同產物，當中觀察者的角色總是選擇性擷取所見所聞，經常會賦予自己的想像。我們所見的事實取決於我們所處的環境以及看事情的習慣。

一個不熟悉的場景猶如嬰兒所看見的世界，「一個又大、又迷人卻又吵雜的混沌世界」[2]。約翰·杜威（John Dewey）表示[3]，這就是成人面對新事物的感覺，如果太過新奇，也會像嬰兒一樣開始困惑。「我們不懂的外語聽起來就像語無倫次，牙牙學語，難以抓到一套清楚明確的聲音邏輯。走在忙碌街上的鄉下人、第一次看到海或坐船的人，或對運動一竅不通的人混在體育健將裡一

出錯，例如在身份辨認、認知、距離判斷，以及例如估計人群規模等數量判斷上，對於未受訓練的觀察者來說，對時間的感知變化非常大。所有這些原始弱點，再加上記憶錯誤及持續不斷的豐富想像力，使得情況更加複雜。

Cf. also Sherrington, *The Integrative Action of the Nervous System*, pp. 318-327.

已故的雨果·明斯特伯格（Hugo Münsterberg）教授曾撰寫了一本關於該主題的著作，相當受歡迎，書名為 *On the Witness Stand*。

2 Wm. James, *Principles of Psychology*, Vol. I, p. 488.

3 John Dewey, *How We Think*, p. 121.

同比賽等等，都是其他貼切的例子。將沒有經驗的人送進工廠，他剛開始會覺得這些工作雜亂無章，毫無意義。對一個西方人而言，亞洲人都長得一樣。對牧羊人來說，他羊群裡的每一隻羊都有各自的特色，但一般人只看得出體型和顏色有差異。我們面對陌生的事物，眼前如同一大片模糊且隨意飄移的影像，如萬花筒一般。人們透過事物習得意義的困難點在於，要養成迅速思考理解的習慣，面對模糊及搖擺不定的未知概念時，必須從中找出 (1) 明確清楚以及 (2) 連貫可靠的意義。」

然而，要找出這種明確連貫的意義，取決於這些意義是誰給的。杜威在他的文章中提到一個例子[4]，如果請一位有經驗的外行人及一名化學家來定義「金屬」這個詞，他們的答案會有什麼不同。外行人的定義是「平滑、堅硬、具光澤、閃亮、密度高……可用來鑄造，具延展性，遇熱軟化，遇冷硬化，具記憶性，能抗壓力，抗腐蝕等等」。然而，化學家可能會將金屬描述成「一種氧化後會形成鹼基的化學元素」，完全不會針對其美學及實用性去定義。

4　John Dewey, *How We Think*, p. 121.

我們大部份都不先看才定義，而是先定義再看。在這個又大、又迷人卻又吵雜的混沌外面世界，我們會挑選自己文化中已有定義的事物，往往會將這個事物賦予文化上的刻板印象。聚集在巴黎商議如何解決人類紛爭的大人物中，有多少人能夠真正了解歐洲這一大片土地，而不是把歐洲問題當成義務？有任何人能透析克里蒙梭內心的想法嗎？受戰亂影響，他心中一九一九年的歐洲會不會是刻板印象？他理解的歐洲說不定是日積月累且根深蒂固的心中畫面。他有見過一九一九年的德國人嗎？還是說他認為的德國人形象停留在一八七一年？他了解的都是刻板印象。他從德國的新聞報導中了解報導角度的德國，但他只會相信符合心中刻板印象的報導內容。在克里蒙梭心中，一位講話大聲的容克貴族（junker）才是真正的德國人，而一位坦承帝國有罪的工會領袖根本就不是德國人。

哥廷根（Göttingen）的一場心理學代表大會上曾進行過一個有趣的實驗，實驗對象是一群據說受過訓練的觀察者。[5]

5　A. von Gennep, *La formation des légendes*, pp. 158-159. Cited F. van Langenhove, *The Growth of a Legend*, pp. 120-122.

「在離代表大會會場不遠的大廳，有一群正在開化裝舞會慶祝的人。突然一名小丑破門而入，身後有一個黑人在追他，手上拿著左輪手槍。他們停在大廳中央打了起來，小丑隨後倒下，黑人撲上去開了一槍，然後兩人快速離開大廳。整個過程持續不到二十秒。」

「主席要求在場的人立刻寫下一份報告，因為事後一定會有一場司法調查。總共收到四十份報告。根據主要的事實，只有一份的錯誤率少於百分之二十；十四份有兩到四成的錯誤率；十二份四成到五成；十三份超過五成。此外，含有百分之十純粹虛構內容的報告有二十四份，有十份高於這個比例，六份不到百分之十。簡單來說，有四分之一的報告含有虛假訊息。」

「毫無疑問，整個場景是事先安排甚至拍照存證。這十份含有虛假訊息的報告只能列為故事或傳說等級，二十四份屬於半傳說，而有六份有參考價值，說法最接近真實情況。」

因此，這四十位將眼前發生的場景寫成一份報告的受訓觀察者中，極大多數人看到了完全沒發生的場景。他們到底看到了什麼？大家可能會認為，要說出發生過的事比虛構沒發生過的事還要輕鬆。他們看到的是如此打鬥場景的刻板印象。所有人在生活中一定都看過很多打鬥的畫面，而這些畫面從眼前一閃而過。其中一個人的報告中，這些錯置的畫面只佔不到兩成，十三個人超過一半。而三十四個觀察者當中，刻板印象至少取代了真實場景的十分之一。

一位著名的藝術評論說過[6]，「部份因為物品有無數形狀……部份因為我們遲鈍及漫不經心，事物的特色及輪廓幾乎沒有在我們的腦中留下清晰的印象，反倒是藝術經驗在我們心中描繪對事物的刻板印象。」事實甚於如此，因為世人的刻板印象不光是來自繪畫、雕塑及文學這類的藝術經驗，還來自我們的道德規範、社會觀以及政治宣傳方式。在下列貝倫森（Bernard Berenson）寫的段落中，「政治」、「商業」及「社會」取代了「藝術」，但句子意義卻沒受到什麼影響：「……研究各藝術學派那麼多年，除

6　Bernard Berenson, *The Central Italian Painters of the Renaissance*, pp. 60, *et seq.*

非我們學會如何用自己的雙眼去感受，否則很快就會回到自己的習慣，透過我們熟悉的藝術觀念去形塑眼前的事物。這就是我們看待藝術現實的標準。如果有人讓我們看一些無法立即理解的圖案，讓我們在腦中用已知的形狀與色調去配對，接著會因為無法塑造這些圖案的邏輯而甩甩頭，甚至批評這種作品裝模作樣。」

如果一名畫家「心中的意象與我們的不吻合，」我們內心就會感到不是滋味，貝倫森將這種情緒解釋得相當貼切。此外，我們也難以欣賞中世紀的藝術，因為從那時起，「人們意象化的形式已有千百種變化。」[7]貝倫森繼續說明，我們是如何學會人像應該是什麼樣子。「人像的新標準以及人體特徵的新呈現方式是多那太羅（Donatello）和馬薩喬（Masaccio）創造的，並經人文主義者認可……這套標準運用在塑造戰爭中獲勝的人物形象上，並展示給當時的統治階級欣賞。誰有能力突破這種新的視覺標準？

7　*Cf.* also his comment on *Dante's Visual Images, and his Early Illustrators in The Study and Criticism of Italian Art* (First Series), p. 13.「**我們**無法避免將維吉爾（Virgil）想成穿著羅馬人的樣子，賦予他『古典側影』與『雕塑般的儀態』。然而，但丁對維吉爾的視覺形象，恐怕更具中世紀色彩，也更不考究羅馬時代。十四世紀的插畫家們把維吉爾畫得像一名中世紀學者，穿著學士服，而但丁對這位羅馬詩人的視覺形象本來就不該如此。」

在混亂的社會中，誰又能挑出比天才創造的人物更能清楚表現現實的形象呢？沒有人辦得到。人們看待事情的方式已經固定在這個框架裡面，只會欣賞以此描繪方式的形象，只愛以此呈現方式的理想圖像……」[8]

如果我們要了解他人的想法才能全然理解他們的行為，那麼為了保持客觀公正，我們要評價的不僅是他們能取得的訊息，還有他們過濾這些訊息的方法，因為社會可接受的規範、目前盛行的模式以及標準的版本會阻撓訊息理解的過程。例如美國化表面上是以美國的特色來替代歐洲的刻板印象。因此，在美國化的引導下，農夫可能會憑藉美國的標準，將他的地主視為是莊園之神，而他的雇主如同地方仕紳一般。這會造成心態的改變，如果內心打了預防針，那麼連眼光也會跟著改變，眼界就完全不一樣了。一位和善的女士坦言，這種刻板印象雖強勢，但卻至關重要，如果少了這些既定的印象佐證，那她可能連接受手足之情或是相信上帝都做不到：「說也奇怪，我們會受到身上穿的衣服影響心情。衣服會營造出一種心理及社會氛圍。如果一個人執意要

8　*The Central Italian Painters*, pp. 66-67.

穿倫敦裁縫師做的衣著，我們還能奢望他認為美國至上嗎？一個人的飲食也會影響他的美國情懷。我們在吃德國酸菜及林堡起司的時候，有可能還感受得到美國的氣氛嗎？或者當一個人總是滿嘴蒜味，我們還會期待他體現什麼美國意識嗎？」[9]

這位女士說不定是一場宴會的贊助人，我的一位朋友可能還曾經服務過她。這場盛宴稱為「熔爐」，七月四日辦在一座交通便利的城市，那裡有很多聘僱的外籍勞工。棒球場中央的二壘處，佇立了一個木製的大帆布鍋子，兩側有台階可以走上鍋緣。觀眾就定位且音樂響起後，一道隊伍穿過球場一側的入口走來。隊伍裡是來自世界各國的工廠員工，身穿自己國家的傳統服飾，嘴裡唱著國歌，跳起民族舞蹈，手裡還拿著全歐洲的布條。典禮司儀是穿成山姆大叔模樣的小學校長，他引領隊伍到熔爐前，指示他們走上台階到鍋緣處並跨進鍋子，隨後再請他們從另一側下來。他們出來的時候，頭戴德比帽，身穿外套、長褲、背心、硬領及圓點領帶。我朋友說，每個人的口袋還放著一支永鋒鉛筆，所有人齊唱美國國歌。

9　Cited by Mr. Edward Hale Bierstadt, *New Republic*, June 1 1921 p. 21.

對這場盛會的宣傳者而言，或許大部份是演員，他們成功讓人了解，要使美國的新舊人之間彼此友好有多麼困難。他們之間因刻板印象產生的矛盾讓彼此失去互相認同的機會，儘管各自有人性上的共同點。改名換姓的新移民能夠明白這個道理，他們刻意做此改變，就是為了陌生人對待他們的態度能有所不同。

當然，外面世界以及我們心中的畫面之間有著某種連結，就如同在極端份子的聚會裡，會看到一些男性留長髮，同時也有留短髮的女性。然而，對急躁的觀察者而言，有一點連結就很好了。假如在觀眾裡有兩個人是鮑伯短髮造型，四個人蓄鬍，那麼記者最後會以偏概全，認為觀眾都是如此，因為他事先知道群眾的人都有如此毛髮整理的習慣。我們眼前所見與真實面貌之間有某種連結，經常是奇妙的關聯。比方說，一個人很少看風景，除非要檢視建地的劃分，但實際上他在客廳已經看過很多牆上掛的風景照了。從這些照片，他學到風景應該是玫瑰色的夕陽，或是鄉村道路上有一座尖頂教堂，背景映著銀白色月光。而有一天，他前往鄉村地區，卻好幾個小時都見不到任何美麗風景，接著太陽下山，天空出現玫瑰色晚霞。赫然之間，他認出了這個熟悉的景致並讚嘆一聲美。但兩天後，當他試圖回想起旅途中究竟看到了什麼，很可能他記得的主要是客廳裡的某個景色。

除非他喝醉、作夢或是發瘋了，不然他的確有看到日落，但他看到及記得的大多是從欣賞油畫的藝術經驗學到的，而不是印象派畫家或是有修養的日本人與他一同共賞的風景。日本人與畫家所看到及記住的，大多是他們各自的真實體驗，除非他們是替人類尋覓嶄新視野的非凡人物。在沒有訓練的情況下，我們觀察環境的方式是找出可辨識的符號，這些符號代表想法，而我們會以心中的畫面去填補這些符號。與其說我們看到的是這個人或是那個日落，我們注意到的其實是人和日落的概念，然後針對這兩個主題，去檢視心中是否有符合的畫面。

這個概念有經濟節約原則，因為如果要嘗試將所有的事物從頭仔細看過，而不是將其分類別或是概略化，意即刻板印象，那麼這會相當累人，而且如果訊息密集，要這樣做幾乎是不可能的。在朋友、緊密關係人或競爭者的關係中，要理解一個人是沒有捷徑的，而且每個人是獨一無二的，無可取代。我們最敬愛及欽佩的人心中充斥著各種獨立人物而不是刻板印象，他們了解我們不是因為符合他們心中的分類，就算不說出口，我們自然而然會感受到，所有的印象未必都與我們有關。兩個人互不相干至少能確保雙方不會視對方為某種他認為的樣子。任何兩人關係會出現瑕疵，是因為雙方都不認為對方的性格不可侵犯。

然而，現代生活既匆忙又多樣，最重要的是，肢體接觸的界線會將兩個有密切關係的人隔一道無形的障蔽，例如雇主與員工，官員與選民。要與對方熟識不但沒有時間，也沒有機會，於是我們會從他身上找出一個熟悉的特質，然後透過心中的刻板印象去填補未知的畫面。他是煽動者，這個結論要嘛是自己注意到的，要嘛是有人說的。煽動者是這樣的人物形象，所以他是這樣的人。他是知識份子。他是財閥。他是外國人。他是南歐人。他是後灣區（Back Bay）的上流人。他是哈佛畢業的，和耶魯畢業的就是不一樣。他是普通人。他是西點軍校畢業的。他是老兵。他住在格林威治村（Greenwich Village），想必愛說三道四。他是國際銀行家。他是一般老百姓。

就認知影響而言，產生一套既定的刻板印象是最微妙及普遍的。我們親自見到世界之前，都是經他人的講述來理解的。我們總是先想像才體驗。除非教育讓我們的思考更加敏銳，否則先入為主的觀念支配了我們整個認知過程。刻板印象會將某些對象標「熟悉」或「陌生」的標籤，強調兩極化差異，因此有點熟悉就算熟悉，一點陌生就是非常陌生。刻板印象會因為細微的跡象而產生，不論這些跡象是正確的還是模糊的。刻板印象一旦產生，心中舊的畫面就會湧入新的視角，投射在一個存在記憶中的世界。假如環境中沒有實質的一致性，那就不會有經濟節約原則，只會存在人們習以為常的自以為是。然而，還是有極為精確的一致性，無可避免要省去不必要的關注。如果人們捨棄所有的刻板印象，全然採用土法煉鋼的經驗法則來感受這個世界，那麼人類的生活就會變得貧乏無趣。

關鍵是要了解刻板印象的內涵，以及明白人們輕信的弱點。這些取決於我們的人生觀，究竟自己能夠展現多少包容性。如果我們認為世界是根據我們的規範而運行的，那麼我們所描述的事件存在於我們主宰的世界中。然而，如果我們的人生觀是人很渺小，只是沙漠世界的一粒沙，認為自己的智慧充其量只能理解各種想法的片面之詞，那當我們的刻板印象產生時，往往會知道這些只是刻板印象，無需太在意，可以隨心所欲調整。此外，我們往往會逐漸領悟到自己何時萌生這樣的想法，在哪裡想到的，如何想到的，還有為何會接受這樣的想法。一切有意義的歷史都是以此方式進行過濾的，讓我們知道自己接觸到的任何童話、教科書、傳統、小說、戲劇、繪畫、言詞等等，當中都已植入某種刻板印象。

想要做藝術審查的人至少不能低估這個影響。他們一般都誤解了，總是一心一意要防止別人發現沒有認定的部份，但無論如何，他們就像評論詩人的柏拉圖，隱約感受到這些虛構而成的刻板印象往往會套用在現實的事物上。因此，毫無疑問的是，電影所建構的意象讓人歷歷在目，能夠藉由報紙的文字就在人們心中產生畫面。在人類的所有經驗中，一直都沒有能與電影比擬的具像化藝術形式。佛羅倫斯人認為標準的聖徒形象，出現在教堂中喬托（Giotto）的壁畫上。如果雅典人想看希臘眾神，可以到神廟去。然而，世間萬物的繪畫樣本並不多。對遵循第二戒精神的東正教徒而言，有形物件的肖像畫更是乏善可陳，也因為如此，他們日常生活的決定能力會弱化很多，但在西方世界，近幾個世紀以來，人們描述世俗生活的深度及廣度不斷提升，從文字、口頭敘述、圖文並茂的敘事，一路進化到默片以及有聲電影。

攝影支配了現今人們的想像力，取代了過去的印刷文字以及更早的口述文字。照片相當逼真，直接呈現在我們眼前，是不費吹灰之力就可得到的精神食糧。文字敘述以及圖畫在心中畫面產生之前，需要花點心思。然而在螢幕上，觀察、描述、報導以及想像的全部過程都已為我們一次實現。不需要刻意保持清醒，我們想像力總能刻劃的畫面在螢幕上源源不絕的浮現。灰暗的想法變得光彩奪目，而透過欣賞導演格里菲斯（D. W. Griffith）的電影《國家的誕生》（*The Birth of a Nation*），我們原本對三K黨的模糊觀念變得具體清晰。以歷史的角度，這或許是錯誤的刻劃，而道德上又呈現出邪惡的一面，但這就是一種刻劃型態。看過這部電影的人，還有對三K黨的理解不如格里菲斯的人，如果沒有看到那些白馬騎士的畫面，心中還會聽得見這個名稱嗎？

因此，當我們提到一群人的思維時，比方說法國人、軍閥者以及布爾什維克的思維，我們容易陷入困惑，除非我們可以本能地擺脫刻板印象、思考模式以及套路，這些因素能左右我們內心世界的模樣，是原始性格順應及反應的世界。如果無法跳脫框架，這證明了無法精確剖析群體意識、國家精神以及種族心理的情況，猶如浩瀚大海，數都數不清。的確，刻板印象能代代相傳，勢不可擋，好像是生物學上的不變定律。在某些層面上，如社會心理學家格雷厄姆．華萊斯（Graham Wallas）所說[10]，我們也許已經寄生在社會傳統的母體上，但確實沒有科學證據顯示，人類與生俱來就熟悉自己國家的政治慣例。政治慣例在一個國家之中的形成過程都差不多，不過首先能尋求解答的地方在育幼院、學校、教堂等等，而不是經由群體意識及國家精神這類灰色地帶而習得。如果我們因為完全無法承襲父母、牧師及叔父的政治傳統，就將政治思維的差異歸咎於遺傳因子，這無疑是最失格的行為。

有相同教育背景及生活經驗的人當中，要簡單扼要地概括他們之間的差異不是不可能，但此舉非同小可，因為沒有兩個人的經驗是完全一模一樣的，就連生活在相同家庭的兩個孩子都不會一樣。老大從來沒有當過老么的經驗。因此，如果我們不懂後天養育的差別，那麼最好避免評判先天的差異。還沒有搞清楚土壤位置之前，不要急著評估其生產力，加拿大拉布拉多省的土壤和愛荷華州的有可能一樣嗎？土壤有沒有耕種過、施肥過、貧瘠過或是休耕過等等，這些都必須釐清。

---

10 Graham Wallas, *Our Social Heritage*, p. 17.

第7章

作為保護手段的刻板印象

除了經濟節約原則，還有另一個理由能說明為何我們常固守刻板印象的原因。當我們要追求一個公正客觀的視角時，刻板印象的機制會成為我們個人傳統思維的核心，維護我們在社會上的立場。

這些機制營造出一種固定一致的世界畫面，而我們的習慣、喜好、能力、舒適感及希望都是順應這套思維系統。或許呈現出來的世界畫面不完整，但卻是一種我們能接受的世界樣貌。在這樣的世界，人們與萬物適得其所，所有事都在預料之中。我們感到安定，不會格格不入。身為環境的一份子，我們了解一切，體會那種稀鬆平常及可靠的迷人氛圍。我們對環境的軌跡及型態習以為常。就算我們選擇捨棄了它，這個環境在我們的思維定型之前，還是會有誘惑力。一旦根深蒂固，要擺脫就很難了，就像穿起來舒適的舊鞋一樣，習慣了就不想脫了。

難怪擾亂刻板印象猶如攻擊宇宙的根基一般，這是針對**我們**內心宇宙的根基。如果我們的宇宙有重大事件處於危急之勢，我們不會馬上承認這與真實的宇宙有任何差別。當一個世界墮落不堪，崇尚的精神失去價值，鄙視的行為變得高尚，這會令人心驚膽跳。假如我們的排名順序不再是唯一的標準，這個世界就會淪為無政府狀態。假如善良之人理當繼承這塊土地；假如領先的懂得禮讓；假如沒有罪惡的人先扔石頭責罰他人；假如我們能清楚責任及財產歸屬，當以上這些都是無稽之談時，我們的自尊根基會開始動搖。刻板印象的其中一種模式是不中立的，不僅能替代又大、又迷人卻又吵雜的混沌世界，也是一條認知捷徑，此外涵蓋的範圍無窮無盡，能保障我們的自尊，作為我們世界價值觀、定位以及權利的投射機制。因此，這些刻板印象會因為某種連結而激起情緒，如同捍衛我們心中傳統的堡壘，有其保護，我們能繼續在自己的定位上感到安心。

例如西元前四世紀時，亞里斯多德面對日益遽增的質疑[1]，寫下了他捍衛奴隸制度的論點，當時雅典的奴隸與一般的自由公民

1　Zimmern: *Greek Commonwealth*. See his footnote, p. 383.

外觀上是難以區別的，齊默恩（Alfred Zimmern）曾引用《老寡頭》（*The Old Oligarch*）裡面一篇有趣的文章，說明那些奴隸受到了良好的對待。「設想一名奴隸遭市民毆打是合法的，那麼常會發生的情況是，一位雅典人因被誤認成奴隸或是外國人而遭毆打。原因是雅典人的穿著和這些人沒有什麼差別，連外表看起來也沒有高人一等的樣子。」這種無法區分的情況自然而然會讓這個體制瓦解。假如自由公民與奴隸外觀看起來差不多，那麼差別對待他們的基準是什麼？這就是亞里斯多德在他第一本著作《政治學》（*Politics*）中所要解開的難題。出於準確的直覺，他了解到，要合理化奴隸制度，他必須教導希臘人怎麼看出奴隸，以利制度的延續。

因此，亞里斯多德說，有些人天生就是奴隸[2]。「他天生就是奴隸，屬於另一個人的私人財產，**因為如此，就是這樣**。」他真正要說的是，任何成為奴隸的人都是因為天生的宿命。邏輯上，這個說法毫無意義，但其實也不是什麼主張，根本毫無邏輯可言。這就是刻板印象，更明確說是刻板印象的一部份，很快就會出現

2　*Politics*, Bk. 1, Ch. 5.

其他的論調來補足空缺的畫面。斷言奴隸有理性感知卻不具備運用理性的能力後，亞里斯多德堅稱，「天生宿命讓奴隸及自由公民有截然不同的軀殼，奴隸因為要履行勞役工作而必須有壯碩結實的體魄，而公民則有著自信挺拔的身軀，適於公民生活……顯然有些人天生就是自由之身，其餘的就是奴隸……」

如果我們問自己亞里斯多德的論點出了什麼問題，可以發現他一開始就走偏了，他個人的主張與事實之間有巨大的隔閡。當他說奴隸天生的宿命就是成為奴隸時，他當下其實忽略了一個關鍵問題，那些碰巧成為奴隸的人真的天生就是當奴隸的命嗎？這個問題毫無疑問會讓人重新檢視每個奴隸的背景，因為成為奴隸的事實不能證明他天生就是奴隸命，甚至連測試的方法都沒有。因此，亞里斯多德完全沒想到如此質疑足以摧毀他的論點。奴隸生來就是奴隸，每位主人都認為他的財產是天生勞碌命。當主人是以這樣的眼光看待自己的奴隸，他所認定的事實是，任人擺佈的性格讓他們甘願做著奴役的工作，他們因為有強健的體魄而能勝任這樣的工作。

這就是一個完美的刻板印象，特色就是它凌駕在理性之上。刻板印象是一種認知形式，在新訊息尚未進入思考過程之前，心中的空缺就已經補上我們過濾過的舊訊息。刻板印象就像燈塔街（Beacon Street）上紫羅蘭色的窗玻璃，很像化妝舞會的守門者，判斷參與者是否裝扮得當。從教育或批評的角度，沒有什麼比刻板印象還難應付的。在取得證據的過程中，刻板印象本身就蓋在證據上，這就是為何歸國旅者的描述如此引人入勝，能夠讓聽者了解他究竟帶著什麼樣心情出國旅行。如果他想滿足食慾，對鐵磁磚的浴室情有獨鍾，或是相信搭乘普爾曼火車豪華車廂（Pullman car）會帶給人們最佳的舒適感，相信給服務生、計程車司機及理髮師小費是恰當的，不過車站服務人員及帶位員倒是不用，這樣一來，他整趟旅程的體驗一定是好壞參半，不論是食物、沐浴、交通以及給小費等方面。如果這個人很嚴謹，他旅途中會發現自己都在參訪著名的景點。踩點又簡單看一下紀念碑之後，他會繼續認真讀著巴德克爾旅遊指南（Baedeker）的每個細節，然後前往下一個觀光勝地。等他從歐洲返回時，對旅行的印象是很緊湊且中規中矩，評價大概一到兩顆星。

某種程度上，來自外界的誘因，特別是印刷或是口頭文字，能喚起刻板印象部份機制，如此一來，真實的感官及成見同時會佔據我們的意識。兩者融合為一，彷彿透過藍色眼鏡看紅色，然後看到綠色。如果我們看的成功符合我們的預期，刻板印象就會越來越深，就像一個人事先知道日本人很狡猾，然後又走霉運，遇到兩個不肖的日本人，印證此事實為真。

如果經驗與刻板印象矛盾，有兩件事會發生。如果一個人不知變通，或是某個巨大利益阻礙自身刻板印象的重組，他對此矛盾不屑一顧，認為是一種例外，還會質疑親身經歷者，挑三揀四並試圖遺忘這件事。然而，如果他充滿好奇心且心胸開闊，他就能接受新鮮事物並調整心中的畫面。有時候如果事件的印象夠深刻，導致既定的印象被打亂而感到不適，他可能會受到動搖，不信任任何看待生活的方式，並預期正常的一件事不會再呈現其應有的樣貌。極端一點來說，特別是這個人富有文采，他會極力展現墮落的道德觀，將猶大（Judas）、班奈迪克．阿諾德（Benedict Arnold）或是切薩雷．波吉亞（Cesare Borgia）等人作為他故事的主角。

刻板印象的影響能從德國人談論比利時狙擊手的過程中深刻體會到。這些傳聞首先遭德國天主教組織和平會（Pax）駁斥[3]。這

3　Fernand van Langenhove, *The Growth of a Legend*. 作者是比利時社會學家。

些暴行傳聞的存在本身就沒什麼稀奇，德國人會樂於相信也是在所難免。然而，值得注意的是，早在一九一四年八月十六日，一群保守的德國愛國者就開始反駁一連串針對敵軍的毀謗，儘管這些毀謗具有無上價值，能撫平國人混亂的良知。為何需要特別動用耶穌會，遏止能夠提振德軍士氣的關鍵性謠言呢？

我引用范蘭根霍夫（Fernand van Langenhove）的敘述：

「德軍一進入比利時才開始有謠言流傳開來。這些謠言散佈各地，然後再經過新聞媒體報導，整個德國很快就知道這些消息。據說比利時人受到神職人員的煽動，背信忘義地加入敵對行動的行列，出其不意地攻擊孤立無援的德軍，將德軍佔領的位置透漏給敵軍。面對受傷及毫無防備的德軍，甚至連老人及小孩也變得喪心病狂，他們挖去這些軍人的眼，割去他們的手指、鼻子或耳朵。神父站在講道台前鼓勵人們犯下這些罪行，並承諾他們上天堂作為獎勵，甚至帶頭發動這些野蠻暴行。」

「很多人輕信這些報導。國家的最高權勢者毫不猶豫認可這樣的事，並運用公權力為此背書……」

「這樣一來，德國的輿論受到干擾，從人民高漲的憤怒情緒就能略知一二，尤其是針對讓比利時人犯下暴行的神父……自然而然，淪為受害者的德國人會將矛頭指向天主教的神職人員。新教徒使其對舊教的憎惡在心中重新燃起，一同攻擊天主教教會。一場新的文化鬥爭就此展開。

「天主教教會立即對此抨擊展開行動。」[4]

（劃線字為作者個人標註）

當時一定有狙擊行動。如果每位憤怒的比利時人急忙趕去圖書館，翻開國際法手冊，確認自己是否有權利亂槍掃射踐踏自己國土的渾蛋，這一定非比尋常。一支從未受槍火襲擊的軍隊認為每顆子彈都要接獲命令才能射出，整場戰爭都是如此，這同樣太不科學了，因為這一點都不省事，而且的確違反了戰爭遊戲（Kriegsspiel）的規範。一個人能想像，較敏感的人會努力說服自己，他們對付的人一定是惡徒。因此，英雄事蹟會不斷有人編

4　Fernand van Langenhove, *The Growth of a Legend*, pp. 5-7

造，直到審查員及鼓吹者，不管相信與否，發覺其利用價值並向德國人民散播這些傳奇故事。他們發現自己生氣的對象根本不是人，一點都不會感到抱歉。最重要的是，因為這些故事來自於沙場英雄，他們非得相信不可，如果不相信，就是不愛國。

然而，在戰爭的硝煙迷霧之中，很多事情的全貌變得模糊不清，因此想像也就變得無所節制。殘暴比利時神父的傳說很快就會挑起舊恨，因為在最愛國的德國新教徒心中，尤其是上流階級，俾斯麥（Bismarck）勝利的畫面中包含與羅馬天主教會長期的抗爭。透過聯想，針對比利時神父變成針對神父，對比利時的憎恨變成宣洩一切仇恨的管道。這些德國新教徒的作為與某些在戰爭壓力下的美國人沒兩樣，他們創造了一個複合的仇恨目標，仇視國外的敵軍就如同對付國內的對手一般。面對假想敵，意即德國的德國佬以及門戶內的德國佬，他們的敵意從內心傾巢而出。

當然，天主教會抵抗暴行的傳聞本身就是一種防衛心理，針對的是那些試圖挑起對其仇恨的特定派系，而非單獨針對比利時天主教會。根據范蘭根霍夫所說，和平會只是一個基督教性質的組織且「他們的注意只集中在神父該受責罰的暴行上」。然而，藉著揭露俾斯麥帝國與其的恩怨情仇，德國天主教會究竟在打什麼如意算盤是人們不禁想知道的。此外，這件事與埃茨貝格爾（Matthias Erzberger）[5]之間是否有什麼不可告人的關聯性，這位傑出的德國政治人物是天主教中央黨（Catholic Centre Party）的領袖，在停戰期間簽署了協定，此舉等於是簽下德意志帝國的死亡證明書。

5　埃茨貝格爾在本書撰寫期間已遭暗殺身亡。

第8章

盲點及其價值

我一直都在談刻板印象而不是理想，因為「理想」這個詞常特別指涉我們認為真善美的事物。因此，這個詞暗示有某件事值得仿效或達成。然而，我們既定的印象更甚於此，其中包含理想的詐騙犯、坦慕尼（Tammany）政客、侵略主義者（jingo）、煽動者以及敵人等等。我們心中的刻板印象世界未必是我們樂見的樣貌，純粹只是我們期待的樣子罷了。如果事件相呼應，就會產生熟悉感，而我們覺得自己正身歷情境一般。雅典人如果不想整天提心吊膽，就要認為自己的奴隸天生就是奴隸。如果我們先告訴朋友，自己高爾夫的水準是十八洞九十五桿，那打了一百一十桿之後，卻跟他們說今天手感不好，不是我平常的水準。換句話說，我們不習慣看待笨拙的自己，心想怎麼會多打了十五桿。

要不是每個世代都有少數幾個人能認真整理及建立標準，以及將其歸納成《政治經濟學定律》及《政治學原則》等邏輯系統，那麼我們大部份的人在應對事件時，還是要仰賴偶然且搖擺不定的各種刻板印象。一般而言，當我們在書寫有關文化、傳統及集體意識時，我們會思考著這些天才所確立的系統。現在，我們無需爭辯這些理想學說及批評是否必要存在，但研究民族、政治人物及公眾人物的歷史學家並不會止步於此，因為歷史並非依照天才規劃的系統思維來運作，而是透過每個人心中瞬息萬變的模仿、複製、捏造、類比及扭曲機制營造出來的。

因此，馬克思主義未必是卡爾·馬克思在《資本論》（*Das Kapital*）一書中所寫的內容，但無論如何，這就是所有自認忠貞的各思想派系所信奉的馬克思主義。我們無法從福音書中推論出基督教的歷史，也無法從憲法中得出美國的政治史。我們必須將思考後的資本論、佈道及理解過的福音，以及詮釋及頒布過的憲法當作依據。儘管標準版及現今通用版之間會互相影響，但影響我們行為的其實是人們之間通用的版本。[1]

1　然而，不幸的是，了解這種實際存在的文化，遠比總結與評論天才之作來得困難。這種實際的文化存在於一般普羅大眾之中，他們忙著過日常生活，無暇從事表述信念這種奇特的行業。他們只是順便記錄下自己的信念，而研究人員往往難以確定這些資料的代表性有多高。也許他唯一能做的就是遵循布賴斯爵士的建議（*Modern Democracies,* Vol. i, p. 156），在各種人物及生活狀況中自由穿梭，尋找各社區中既公正又善於

一名像麗莎夫人一樣眼皮稍微下垂的評論者說：「如同演化論，相對論一定會發展成一個普遍性原則。前者從一個生物學的假說，變成能應用在各領域的啟發性指南，包括禮儀及習俗、道德、宗教、哲學、藝術、蒸汽引擎、電車道等等都在經歷『演變』。『演變』變成一個不精確的通用詞，許多情況中，這個詞原本明確的意義流失了，而且其延伸出來的理論遭到誤解，讓人更摸不著頭緒。我們能大膽預測相對論也會有類似的發展及宿命。一個目前還無法確立的物理理論，未來會變得更晦澀難懂。歷史會不斷重演，相對論會和演化論一樣，在以科學的角度，經過許多可理解但不精確的大眾解說後，會應用在征服世界的霸業上。我們指的是，到那時候，這個詞也許會稱為『相對主義』（Relativismus）。毫無疑問，未來還會有很多應用手段會得到合理化的解釋。有些會很荒誕，我們甚至能想像有一大部份會淪為理所當然。這個物理理論如同一棵強壯大樹的種子，會再一次萌芽，純

評斷的人。「長期練習與『同理觸覺』所成就的一種**天賦**，讓受過訓練的觀察者能得利於些微的跡象，就如同一位老水手，比起初學者，能更快注意到暴風雨即將來臨的徵兆。」總之，這其中牽涉大量的猜測。因此，追求精確的學者往往只專注其他學者更簡潔有力的表述上，這一點都不足為奇。

粹吸引科學家的目光。」[2]

然而，就征服世界的霸業而言，相對論必須呼應某件事，無論有多不精確。伯里（John Bagnell Bury）教授表示，進步觀（idea of progress）長久以來一直是人們臆測出來的玩物。他寫道[3]：「一個新的臆測模式要滲入並影響一個群體的集體意識是很困難的，除非有外在具體的形象輔助，或是有力的物質證據佐證。就進步觀而言，英國在一八二〇到五〇年之間實現了這兩個條件。」當時最有力的證據來自機械革命。「十九世紀初出生的人，還不到三十歲就見證了蒸汽船的快速發展、使用天然氣照亮城鎮及房屋，以及第一條鐵路開通。」在普通一家之主的心中，像這樣的奇蹟形成了一種信仰，相信人類是完美無缺的。

丁尼生（Alfred Tennyson）不善於哲學，他說一八三〇年第一次從利物浦搭火車到曼徹斯特時，心裡想著火車的輪子走在軌道上，接著就寫下了一句哲學上的經典名句：

---

2 *The Times* (London), *Literary Supplement*, June 2, 1921, p. 352. 愛因斯坦在一九二一年訪美期間曾說，人們往往高估了他的理論所產生的影響力，而其理論的確定性相對降低了。

3 J. B. Bury, *The Idea of Progress*, p. 324.

「讓這偉大的世界永遠順著這條改變的軌道繼續前進吧！」[4]

正因為如此，利物浦與曼徹斯特之間的旅途所產生的一時想法，最後以此概括成一個宇宙運行的「永恆」定律。這類定律受到他人應用，經由其他新奇的發明強化，而演化論的發展中多出了「樂觀主義」的元素。當然，如伯里教授所說，演化論本身不屬於悲觀及樂觀主義，但一定會經歷永恆變革，而世界上看得見的變革是人類征服大自然的見證，而大眾的內心就將兩者概念融合為一。演化論本來是達爾文的演化論，而後變成赫伯特・史賓賽的版本，演化論最終成了「邁向完美的進步過程」。

由「進步」與「完美」來代表的刻板印象基本上是由機械發明構成的。整體而言，至今仍是如此。在美國，機械進步的奇蹟已讓人們印象深刻，甚至到攸關整個道德底線的程度。一名美國人能忍受任何侮辱，除非指控他故步自封，原地踏步。無論他是原住民還是新移民，美國總能吸引他的是其物質文明的巨大進

4　Tennyson, *Memoir by his Son*, Vol. I, p. 195. Cited by Bury, op. cit., p. 326.

步，這構成了他看待這個世界的基本刻板印象：鄉村會成為大都會，低矮又陳舊的樓房會變成摩天樓，小的會變大，慢的會變快，窮的會變有錢，少的會變多，無論是什麼都應該要百尺竿頭更進一步。

當然不是所有美國人都會以此方式看待世界。亨利・亞當斯（Henry Adams）不會，威廉・艾倫・懷特（William Allen White）也不會，但某些出現在報章雜誌的人會，這些人以美國建設者的身分自居，發表他們的成功哲學，宣揚演變、進步、繁榮、富有建設性等等美國行事風格。或許可以對此一笑置之，但他們實際上運用了絕佳的思維模式，就是進步來自人類的努力不懈。一方面這個模式採用了客觀的標準，另一方面是採取世俗的標準，還有一方面是讓人們習慣量化思考，這會讓概念混淆，認為大就是好，快就是快樂，而發明機械裝置就是人性。然而，同樣的動機也正在影響人類的道德觀或是意志。人們渴望最大的、最快的、最高的，或是像製作手錶或顯微鏡的人一樣追求最微小的，簡言之就是愛至高無上及「無與倫比」的東西，這本質上可以說是一種追求高尚的熱情。

的確，進步的美國版本符合經濟情境及人性方面的各種事實，將人類好鬥、好得及好權的劣根性轉化為積極作為，直到現在，這些積極份子的積極天性當未曾遭受到嚴重打擊。這些積極份子打造了一個一個文明，提供建立者工作、交友及玩樂方面的滿足感，而征服山丘、荒野、遠方以及贏得比賽的刺激感也喚起一股宗教般的情懷，彷彿與宇宙萬物進行情感交流。這個模式依照理想、實踐及結果的順序運作，其空前絕後的成功勢不可擋，因此敢對其發出戰帖的人會被貼上反美的標籤。

然而，這個模式如果要用來代表這個世界，還太過狹隘片面。如果將進步思考為「發展」，這意味著環境的許多層面會被忽略。眼前帶著「進步」的刻板印象，美國人整體而言會對不符合進步的情況視而不見。他們看到城市的擴張，但卻看不到貧民區的增加。他們為人口普查的數據喝采，但拒絕思考過度擁擠的問題。他們對國家的成長引以為傲，但無視那些居無定所的人，還有無法融入社會的外來移民。他們瘋狂發展工業，毫無留情地消耗自然資源。他們建立超大型企業，絲毫不顧產業的相互關係。他們成為地球上最強大的國家之一，萬一有朝一日美國受到孤立，不但沒有體制方面的配套措施，也沒有做好心理準備。他們道德及軍力上還沒準備好就加入世界大戰，然後一路跌跌撞撞，離開時不僅幻想破滅，還沒得到什麼寶貴經驗。

在世界大戰中，美國刻板印象造成的正面及負面影響顯而易見。贏得戰爭的方法能透過無節制的徵兵、借貸、造船、製造軍火、專注戰事等等，符合傳統的刻板印象，而最後結果就是締造了實質的奇蹟。[5]然而，最後刻板印象影響的人之中，不可能會考慮勝利的果實為何，或是該如何得到。因此，目標會遭到忽視或被認為是不證自明的，而勝利經由刻板印象的潤飾，只不過是在戰場上消滅敵人而已。在和平之時，我們根本不在乎為何要製造最快的汽車，而在戰亂時，也不會問大獲全勝的意義何在，因為勢如破竹。然而，這個模式不適用於巴黎的情況。在和平之際，他們能不斷汰舊換新，而且越換越大，但戰爭時，他們贏得絕對勝利就已經登峰造極，等於沒有下次機會了，必須要以全然不同的模式行事。假如沒有如此模式，那麼戰爭結束對他們以及許多善良的人民而言，只不過是掃興的局面，不但單調無趣，還索然無味。

5　我想到的是海外兩百萬軍隊的運送及供應問題。韋斯利．米切爾（Wesley Mitchell）教授指出，自從我們參戰以來，整體商品的生產量並未大幅增加，且超過一九一六年的水準。不過，專為戰爭用途而生產的商品數量卻有增加。

這顯示了一個不容忽視的重點：刻板印象及事實的確會各奔東西。道理永遠是如此，因為我們該如何表現行為的心中畫面，比事件的跌宕起伏來得單純固定。因此，有時候盲點會從視線邊緣轉向中心，變成當局者迷。除非出現能大膽發出警告的評論，能理解情勢轉變的領袖，以及能習慣包容的民族，否則刻板印象不但不會省事，如一九一七及一八年的情況那般讓人集中精神，反而會模糊焦點，情況就像一九一九年呼籲迦太基和平（Carthaginian peace），而一九二一年又對凡爾賽條約（Treaty of Versailles）深感遺憾的人一樣。

如果固守這般刻板印象而不對其缺失加以批判，那麼不但該考量的會被拒之門外，等到審判之日來臨且刻板印象破滅之時，很可能連該認真思量的想法也會跟著付諸流水，比方根據蕭伯納的評判，應該量自由貿易、自由契約、自由競爭、天賦自由、自由放任（Laissez-faire）以及達爾文主義的懲罰手段。如果在一百年前，他會是這些教條最不卑不亢的提倡者之一，態度會與現在不同，不會以〈異教徒的半個世紀〉[6]這篇序中的觀點，認為這些

6　*Back to Methuselah*. Preface.

原則能為「擊垮對手卻不必懲戒」開脫，「政府會對一切進行干預，除警察局外的所有組織會包庇合法舞弊，防止鬥毆事件發生，而人類的野心、設計與籌劃試圖潛入產業的大染缸，以上這些都『違背政治經濟學的原則』。」然後，他會是邁向極樂淨土的先驅者之一[7]，維多利亞女王叔父們的野心與算計充斥著整個政府，這樣的情況應該要遏止才好。他會發覺愚者擊敗強者，而不是強者擊敗弱者。他會發現野心、設計與籌劃正在發酵，扼殺發明，阻礙企業發展，以及阻擋他認定的「創造進化論」（Creative Evolution）的下一步進展。

即使到現在，蕭伯納還是不希望一切都是由他所知的政府下指導棋，但理論上，他的想法轉了一大圈，現在反而對自由放任持反對立場。戰爭前的前衛思考也是如此，人們會顛覆既定的觀念：假如我們拋開一切，智慧就會萌發，達到萬物和諧的境界。因為戰爭有了政府明確的引導，加上審查員、鼓吹者和間諜的協助，嚴肅的思想家們重新接納了魯布克·拉姆斯登（Roebuck Ramsden）以及天賦自由。

7　*The Quintessence of Ibsenism*

這些循環有一個共同之處。每一套刻板印象中有一個重點：不需要費吹灰之力，事情就會自然而然發生，這正如我們所期望的。進步觀的刻板印象能激發生產力，完全不用刻意去決定要做什麼工作以及為何是特定的工作。自由放任觀讓人有幸擺脫一群愚蠢官員的掌控，人們會受到自發性的情緒影響而邁向預設的和諧狀態。集體主義是防止冷酷自私行為的一劑解藥，從馬克思主義的角度，似乎代表社會主義官員的經濟決定論，講求效率及智慧。強健的政府，意即勢力遍及國內外的帝國主義政權，能意識到失控的代價有多大，其最終須仰賴的信念是，統治者要了解被統治者真正在意的。任何一個理論中都存在著一個自然形成的盲點。

盲點會掩蓋事實，假如我們有將其納入考慮，就能在心裡核對刻板印象所激發的行為反應。如果進步觀的人像笑話裡的中國佬一樣，必須問自己想用打破紀錄前省下的時間做什麼；如果自由放任的擁護者必須思考人類自由洋溢的能量，以及所謂的人性；如果集體主義者將注意力的焦點放在如何能鞏固他的官僚體系；如果帝國主義者勇於質疑自己的靈感來源，那麼我們就有機會看到更多躊躇不前的哈姆雷特，而少點做事果決的亨利五世，因為這些盲點能讓人集中注意力，免於心中五味雜陳，猶豫再三並削弱自身目的。因此，刻板印象不僅能為我們忙碌的生活節省時間，保護我們的社會定位，還能讓我們持續觀察並洞察整個世界，並消除一切的疑惑。

第9章

標準及其對立者

站在火車站月台等朋友的人會想起曾經誤認的經驗，將奇怪的人看成朋友。帽子的形狀，或是有點特別的走路方式，就能喚起他們心中的生動畫面。睡覺時，叮咚聲聽起來很像大鐘的撞擊聲。遠處聽見的鐵槌敲擊聲如同雷鳴一般。這是因為只要受到外在刺激，我們心中的畫面存檔就會開始運作，試圖從中閃出一個有相似性的畫面與之連結。這些幻覺也許會侵占我們的意識，但不太影響我們的感官，儘管我們認為這樣的經驗既難得又說不上來的奇妙，就像我們緊盯著熟悉的字或物品一段時間，會突然覺得陌生。的確，我們大部份看事物的方式是，看到的結果會與本來預期看到的做結合。天文學家與一對恩愛情侶看到的天堂截然不同。同樣是閱讀康德（Kant）的論述，康德主義派與極端經驗主義派的想法就是不一樣。大溪地的美人對當地追求者而言，一定比《國家地理雜誌》（*National Geographic Magazine*）的讀者認為的還漂亮許多。

事實上，要精通一門學科，就必須準備好有各式各樣的面向等待發掘，外加養成降低自我期望值的習慣。對無知者而言，萬物並沒有什麼不同，生命的循環皆是如此，但對專業者而言，所有事物都是獨特的。對私人司機、美食家、鑑賞家、總統內閣成員或是教授夫人而言，汽車、紅酒、經典名作、共和黨員及大學教職員的話題都各具其獨立特色，但一般人聊起來卻無法了解差別何在。

然而，幾乎沒有人能將公眾意見了解透徹。如蕭伯納所言，人生苦短，專家終其一生能精通的領域有限。在戰爭期間，即便是訓練有素的士兵，善於坦克及壕溝作戰的騎兵也未必能有出色的表現。的確，有時候就算略懂皮毛，人類往往會自不量力，拼命以刻板印象去填補理解空缺，能補多少就補多少。假如遭遇不符合刻板印象的情況，我們就會將其丟進虛無的黑洞之中，彷彿一切都不存在。

無論我們認為熟悉的是什麼，我們一不小心就會借助心中的畫面來看待某件事物。因此，提到美國進步及成功的觀點，當中一定有關於人性及社會的明確畫面產生。就是這種畫面產生了合理的邏輯，讓美國人認為理想該是什麼模樣。我們試圖要描述或解釋何謂成功者，以及已經發生的事件時，我們會將刻板印象預設好的特質對應到這些概念上。

這些特質的單純標準是由早期的經濟學家確立的。他們試圖描述自己所處的社會體制，卻發現複雜到難以形容。因此，他們建構出一個簡易的模組，原則上和孩子畫一頭牛沒什麼差別，就是簡單畫一個平行四邊形，然後加上頭和腳。這個模組由以下角色所組成：靠勞力累積資本的資本家、想出對社會有益的需求而成立工廠的企業家、一群享有自由契約制的工人、地主以及一群能在最廉價的市場買到物超所值商品的消費者。事實證明此模組奏效。正如描述該模組的書中提到，模組裡的各個角色住在一個永遠合作無間且和睦融融的世界裡。

經過修正及潤飾，這個經濟學家用來簡化思維的虛構模組受到了廣泛的應用，直到大部份的人都認為這個模組已成為當今的經濟神話，提供社會上的資本家、推銷者、工人及消費者一個的標準，追求實際的成功比紙上談兵更為重要。建築物林立及銀行開戶數持續增加，證明關於成功的刻板印象相當準確。因成功而獲利最多的人會開始相信，他們本就應該嚐到甜頭，理所當然。

難怪成功人士的摯友們在報上讀到其官方生平及訃聞時，心中的疑問總是：這真的是自己的朋友嗎？

對失敗者及嚐不到甜頭的人而言，官方的描繪當然是毫無共鳴的，因為成功楷模不太會去思考自身的成功，是否符合經濟學家或是權威人士所編制的路線，但失敗者對此可能十分在意。威廉．詹姆斯說：「人很少仔細綜觀全局，反而一直糾結在如何擴增自己的認知。」[1]產業領袖看見了企業成功的里程碑，而他們的競爭對手看到的則是失敗的斷垣殘壁。因此，這些領袖詳述產業經濟及優勢，要求不受任何阻撓，並宣稱自己是繁榮的代言人以及貿易的推手。失敗者不認同企業擴張的揮霍與霸道，大聲呼籲司法部門肅清企業，剷除商業陰謀。在相同的情境中，有人看到的是進步、節約及光明前景，而有人卻看到反抗、奢華及貿易限制。為了證明自己的論點為真，兩派都公開了大量的統計數據，並揭開各類真相與內幕。

當刻板印象的機制相當固定時，我們的注意力會傾向與其相符的事實，偏離與之相悖的真相。也許是因為根據刻板印象，好

1　*The Letters of William James*, Vol. I, p.65

人永遠都能找到行善的理由，惡人也總是有作惡的藉口。我們看待事情能看到美好的一面，也能以有色的眼光去凸顯醜陋的那一塊。如菲利普．利特爾（Philip Littell，《新共和》雜誌的編輯成員之一）曾寫過關於一位名譽教授的文章指出，如果我們透過階級來看待人生，那麼刻板印象絲毫不受理智的干擾，引導我們自然而然將人劃分成清楚的各種等級。奇怪的就排擠，不同的就視而不見。我們對不習慣看到的就會真的看不到。不論有意無意，我們只對符合我們哲學觀的事實有深刻印象。

這個哲學觀或多或少是一系列有組織的畫面，用來描述無形的外面世界，但不光只是描述而已，還能用來判斷。因此，刻板印象與偏好、愛恨、恐懼、色慾、執念、驕傲及希望牽制在一起。無論產生何種刻板印象，我們都會以相應的情感來判斷。除非我們刻意隱藏自己的偏見，否則不會特別先了解一個人，然後才判定其性格好壞。我們就是直接判斷此人非善類。我們看到的是有朝露的清晨、羞赧的女僕、聖徒般的神職人員、不苟言笑的英國人、危險的共產黨、無憂無慮的波西米亞人、懶惰的印度人、狡詐的東方人、在做白日夢的斯拉夫人、反覆無常的愛爾蘭人、貪婪的猶太人、典型的美國人等等。在日常的世界裡，這就是未經查證前的真實判斷標準，也就是尚未查證就驟下結論。正義、憐憫、事實等等都無法影響我們的判斷，因為判斷永遠在確定證據之前。然而，一個沒有偏見的民族，意即一個保持中立觀點的民族，在人類的任何文明中根本是意想不到的，沒有任何教育體系是以此理想為基礎的。偏見能察覺、削弱以及修飾。然而，人因為有不足之處而必須進入學校教育學習，以應對龐大的人類文明，在這段期間，免不俗會產生其畫面以及偏見。我們思考及行事風格的好壞，取決於偏見是否出於善意，能包容歧見，換句話說能否對善意的產生好感，而不是厭惡感。

道德、品味以及形式的好壞會先將某些潛在的偏見標準化，然後予以強化。我們在適應自己的標準時，所見的事實也會自然而然符應此標準。理性上，無論我們的是非觀念為何，事實都是中立的，但實際上，我們的是非標準大大決定了我們的所知及何知。

道德標準是一套行為準則，適用於各種典型情況。依照道德標準行事，就是符合其核心目的。這個目的可能是滿足上帝或國王的意志；可能是個人在美好及穩固的天堂中獲得救贖；可能是在世間取得成功，或者是為人類服務。無論如何，制定標準的人確立了一些典型情況，然後透過某種形式的推論或直覺，產生他們認可的目標行為。這些標準只要適用，就能發揮作用。

然而，在日常生活中，人們如何能知道他們的困境是否存在於標準制定者的心中？人不准殺人，但假如小孩遭攻擊，他能否為了阻止殺戮行為而殺人？十誡對此沒有任何解釋。因此，每個標準都有一群各說各話的解釋者，透過他們，人們才能了解許多明確具體的案例。假設一名法律解釋者認定人可以在自衛的情況下殺人，那麼對另一個人而言，還是有很大的疑問；他如何界定自衛的定義，或者有沒有誤判事實的可能？想像遭攻擊的人會不會其實是攻擊者？也許攻擊事件是他挑釁引起的，但什麼是挑釁？一九一四年八月，正是這些令人困惑的問題影響了大多數德國人的想法。

現代世界中，比起道德標準的差異，更關鍵的是，這些標準應用於事實之後，其產生的各種假設之間差別有多大。宗教、道德與政治準則之間的差異，遠不及其遵循者對事實假設之間的差異來得大。因此，討論應著重在重新審視人們對事實的認知，而不是單純比較理念，這樣才有用。「己所不欲，勿施於人」這句話是假設人性是統一的，然而蕭伯納認為人各有所好，這句話是基於人性並非統一的假設才對。「競爭是貿易的生命」這句格言，其實包含了完整一套關於經濟動機、產業關係以及特定商業系統運作方式的假設。「美國如果想要擁有商船，必須私營才行」的假設基礎是，某種形式的獲利與誘因機制之間需存在明確的連結。布爾什維克宣傳者為獨裁政權、間諜活動及恐怖手段辯護，因為「每個國家都是一種暴力機器」[2]的論述是一種歷史判斷，對非共產主義者而言，無法證明此觀點為真。

每個道德標準的核心都存在著人性的畫面、宇宙的藍圖，以及歷史的詮釋。這些準則適用於特別經過構想的人性觀、想像出來的宇宙觀，以及理解過後的歷史觀。然而，當人格特質、環境及記憶的事實有所不同時，很難保證道德標準的應用能夠相當順利。每個道德標準都需要考量到人類心理、物質世界與傳統變因。然而，受到科學影響的道德標準被視為是一種假說，而那些未經檢視、自古傳承下來，或是從人類內心深處浮現的標準，則是一種廣為人接受的虛構事實。從前者的情況來看，人們對自己

---

2 See *Two Years of Conflict on the Internal Front*, published by the Russian Socialist Federated Soviet Republic, Moscow, 1920. Translated by Malcolm W. Davis for the *New York Evening Post*, January 15, 1921.

的信念保持謙卑的態度，因為知道自己所知仍有限。至於後者，人們態度相當武斷，因為信念已成了完整的神話。服膺於科學的道德家體會到，儘管無法知道一切，但仍能持續獲取新知。相較之下，以神話作為信念基礎的教條主義者則自認為無所不知，但實際上缺乏辨別真偽的能力，因為能分辨神話真假的指標：真實與謬誤、事實與虛構以及報導與幻想，其可信度都是一樣的，正所謂虛實參半。

神話未必是假的，有可能確實如此，也有可能部份為真。如果長期影響人類的行為，神話確實會隱含深刻且重要的真理。然而，神話本身從不具備區分真實與謬誤的批判特質，因為要具備批判特質，我們必須領悟到任何觀點其實都有來源。無論從何而來，沒有任何人類意見能不受證據的檢驗。然而，為何證據的檢驗是最好的方法？這個問題本身無解，除非可以用證據檢驗的方式來檢驗其本身。

我認為這個說法壓倒性證明，道德標準建立在特定的事實觀點基礎上，其範疇包括個人、家庭、經濟、職業、法律、愛國及國際等等。每個道德標準的核心都存在著心理學、社會學和歷史學的刻板印象模式。然而，關於人性、社會體制或傳統的道德標準之間則有很大的差異。舉例來說，經濟與愛國標準之間存在明顯差異。假設一場戰爭影響到所有人，兩名生意合夥人面臨抉擇：其中一人參戰，另外一人承包戰爭物資。參戰的那位放棄了一切，不惜犧牲生命，而每天僅有一元的薪酬，經濟激勵根本無法讓他成為一名更優秀的士兵。換句話說，能驅使他的經濟動機已從其人性中消失。然而，另一位承包商則幾乎沒有損失，反而能謀取高額利潤。如果沒有經濟激勵，他不可能會生產軍需用品。兩者對比或許對他不公平，但重點在於，愛國標準與商業標準各代表不同的人性。這些標準一定程度都以真實的期望為基礎。人們接受某種道德標準時，往往會展現與該標準相應的人性特質。

這就是為何要概括複雜的人性是一件危險的事。一位慈愛的父親可能也是位尖酸刻薄的老闆、盡心盡力的市政改革者，以及貪得無厭的侵略主義者。他對於家庭生活、事業、政治觀以及外交政策的態度，建立在截然不同的人性假設與行為準則之上。同一個人會因為不同的標準而呈現不同的角色個性，也同一社會群體也會因為不同的個體而產生不同的標準，不同社會群體之間的差異性可能會相當大。比較兩個不同的國家或種族時，差異可能大到找不出共同點的程度。這就是為何宗教信仰相同的人仍會相互對立。決定他們行為的因素是看待事實的標準。

這就是道德標準如何潛移默化，一步一步形塑公眾意見的關鍵之處。根據傳統理論，公眾意見能構成對事實進行道德判斷的標準。然而，我所提出的觀點是，以目前的教育狀況，公眾意見主要指的是經過道德化與標準化的事實。我主張，受道德標準影響的核心刻板印象，大大決定了我們能看到的事實，以及解讀這些事實的方式。這就是一篇新聞報導仍傾向支持其社論立場的原因，即便我不希望如此。為何資本主義者會看到某種特定事實與人性特質，千真萬確，而站在對立面的社會主義者看到的卻是另外一種版本；為何彼此都認為對方的觀點不合常理，明明真正的差異只是對現實的認知不同而已。這就是兩方刻板印象模式不同所導致的結果。例如一位美國編輯寫道：「美國沒有階級。」，而《共產黨宣言》則說：「至今所有的社會歷史都是階級鬥爭的產物。」如果我們的思維模式符合這位編輯的觀點，那麼就會清楚看到支持此觀點的事實，而針對那些與之相悖的事實，則會模糊帶過或是視而不見。反之，如果我們認同共產主義觀點，不但關注的事實不同，就算看到與美國編輯一樣的事實，也會做出完全不同的解釋。

因為我們的道德觀基於自己所接受的事實版本，所以對我們來說，凡是否定我們的人都是乖張、不倫不類且構成威脅的。該如何理解他們呢？對立者總需要有人緩頰，但就是因為這些人看到的是事實的另外一面，導致我們連解釋的意願都沒有。我們因為信心受到動搖而選擇迴避，不承認「能持續觀察並洞察整個世界」的神話遭到改寫。唯有意識到自己的觀點受到刻板印象影響，只是片面的經驗，我們才能真正包容異己者。否則，我們仍堅持自身觀點的絕對性，繼續將反對意見視為背叛。人們承認「問題」總是一體兩面，但卻不相信「事實」會呈現兩個面向。我們必須接受長期的批判教育才有可能接受這一點，才會領悟到自己對社會的理解，實際上是間接的，是主觀的。

當兩派各自看清自身觀點，並據此構建自己的解釋時，根本不可能相信對方是誠實的。假如某種刻板印象在關鍵點上符合他們的經驗，他們就不多做解釋，直接認定這是「現實」。然而，這不見得符合現實，只是剛好吻合某種真實經驗罷了。例如，我用地圖上的一條直線表示我從紐約到波士頓的旅程，就像可以將自己的成功比作一條筆直而狹窄的道路。然而，我前往波士頓途中可能百般波折。同樣地，成功可能不只是純粹積極、付出勞力及實行節儉的結果。最後只要我抵達了波士頓，或是取得了成功，這條航線及筆直的道路就能當作現成的指南。只有別人嘗試按照這份指南行動而失敗時，問題才會浮現。如果我們堅信自己的指南，而別人堅決否定，那麼我們就會視他人為惹麻煩的笨蛋，而對方則認為我們是騙子及偽君子。於是，我們逐漸為彼此塑造形象，將對方描繪成以惡為善之人，是無法融入我們世界觀的害群之馬。遺憾的是，他們依舊存在，繼續惹事生非。我們心中的世界觀以無可爭辯的事實及無懈可擊的邏輯為基礎，因此必須找到能容納他人的位置。然而，在政治或產業爭端中，我們不太願意承認，對方看到的現實其實與我們相同，只是面向不同。如果真的承認，整個體系的基礎可能會受到動搖。

因此，對在巴黎的義大利人而言，阜姆（Fiume）就是義大利的。阜姆不只是一座他們希望能納入義大利王國的城市而已，這座城市本質上就是義大利的。他們將重心都放在該城市法定範圍內的多數義大利人身上。

美國使節在紐約見過的義大利人比在阜姆還多，但這不代表紐約是義大利的。因此，他們將阜姆視為中歐重要的入境港口，而不是義大利的一部分。他們的眼中還有城郊及內陸地區的南斯拉夫人。因此，針對美國人的乖張行徑，一些在巴黎的義大利人需要一個能說服自己的解釋。最後，他們聽信了不知從何而來的謠言。據說一位具影響力的美國外交官搞外遇，情婦是南斯拉夫人。有人見過那位情婦……有人見過那位外交官……在大道附近的凡爾賽宮……在那座有高大樹木的別墅。

這種為反對意見辯解的方式相當常見。這類誹謗性的指控很少出現在正式刊物上，而像羅斯福這樣的人可能需要等上數年，或像哈定的可能只要幾個月，才能迫使問題浮上檯面，終結一切流言蜚語。公眾人物不得不忍受這些充滿惡意的謠言，不論在私人俱樂部、餐桌上，還是在閨房裡，這些謠言不斷被覆誦、添油加醋，甚至被當成餘興節目的素材。儘管我認為比起歐洲，這種現象在美國少見，但幾乎沒有任何美國官員能躲得過自己成為醜聞的主角。

我們從對立者中塑造出惡棍與陰謀。如果物價飆漲，那一定是奸商勾結；如果報紙扭曲了新聞，那背後必定有資本家的陰謀；如果有錢人太有錢，那一定是他們偷來的；如果在一場勢均力敵的選舉中落敗，那必定是選民遭受賄賂；如果某位政治人物做了無法認同的事，那一定是被小人收買或操弄了。如果工人變得焦躁不安，那必定是受到煽動者的影響；如果這種不安遍及的範圍很大，那一定有某個邪惡陰謀正在醞釀當中。

如果飛機產量不足，那一定是間諜幹的；如果愛爾蘭發生動亂，那背後必定是德國或布爾什維克的「金錢」在作祟。如果我們認真檢視及尋找這些詭計，例如所有的罷工、普倫計劃（Plumb Plan）、愛爾蘭叛亂、穆斯林動盪、康斯坦丁國王復辟、國際聯盟、墨西哥騷亂、裁減軍備運動、星期天電影放映活動、短裙風潮、逃避禁酒法令以及黑人自我主張等等，這些都只會被視為某個偉大陰謀的旁支而已，而陰謀的真正主導者可能是莫斯科、羅馬、共濟會（Free Masons）、日本，或是錫安長老會（Elders of Zion）。

第10章

發現刻板印象

談判技巧高超的外交家被迫對著交戰的民族大聲發言，並學會運用大量既定的刻板印象來應對情勢。他們面對的是一個岌岌可危的勢力聯盟，每個成員僅憑藉最嚴謹的領導來維持戰時的團結。一般士兵及其妻子，儘管他們的英勇與無私勝過任何歷史上的記載，但仍不足以讓他們欣然面對死亡，並捍衛他國外交部宣稱的理念，認為對文明未來至關重要。畢竟，根據過去的經驗，幾乎沒有士兵勇於冒著穿越禁區的風險，願意為盟友赴湯蹈火並取得港口、礦山、岩石山口及村莊。

某國曾發生過一件事，掌控外交部、高級指揮部以及大部分新聞媒體的戰爭派系，對其眾多鄰國提出領土要求。一些受過教育的階級將這塊組合而成的領土稱為大魯里塔尼亞（Ruritania），這些階級崇尚吉卜林（Rudyard Kipling）、特雷奇克（Treitschke）與莫里斯．巴雷斯（Treitschke），認為他們代表魯里塔尼亞精神。然而，這個宏偉的構想無法激起鄰國的熱情。因此，正如其桂冠詩人筆下，魯里塔尼亞的政治家，秉持魯里塔尼亞是天造之才的花語，採取劃分並一一擊破的行動。他們將整個領土劃分成若干區域，心中借助某種刻板印象作為每個領土要求的依據，而對其盟友而言，很難不受這種刻板印象牽動，因為該盟友也會有相似的領土要求，希望透過相同的刻板印象來獲得認同。

第一塊區域正好是一片山區，住著外族農民。魯里塔尼亞要求將這片地區併入，以完成其自然的地理邊界。如果我們長時間灌輸這座山的自然價值有多高，這些外族農民就會如雲霧般消散，眼前只剩下連綿的山坡。下一個區域由魯里塔尼亞人居住，而根據的原則是「任何民族都不該生活在外族統治之下」，然後這片土地就併進了新的領土。接著出現了一座具有商業重要性的城市，儘管魯里塔尼亞人不住在這裡，但這裡到十八世紀一直都是魯里塔尼亞的一部分，所以根據「史權」的原則，也被併入。遠方有一處壯麗的礦產資源，由外族所有及開採，因而根據「賠償損失」的原則被併入。除此之外，還有一片地區，其中百分之九十七的居民為外族，這裡構成了另一國家的自然地理邊界，歷史上從未屬於魯里塔尼亞。然而，魯里塔尼亞聯邦中的一塊區域曾在這裡的市場從事貿易，其上流階級文化是屬於魯里塔尼亞的。基於「文化優越」以及保衛文明的必要性，這片土地也需要併入。最後，還有一個港口，其在地理、族群、經濟、歷史及傳統上皆與魯里塔尼亞毫無關聯，但卻以「國防需要」為理由被要求併入。

在世界大戰結束後的各簽署條約中，我們能發現許多類似的例子。要根據以上這些原則來重新劃分歐洲，我敢保證這是不可能的。運用這些如此強勢的絕對原則意味著，妥協精神未能蔚為風氣，更不用說實質和平的存在。談及工廠、礦山、山脈，甚至政治權力，並將其當作某個不變原則的完美例證時，我們其實並非在爭辯，而是在爭鬥。這個不變原則會排除所有反對意見，讓議題背離其背景和情境，並在我們內心激起一股強烈的情緒，而這種情緒固然與該原則相應，卻對碼頭、倉庫和房地產等討論議題已經起不了作用。一旦在爭辯中有了這種情緒，就會一發不可收拾。這當中存在著真正的危機。面對這種危機，我們不得不援引更多絕對原則，捍衛自己免遭攻擊，然後必須不斷為自己的立場辯護，不斷建立緩衝保護機制，直到整個情勢變得混亂不堪，讓人感受到與其繼續爭辯，不如爭鬥，說不定更能度過危機。

有一些線索能幫助我們辨別刻板印象中的絕對主義是否為假。在魯里塔尼亞的宣傳中，各種原則彼此快速交疊，以致我們能馬上看出論點是如何構建的。一連串的矛盾顯示，每個區域都被套用了某種刻板印象，該刻板印象讓人看不清干擾領土要求的所有事實。這種矛盾常常是很好的辨別線索。

另一個線索是無法考慮空間。例如，在一九一八年春季，大批人民因俄國撤軍而驚恐萬分，紛紛要求「恢復東線戰場」。他們的想像是，戰爭是雙線作戰，當其中一條戰線消失時，便立刻有人要求重建。他們甚至認為，閒置的日軍應當上陣，代替俄軍的位置。然而，卻出現一個無法跨越的障礙。在海參崴（Vladivostok）與東部戰線之間橫跨五千英里的國土，而這段距離僅由一條破舊的鐵路貫穿。但對狂熱者而言，他們的腦中不會有這五千英里的畫面。他們認為建立東線是必要的，對日軍的英勇更是充滿信心，所以在他們心中，這支軍隊彷彿乘著魔毯，從海參崴直達波蘭。我們的軍方當局爭辯道，讓日軍從西伯利亞邊緣登陸，也難以直逼德軍，正如從地下室爬到伍爾沃斯大樓（Woolworth Building）的屋頂，月亮還是遠在天邊。遺憾的是，這個說法毫無效果。

在此案例中，刻板印象就是「雙線作戰」的概念。從人們開始想像世界大戰的畫面以來，就一直認為德國處於法國與俄國之間。一代或兩代的戰略家都以此心中畫面作為所有計算的起點。近四年來，他們所看的每一張作戰地圖都進一步加深了這種印象。然而，當局勢發生新變化時，要正確看待現狀相當困難。人們總是透過刻板印象來觀察，而與之相悖的事實，例如從日本到波蘭的遙遠距離，根本無法在他們的心中清楚浮現。

值得注意的是，美國當局應對新事實的態度比法國更真實。部分原因是，一九一四年之前，他們從未預料到歐洲大陸上會爆發戰爭，而另一部分原因則是，美國人重心放在軍隊的動員，對西線的認識本身就是一種刻板印象，使得**他們**對其他戰場的認知不鮮明。一九一八年春季，這種美國式的觀點無法與傳統的法國觀點抗衡，因為當時美國人對自己的實力極具信心，但法國人在康蒂尼（Cantigny）戰役及第二次馬恩河戰役之前，卻是憂心忡忡。美國人的自信滲入了自己的刻板印象中，心中產生強烈的意識流，那種活潑敏銳的刺激、對意志的激勵，以及與當下行動一致的種種激情慾望等等，正如詹姆斯所強調的，這些就是所謂「真實」的特徵。[1]相較之下，法國人則在絕望中堅守著他們既定的心中畫面。當粗略的地理事實無法符合此意象時，他們的腦海中不是抹除這些事實，就是對其加以扭曲。例如，日軍跨越五千英里的困難，在某種程度上就被克服了，就是將德軍拉近到半途以內的距離，使雙方看似能夠碰頭。一九一八年三月至六月期間，據說有一支德國軍隊在西伯利亞東部作戰。這支幻影軍隊實際上根本是一群德國戰俘，這最主要是說，連相隔五千英里的事實都能拋諸腦後，那麼認為有德軍在東西伯利亞打仗一點都不稀奇。[2]

要對空間有真正的理解並不是一件簡單的事。假如我在地圖上畫一條從孟買到香港的直線，並測量其距離，其實這樣根本無法得知實際行走的距離。即使我測到了實際距離，也依然所知有

1 *Principles of Psychology*, Vol. II, p. 300.

2 See in this connection Mr. Charles Grasty's interview with Marshal Foch, *New York Times*, February 26, 1918.「德國正穿越俄國。有此實力的美國及日本理應在西伯利亞與之交鋒。」
See also the resolution by Senator King of Utah, June 10, 1918, and Mr. Taft's statement in the *New York Times*, June 11, 1918, and the appeal to America on May 5, 1918, by Mr. A. J. Sack, Director of the Russian Information Bureau.「如果德國處於盟軍的位置……一年內就會有三百萬人送往東線參戰。」

限，除非我弄清楚能搭什麼船、何時可出航、速度多快、是否能訂到船位，以及船費夠不夠等等。在現實生活中，空間與可利用的交通方式有關，並不是幾何平面數據的問題，資深鐵路大亨明白這一點。他威脅要讓惹他不快的城市街道上雜草叢生時，就深知這一點。假如我正在開車，並問路人目的地有多遠，對方告訴我只有三英里，那麼到頭來我會罵這個人王八蛋，因為整趟路繞一繞就要六英里。如果他說這是步行距離的話，對開車的我而言毫無意義，就像是告訴我直線距離僅一英里。畢竟，我無法像烏鴉一樣直線飛行，而且現在也沒在走路。我必須要知道的是，對一輛車來說，實際距離是九英里，而且其中有六英里的路段坑坑巴巴，到處都是積水。我對這位說三英里的路人很感冒，也對告訴我直線距離只有一英里的飛行員心存不滿，因為他們需要的空間距離和我的根本不一樣。

劃定邊界線的過程中，因無法正確了解一個地區的實際地理樣貌，往往會產生許多荒謬的複雜情況。根據如自決這般的普遍原則，政治家曾多次在地圖上劃定邊界，但在現場實地測量時，卻發現這些邊界有時竟穿過工廠正中央、沿著村莊街道中線、斜過教堂中殿，或甚至介於農民小屋的廚房與臥室之間。在畜牧區，曾有邊界將牧場與水源，或是牧場與市場分隔開來，而在工業國家，也曾有邊界把鐵路終點與鐵路本身劃分開來。在人種分布的地圖上，邊界在種族劃分上很公正，但卻只有在這個地圖世界中才是如此。

然而，和空間一樣，時間也往往不盡人意。舉個常見的例子，有人會透過擬定一份精心安排的遺囑，有意在死後還能長期掌控自己的財產。正如威廉・詹姆斯的曾孫亨利・詹姆斯（Henry James）寫道[3]：「曾祖父的目的就是要確保子女（其中幾位在他去世時尚未成年）能藉由勤奮與經驗讓自己具備繼承資格，得到遺留給他們的龐大家產。為此，他留下了一份詳盡的遺囑，內容不乏有約束的規範及明確的指示。這充分顯示他對個人判斷的信心，以及對子女道德觀念的關切。」然而，法院最終推翻了這份遺囑，因為法律反對永久性條款，如果要將個人道德範本強加於未知的未來，那麼這其實有明確有效期限的。不過，強加這種道德觀的慾望是人之常情，所以法律允許這種慾望在死後的有限時間內發揮效用。

3　*The Letters of William James,* Vol. I, p. 6.

任何憲法中的修正條款，都能正面反映出起草者的信心，相信自己的觀點能對後世產生影響。我相信美國有些州的憲法幾乎無法修正。這些起草人缺乏對時間變化的認識：對他們而言，當下無比確定，但未來既模糊又令人恐懼，以致於他們勇於預言自己離世後，世界該如何運轉。因為憲法難以修正，所以記錄這份永久保留文件的熱衷份子，便大肆在這塊不朽的紀念牌上刻下各種規範與限制。考慮到對未來應有的謙卑態度，這些規定的效力本就不應該超越一般的法令。

基本上，時間的觀念影響了我們的看法。對某人而言，從有意識以來一直伴隨他的制度，是宇宙中永恆不變的真理，但對另一個人來說，這個制度卻是稍縱即逝。地質時間與生物時間天差地別，而社會時間更為複雜。政治家必須決定要立即應變緊急狀況，還是著眼於長遠發展。有些決策需要考慮未來兩小時內的情況，而有些則必須考量七天、四週、三個月、十年，甚至孩子長大成人或孫子那一代時可能會發生的變化。智慧的一個重要面向，就是能夠辨別對眼前事物而言，要以何種時間觀念解釋才合適。忽略當下的夢想家或是只看眼前的庸俗之輩，都是持錯誤時間觀念的人。如果要有真正的價值尺度，那麼我們必須對相對時間敏感才行。

無論是遙遠的過去還是未來，必須有某種方式將其概念化。然而，正如詹姆斯所說，「對於一段較長的時間，我們並無直接的『覺察』感。」[4]我們能夠立即感受的最長時間，正是所謂「似是而非的當下」。據心理學家鐵欽納（Edward Bradford Titchener）所言，這段時間大約持續六秒。[5]「在這段時間內的所有印象，會一次呈現在我們眼前。我們能察覺到變化與事件，同時也能感知到靜止的事物。當下的感知得到當下意念的補充。透過感知與記憶畫面的結合，整個過去的日子、月份，甚至年份，都被拉進了當下。」

在這個當下意念的中，如詹姆斯所言，其鮮明度與當中的事件精細度成正比。因此，一段讓我們感到無聊透頂的假期，似乎過得非常緩慢，但回想起來卻覺得短暫。另一方面，美好的時光總是過得特別快，但在記憶中卻感覺持續了很久。關於事件精細度與時間觀念之間的關係，詹姆斯有一段有趣的描述：[6]

4　*Principles of Psychology*, Vol. I, p. 638.

5　Cited by Warren, *Human Psychology*, p. 255.

6　*Human Psychology*, Vol. I, p. 639.

「我們深信，關於本能感受到的時間長度及當中的事件細緻度，不同生物之間可能存在極大的差異。馮．貝爾（Karl Ernst von Baer）曾做了一些有趣的計算，以了解此差異對自然面貌所產生的影響。想像我們能在一秒內清楚辨識出一萬個事件，而不是如今僅能察覺的十個左右[7]。如果我們的人生注定只能承載相同數量的印象，那麼生命可能會縮短一千倍。我們可能活不到一個月，甚至無法親身體會季節的更迭。如果在冬天出生，那麼我們對夏季的認識，如同我們如今對石炭紀炎熱氣候的認知一般遙遠。生物的運動對我們而言會變得極度緩慢，以致只能推測其存在，而無法真正看見其動作。太陽會在天空中靜止不動，月亮也幾乎不再變化，諸如此類。相反來說，如果有一種生物在相同時間內僅獲得我們感受的千分之一，那麼其生命就延長了一千倍。對該生物而言，冬天與夏天彷彿只持續短短十五分鐘。蘑菇以及生長較快的植物會瞬間冒出，宛如瞬時創造。一年生灌木則會

7　在電影中，超高速攝影機所產生的效果非凡。

像不斷沸騰的泉水般，迅速從大地上冒出又消逝。動物的行動對我們來說如同子彈或炮彈的運動般，完全無法察覺。太陽將如隕石般在天空中疾馳，拖著一道火紅的尾巴等等。」

在他的《世界史綱》（*Outline of History*）中，威爾斯（Herbert George Wells）做了大膽的嘗試，試圖將「歷史時間與地質時間的真實比例」具象化。[8]如果以比例尺表示，將哥倫布時代到我們現代的全部時間壓縮成三英寸，那麼讀者必須步行五十五英尺才能到達阿爾塔米拉洞穴（Altamira caves）畫家活躍的年代，再行走五百五十英尺才能對應到早期尼安德塔人（Neanderthals）的時期，而恐龍最後的時代則大約位於一英里外。精確的年代記錄要到西元前一千年後才開始出現，而到了那時，「阿卡德蘇美帝國（Akkadian-Sumerian Empire）的薩爾貢一世（Sargon I）已成為遙遠的記憶，比君士坦丁大帝（Constantine the Great）與當代世界的距離還要遙遠……漢摩拉比（Hammurabi）早已去世一千

8　1 Vol. II, p. 605. See also James Harvey Robinson, *The New History*, p. 239.

年……英格蘭的巨石陣也早已存在了一千年。」

帶著明確的目的，威爾斯寫道：「短短一萬年的時間裡，由人類所組成的單位，從早期新石器時代的小家庭部落，發展到當代龐大而統一的王國。雖然規模龐大，但依然顯得太過狹隘和片面。」威爾斯希望藉由改變我們對當前問題的時間視角，進而改變我們的道德觀。然而，無論是天文、地質、生物還是任何將當下縮小化的宏觀史觀，都不比微觀史觀「來得真實」。正如西蒙·斯特倫斯基（Simeon Strunsky）所堅信的，「如果威爾斯考慮的是他的副標題『人類的可能未來』，那麼他有資格以數個世紀的時間來想出解方，但如果他關心的是拯救因大戰重創而搖搖欲墜的西方文明，那他必須以數十年年的量尺來思考。」[9]這一切都取決於採用該量尺的實際目的為何。我們有時需要拉長時間視角，有時則需要縮短。

「如果有一千五百萬中國人死於饑荒，這根本無所謂，因為兩個世代之後，其出生率就會彌補該死亡人數。」如果我們這樣

9 In a review of *The Salvaging of Civilization*, *The Literary Review of the N. Y. Evening Post*, June 18, 1921, p. 5.

想，就是利用時間視角為自己的消極找藉口。如果我們因為當下的惻隱之心而施捨一位健康的年輕人，那麼就完全忽略了他整個生命的長度。如果我們為了眼前的和平，甘願縱容一個好戰帝國並滿足其慾望，那麼在這似是而非的當下，其實擾亂了他們子孫的和平。如果我們對找碴的鄰居失去耐性，急著與對方「攤牌」，那麼就成了這似是而非當下的受害者。

時間的正確計算幾乎在每個社會問題中扮演關鍵的角色。假設我們面臨的是木材問題，有些樹木的生長速度比其他的還快，那麼一項健全的森林政策，就是在每個季節，根據各樹種及各年齡樹木的砍伐量，透過重新種植來彌補缺口。如此正確的計算正確就能達到最理想的經濟效益。砍太少是一種經濟浪費，而砍太多則屬於過度開發。然而，有時會出現緊急情況，例如在戰時急需飛機用的雲杉木，屆時需求量就會超出年度可砍伐量。有警覺性的政府會注意到這一點，並將恢復平衡視為未來的要務。

煤炭涉及一種不同的時間理論，因為煤炭的形成與樹木不同，是在地質時間的量尺上運行的，其供應量是有限的。因此，一項正確的社會政策必須精密計算全球可用儲量、潛在可能性、目前的消耗速度、現有的節約情形，以及替代燃料等等情況。然而，完成這些計算後，最終還必須仰賴理想的時間標準來衡量。假設工程師的結論是，現有燃料正以一定的速率枯竭當中。如果沒有發現新的煤田，工業在未來某特定期間將被迫進入縮減階段。採取所有可行節約措施後，我們還必須斟酌用量，以免剝奪後代的資源。不過，我們指的後代是誰？是我們的孫子嗎？還是曾孫呢？也許我們應該以一百年作為基準，認為只要彰顯替代燃料的必要性，一百年便足以發現新的燃料來源。當然，這些數字都是假設性的，但以此方式進行計算時，我們要提出理由，並賦予社會時間在輿論中應有的位置。現在我們來想像一個稍微不同的情境：一份都市及有軌電車公司的合約。該公司表示，除非獲得對主要公路長達九十九年的壟斷權，否則不會投入資本。在提出此要求的人心中，九十九年幾乎等於「永遠」。然而，假設由中央發電廠供電的有軌電車會在二十年後退流行，那麼簽署這樣的合約是不智之舉，因為未來一代人會淪為劣質交通的犧牲者。簽署這類合約時，市府顯然缺乏對九十九年的時間觀念。與其沉溺於錯誤的永恆感來刺激投資，不如現在就補助該公司以吸引資本。無論是市府還是公司高層，談到九十九年時往往缺乏對真實時間意義的認知。

大眾歷史充斥著各種時間上的混淆情形。例如，對一般的英國人而言，克倫威爾（Oliver Cromwell）的行為、《聯合法案》（Act of Union）的腐敗以及一八四七年的大饑荒，都被視為逝去者的受害事例，而加害人也逝去已久，與當時任何英國人或愛爾蘭人都毫無實際關聯。然而，在充滿愛國情懷的愛爾蘭人心中，這些事件彷彿發生在現在。他們的記憶彷彿是一幅歷史畫作，當中維吉爾能與但丁並肩交談。這種視角上的差異與時間的壓縮，產生了不同民族之間的巨大隔閡。不同傳統背景的人往往記不得彼此所認為的「當代」定義。

「歷史正確」或「歷史錯誤」的說法沒有明確的標準，只能理解為這是對過去的客觀看法。以法德兩國關於阿爾薩斯-洛林爭議為例，一切都取決於我們選擇的時間點。如果我們從勞拉奇人（Rauraci）和塞夸尼人（Sequani）開始計算，這片土地在歷史上屬於古高盧；如果我們以亨利一世為起點，在歷史上這裡屬於德國領土；如果採用一二七三年的標準，這塊土地是奧地利王朝的；如果以一六四八年及《西發里亞和約》（Peace of Westphalia）為依據，這裡大部分則屬於法國；如果以路易十四及一六八八年為基礎，那麼這裡幾乎都是法國的。使用歷史根據時，我們很可能會利用過去的某個時間點來支持當下該如何行事的看法。

「種族」與國籍的爭論也常暴露同樣隨意的時間觀念。在戰爭期間，人們受強烈情緒影響，普遍認為「條頓人」（Teutons）與「盎格魯-撒克遜人」（Anglo-Saxons）及法國人，一直以來就是對立的，這是不變的真理。然而，一個世代之前，像弗里曼（Edward Augustus Freeman）這樣的歷史學家還在強調，西歐民族共同的祖先是條頓人，而民族學家也堅稱，德國人、英國人以及大部分的法國人，其實是來自共同根源的不同分支。大致的規律就是：如果我們今天喜歡某個民族，就傾向於將其追溯到同一根幹，反之則會主張這些分支各自獨立。以前者的情況，我們關注的是他們尚未分化的那段歷史，而在後者則是只著重在分化後的時期。因此，符合我們當下情緒的觀點就會被視為「真理」。

家譜是另一個較溫和的爭論點。通常，人們會選定一對夫妻作為最初的祖先，如果可能的話，這對夫妻往往與某個榮譽事件有關，例如諾曼征服（Norman Conquest）。他們沒有祖先，也不是誰的後裔，但這是不可能的，他們絕對曾是某個祖先的後代，而「某某人是其家族的奠基者」這一說法，意思並非他是家族中的亞當，而是以他當作祖先的起始點最為合適，或正好是最早有留下記錄的人。然而，從家譜表上能看出嚴重的性別偏見：除非母系血統特別引人注目，否則家族的傳承記錄通常都是從男性延續下來的。這棵家庭之樹以男性為本，而各個時期的女性如同流動的工蜂，偶爾停留在這棵老蘋果樹的枝頭上。

不過，未來才是所有時間中最難以捉摸的。在這裡，我們常想跳過時間序上必經的過程，同時在希望或懷疑的支配下，誇大或低估完成各個過程所需的時間。討論勞動階級在產業管理中所扮演的角色時，往往困難重重。因為「管理」這個詞涵蓋了許多職能[10]：其中有些不需訓練，有些需要一點訓練，還有一些則必須花一輩子的時間才能習得。真正具有鑑別度的產業民主化計畫，應建立在正確的時間序上，讓責任的承擔與工業培訓計畫能相輔相成，而讓無產階級馬上實行專政的提案，正是試圖拋棄這段必要的準備時間。反對一切責任共享的做法，明顯不相信人類的能力會隨著時間而提升。原始的民主觀念，如官職輪替及藐視專家，無非是古老神話的再現：智慧之神雅典娜從宙斯的頭上迸出時已經文武雙全。他們以為，那些需花數年才能學會的，其實根

10 Cf. Carter L. Goodrich, The Frontier of Control.

本就不必學習。

每當以「落後民族」作為制定政策的依據，時間的概念就成了決定性因素。例如，國際盟約（Covenant of the League of Nations）就規定[11]：「託管地的性質必須根據當地人民發展的程度而定」，當然還有其他因素。盟約指出，某些社群「已達到一定的發展程度」，其獨立能暫時予以承認，同時要接受諮詢與援助，「直到正式獨立」。受託國與被受託國對時間的理解，會深刻影響彼此的關係。因此，以古巴為例，美國政府的判斷幾乎與古巴愛國者的看法一致，儘管期間曾發生衝突，但這的確成為歷史上強國如何對待弱國的最佳一頁。然而，這樣的判斷在歷史上很罕見。無論帝國主義者的公開說法為何，如果他們深信落後民族的落後情況，既無可挽救也不值得改善，或認為其落後狀態能帶來利益而不改善，那麼這種關係會逐漸惡化，最終破壞世界和平。統治者很少會因為落後而制定具有明確標準及時間安排的進步計畫。事實上，落後在大部分的情況下是一種永恆不變的劣根性。因此，意圖擺脫落後都會被當作煽動顛覆的行動，從上述的情況

11 Article XIX.

來看的確如此。我們也能在自身的民族鬥爭中看出一些端倪，因為無法了解到時間會逐漸消除黑人的奴性，而這個以奴性為基礎的社會結構逐漸瓦解。

我們往往將未來想像成我們心中的如意算盤，盡情滿足我們的慾望，或是展現我們無比的勇氣。

我們集結公眾意見時，不僅需要在心中盡可能眺望一片廣闊空間，感受一段漫長時間，也必須竭盡所能描述及評判一連串的人事物及行動。我們必須總結概括這些資訊，挑選出樣本並建立典型形象。

要在龐大的階級中公正挑選出代表樣本絕非易事。這個統計學的問題，對不擅長數學人而言太困難了，而我的數學能力至今未有起色，儘管我曾真心以為自己理解了那六七本專書。這幾本教科書讓我更加體會到，對事物進行分類與抽樣難如登天，不過以偏概全卻是易如反掌，就好像僅用一點奶油就能抹遍整個宇宙。

不久前，英國雪菲爾（Sheffield）的一群社工開始著手釐清該市勞工階級的心智素質，以修正他們對此的模糊印象。[12]他們

12 *The Equipment of the Worker.*

希望憑藉充分的依據來說明雪菲爾的工人如何磨練心智，結果發現情況遠比想像中複雜，正如只靠第一印象判斷是不行的。不用說，他們的測試方法就是一大份問卷，在此說明，假設這些問題真的能公平測出符合英國城市生活的心智素質。理論上，這些問題的對象本應該是每位工人，但困難點在於，究竟誰屬於工人階級呢？假設人口普查的分類資料正確，那麼大約有十萬四千名男性及十萬七千名女性本該接受調查。從這些人的回答，他們就能得知勞工階級究竟是「無知」還是「聰明」的。重點在於，沒有人想到要對這整整二十萬人進行調查。

於是，這些社工請教了鮑利教授（Sir Arthur Lyon Bowley），他是一位著名的統計學家。根據他的建議，至少要抽樣男女各四百〇八名才算有效樣本。經過數學計算，這個數字與平均值的偏差不會超過二十二分之一。[13]因此，要談論「一般工人」的心智素質之前，至少要調查八百一十六人，但究竟應該調查哪八百一十六人呢？「也許可以透過我們之中某個接觸過工人的人來收集相關資料，也能調查一些在接觸過工人的男女慈善家，例如在俱

13 *The Equipment of the Worker*, p. 65.

樂部、佈道所、醫護所、禮拜場所或是住處等等。然而，這種抽樣方式所產生的結果可能會毫無價值，因為無法代表大眾口中所謂的『一般工人』，他們的代表性僅限於某些特定圈子而已。」

「我們不惜耗費大量時間與勞力，堅守原則，認為要取得『調查對象』，正確的方法就是以某種『中立』、『偶然』或『隨機』的方式來訪問。」他們就是這麼做的。儘管有這些預防措施，他們得到的結論還是很粗略。根據他們的分類方式及問卷調查，在約二十萬名雪菲爾工人中，「大約四分之一素質良好」，「接近四分之三有待加強」，而「大約十五分之一素質低落」。

如果以這種謹慎但近乎迂腐的方法來形成意見，或許可以對照我們對其他民族所做的普遍判斷，例如「反覆無常的愛爾蘭人」、「合乎邏輯的法國人」、「守紀律的德國人」、「無知的斯拉夫人」、「誠實的中國人」、「不可信賴的日本人」等等。以上這些都是根據樣本歸納出來的，但以統計學抽樣的角度，這些樣本完全靠不住。因此，對雇主而言，勞動力的好壞是以最讓人頭痛及最順從的員工為基準點，而許多激進團體也曾認為，他們所獲取的樣本就足以代表整個工人階級。女性對「僕人問題」的看法，會不會只是反映出她們個人對待僕人的方式呢？我們傾向於刻意挑選或偶然發現能支持或反駁自身偏見的樣本，然後賦予其整體代表性，這就是隨意思維的弊病。

人們如果不按照我們提供的分類來自我歸類，情況就會相當混亂。反之，如果他們能一直居於我們設定的類別中，那麼預測未來就容易多了。事實上，「工人階級」這類用詞只能讓人了解到某個時期的部分真相。當我們將所有收入低於某標準的人都稱為工人階級，難免會認為這些被貼上標籤的人會依照我們的刻板印象行事，但我們根本不確定這些人是誰。工廠工人及礦工大致上符合這一類，但農場工人、小農、小販、小店主、辦公人員、僕人、士兵、警察、消防員等等，常不屬於此範疇。談論「工人階級」時，我們往往只關注那大約兩三百萬的工會成員，並將他們視為勞工代表，而其他約一千七百至一千八百萬的工人，儘管統計上也具調查資格，但組織核心的觀點無聲無息掩蓋了他們的想法。一九一八至一九二一年間，代表整個英國工人階級的觀點來自於工會聯盟（Trades Union Congress）決議案，或是知識份子撰寫的小書冊，這簡直就是誤導行為。

如果我們心中有勞工是解放者的刻板印象，那麼我們只選擇支持自身觀點的證據。因此，真實的勞工運動及虛構的版本同時並存。在這虛構版本中，一個理想化的大眾正朝向一個理想的目標前進。此虛構論主要探討未來的問題。未來的可能性及確定性根本無從判斷。如果未來足夠漫長，透過人類的意志，想像出來的情境極可能成真，可能的事也必然會發生。詹姆斯將此過程稱為「信任階梯」，他說道：「這是一條善意的斜坡，人們沿著這條斜坡往上走，會遇見人生中常見的重大問題。」[14]

「1. 某個世界觀為真，這並不荒謬，也無矛盾之處；

2. 在特定的情況下，或許曾經為真；

3. 甚至可能如今仍為真；

4. 條件符合為真；

5. 理應是真；

6. 必定是真；

7. 無論如何，對我而言，永遠是真。」

---

14 William James, *Some Problems of Philosophy*, p. 224.

此外，他在另一處補充道[15]：「在某些特殊情況下，我們如此行事的方式，或許終將成真。」然而，沒有人比他更相信這一點。我們必須避免將目標當作現實，避免將未來的成果解讀成現實的情況，畢竟我們還沒展現勇氣、付出努力以及發揮所長。然而，這個人人都懂的道理卻難以作為參考，因為我們每個人選取樣本的能力非常不足。

如果我們相信某件事理應為真，總能找到一個例子證明其為真，或者找到某個人作為證人。然而，當一個具體事只能呈現出一種希望，我們很難對該事實做適當評估。如果遇到的前六個人都同意我們的看法，他們可能都是早餐時讀了同一家報紙，但我們卻忘了。然而，每次我們希望估計某個概率時，不可能都靠發放問卷給八百一十六個隨機樣本。處理大量事實時，如果我們僅憑隨意印象來選取樣本，那麼要選出真正具代表性的樣本是不可能的。

針對複雜的無形事件，如果我們想進一步探究其因果關係，隨意的思維會讓人更加迷惘。在大眾生活中，很少有重大議題的

15 *A Pluralistic Universe*, p. 329.

因果關係是攤在陽光下的，也很少有學者花費了數年時間，研究商業周期、物價與工資波動、移民與同化，或外國勢力的外交目的等等。然而，不知怎麼地，我們每個人都應該會對這些問題發表自己的看法，所以最常見的推理方式不外乎是直覺型的「後此謬誤」（post hoc ergo propter hoc），由結果來推導原因，但往往是錯誤的。

未受思維訓練的人，越容易推斷出一種結論：認為兩件同時引起注意的事物必然在因果上存在關聯性。事物如何進入我們的注意力範圍，我們已經詳細探討過，並了解獲取資訊的途徑不但會受阻礙，同時也充滿不確定性，而我們的認知又深受刻板印象的影響。再者，我們理性的根據往往受到錯覺的牽動，例如防衛、威望、道德、空間、時間以及抽樣等等。現在我們必須注意到，基於原始的偏見，公眾意見進一步陷入困境，因為透過刻板印象所觀察到的一連串事件中，我們常輕易將事件的先後順序或平行關係誤認為是因果關係。

這種情況最可能發生的時機是，兩個同時湧現的觀念激起了相同的情感。如果同時出現，就非常容易激發相同的感受。即使未能同時出現，其中一個觀念所夾帶的強烈情緒，也會從記憶中擷取出有類似感覺的想法。因此，一切痛苦與美好便歸於因果關係之中。

「（一六七五年十一月十一日）今日我聽聞，上帝將一支箭射入了本鎮。一隻天鵝染上的天花，而看守人的名叫溫莎。他的女兒亦染上此疾。此病明顯源於一家酒館，由此證明祂對醉酒風氣及酒館林立的憤懣！」[16]

上述為因克瑞斯．馬瑟（Increase Mather）所言，而一九一九年，一位傑出的天體力學教授在探討愛因斯坦的理論時也表示：

「很有可能……布爾什維克起義實際上具現了某種潛藏深層、蔓延至全世界的心靈動盪……這股同樣的不安情緒已侵襲了科學界。」[17]

---

16 *The Heart of the Puritan*, p. 177, edited by Elizabeth Deering Hanscom.

17 Cited in *The New Republic*, Dec. 24, 1919, p. 120.

我們對某樣東西恨之入骨時，往往將同樣會激起仇恨或恐懼的事物，認為是其原因或結果。如同天花與酒館，或相對論與布爾什維克主義之間毫無關聯，但卻因同樣的情感而維繫在一起。正如那位天體力學教授的迷信思維，情感就像一道岩漿，吞噬並嵌入其所觸及的一切。挖掘內心的過程就像在一座遭掩埋的城市裡發現各式各樣彼此糾纏的物件，讓人哭笑不得。只要感覺類似，任何事物都可以與其他事物產生連結。如果內心處於此狀態，根本無法意識到兩者的關聯有多荒謬。過往的恐懼，藉由近期恐懼的強化，凝聚成了一團混亂的恐懼網，我們深陷其中時，可能會誤以為其中任兩個可怕之物呈現因果關係。

通常，仇恨或恐懼最後會促使人們建構出兩套極端的內心機制，一套代表絕對的善，一套代表絕對的惡。隨後，我們的絕對情感表現無遺。我們不愛修飾性的副詞。[18] 這些副詞打亂了句子，擾亂難以抑制的情感。我們偏好使用「最多」而非「更多」，「最少」而非「更少」，我們也不喜歡使用「寧可」、「也許」、「如

18 *Cf.* Freud's discussion of absolutism in dreams, *Interpretation of Dreams*, Chapter VI, especially pp. 288, et seq.

果」、「或」、「但是」、「傾向」、「不完全」、「幾乎」、「暫時」、「部分」等等用詞。不過，幾乎所有關於公共事件的觀點，都需要透過這些詞語來弱化語氣。然而，我們閒暇之時，一切總是呈現出其絕對性，所謂「百分之百」、「無處不在」且「永恆不變」。

我方比敵方更正確，或是我方的勝利對民主的發展優於對方，只說這些是不夠的。我們必須堅信，我們的勝利將徹底中止戰爭，使世界成為民主的平安之地。戰爭結束後，即使我們擊潰了比當前邪惡更強大的敵人，但良善的相對性卻逐漸消退。眼前邪惡的絕對性壓垮了我們的心智，消耗我們的能量，因為我們並非所向無敵。我們內心的鐘擺在全能與無能之間不停擺動。

真實的空間、真實的時間、真實的數字、真實的連結、真實的重要性都消失了，而我們的視角、背景以及行動的各個層面，則割剪成一段一段，固著在刻板印象之中。

第四部
興趣與私利

INTERESTS

第11章

激起興趣

人的內心不是一卷底片，透過鏡頭及快門一次擷取一個完整固定的畫面。人內心的創造力是無止盡的。畫面會消失或結合，還會這裡清晰一點，卻在那裡壓縮一點，因為我們會創造完全屬於自己的畫面。這些畫面不會停留在我們內心的表層，而是藉由創造力重新組裝成我們個人想表達的版本。我們會根據重要性分配比重並參與整個創造過程。

在這個過程中，我們往往會於將事物擬人化，會將關係變得戲劇化。除非在心智老練的人心中，否則世界上的事件會以一種寓言的方式來表示。社會運動、經濟力量、國家利益、輿論會被當作人一樣對待，或是像教宗、總統、列寧、摩根或是國王會被比喻成一種概念或機構。最根深蒂固的刻板印象就是針對人的刻板印象，其將人性比作無生命或是集合稱的事物。

我們的印象即使以各種方式審查後，還是有很多會混淆視聽，這些印象往往會迫使我們採用寓言的大經濟原則。事物的數量太龐大，所以我們無法清楚地記得所有的事。我們經常為其命名，讓這些名稱代表整個印象，然而名稱是漏洞百出的。舊的意義會消失，新的意義會產生，而想要維持名稱意義的完整性是很累人的，這和我們努力回想最初的印象一樣累人，不過用名稱太過空洞、抽象且不符合人性，作為思想流通的途徑並不佳。因此根據個人的刻板印象，我們會開始檢視一個名稱，然後過度解讀，最後賦予該名稱一些人性特質。

然而人性特質本身模糊不清，也搖擺不定，要借助有形的特徵才更容易記住。因此，我們賦予印象名稱的人性特質本身往往會以有形的比喻形式具象化。英國人及英國的歷史壓縮成英國一個字來代表，而英國以約翰牛來表示，他友善樂天、身形肥胖、不太聰明，但能夠照顧好自己。人的遷移也許對某些人來說猶如蜿蜒的河流，其他人可能會覺得是破壞性的大洪水。人展現的勇氣可以物化成岩石，目的是一條道路，而疑慮則是道路上的岔路，困境是凹凸不平之處，進展如同進入一座肥沃的山谷。動員無畏戰艦彷彿拔劍出鞘，軍隊投降猶如墮入人間，受到壓迫可比喻成站在架子上搖搖欲墜，或是像土壤一樣任憑耙子劃過，遭受苦難。

當公眾事件透過演說、頭條新聞、戲劇、電影、漫畫、小說、雕像或畫作公開，其轉化為興趣的過程需要先將原始形象抽象化，然後再將抽象過後的形象具象化。我們對沒見過的事物很難感興趣或受到感動。我們每個人在公眾事件中只看到冰山一角，因此看起來枯燥又無趣，除非等到有人像藝術家一樣大顯身手將其轉化成一部電影，才能真正吸引人。因此，如果我們對現實的理解受限於接觸機會以及偏見，那抽象化能有補償的作用。我們並非無所不在，無所不知，所以無法看清我們必須思考及表達的事物。有血肉之軀的我們無法靠文字、名稱及灰色理論來維持生命。身為某種程度的藝術家，我們會運用抽象化來作畫、導劇以及製作漫畫。

如果可能，我們能找到有才華的人替我們具象化，因為想像力不是每個人的程度都一樣。然而，我認為一個人會像柏格森（Henri Bergson）一樣斷言，實用智力最能順應空間特性。[1]思緒清晰的人總有好的具象能力，不過基於相同理由，意即這種人

1　*Creative Evolution*, Chs. III, IV.

的思考猶如電影攝像鏡頭一般，因此常只看到事物的表面，往往很遲鈍。對憑直覺的人而言，換句話說是依據音樂或肌肉感知的人，他們理解事件本質以及行動本意的能力比擅於具象化的人好很多。當重要元素是一種隱密的慾望，而且只出現在不明顯的手勢或是演說的節奏中，這些直覺的人更容易理解其中的含意。具象化也許會捕捉到事情的誘因及結果，但擅於具象化的人常將過程及內涵描繪得相當拙劣，就像一位女高音以少女的聲部來呈現作曲家想表達的意境。

然而，雖然憑直覺的人常可能歪打正著，但直覺還是相當隱密，而且只能意會不能言傳。不過社會交流取決於溝通，儘管一個人能常憑藉直覺從容地引領自己的生活，但要讓其他人也感同身受是很難的，談論起來聽起來虛無飄渺，因為就算直覺的確給人們一種感覺認知上的準確性，但空間上及觸覺上其實和該認知沒有什麼關聯。因此，行動取決於多人是否同為一心，在這種的情況下，想法要一直到產生視覺及觸覺上的價值才能讓人看清，才能決定是否可行。但對我們而言，沒有任何視覺性的想法是重要的，除非它掩蓋了我們個性上的緊張情緒。除非它釋放或是抗拒、壓抑或是提升我們的某種慾望，否則只會是無關緊要的東西而已。

畫面一直是傳達想法最直接確切的方式，接著才是能勾起記憶中畫面的文字。然而，傳達後的想法並非全然都是我們所認定的，除非我們已認同某個方面的畫面。認同亦可說是佛農・李（Vernon Lee）所提出的移情（empathy）[2]，是相當微妙且具象徵意義的。在毫無意識的情況下，人們有時會以維護自尊心的方式進行模仿。在心智老練的人心中，這個過程不會只往正派英雄人物的方向移動，他們認為正派及反派角色同等重要，只是需要潤飾。

以大眾的角度呈現，認同的手段是很明顯的。我們立刻就能知道誰是正派角色，而如果標誌及選擇都不明確[3]，那麼要讓大眾產生共鳴是不容易的。然而這樣是不夠的。觀眾必須有其任務，而當中不包含思考什麼是真、什麼是善以及什麼是美。為了不要被動接收呈現在眼前的畫面，觀眾必須受到圖像牽動，這點適用於新聞報導、小說及電影。目前有兩種牽動的形式：性激情與爭鬥，兩者都具難以抗拒的吸引力及刺激性，且有很多相互關聯

2　*Beauty and Ugliness*.
3　這是一個對新聞特性影響深遠的事實。比較第七部。

性，密不可分。為性而鬥是所有主題中最具吸引力的，沒有什麼比這個還引人入勝，不受文化及疆界影響。

性的主題在美國政治意象中幾乎是無法預料的，除非是在戰時的狂歡發洩、偶爾的桃色醜聞，或是非裔及亞裔之間的種族衝突階段之中。直接提及顯得牽強。只有在電影、小說和一些雜誌中，工業關係、商業競爭以及政治外交才會牽扯與女性的感情糾葛。另一方面，爭鬥主題經常出現。政治的有趣在於有爭鬥或有話題性。如果要讓大眾對政治產生興趣，就要找話題，儘管事實上沒有。就某種定義上，「沒有」的意思是判斷、原則及事實的政治分歧沒有激起任何爭鬥。[4]

然而，沒有了爭鬥，沒有直接關聯的我們，會認為這無法激起我們的興趣。對身歷其中的人而言，那種真實感引人入勝，儘管毫無話題點，他們或許會受到活動的純粹樂趣或是微妙的競爭所牽動，亦或是活動產生了新的話題點。然而，對與事件毫不相干的人而言，這些感知能力難以起作用。為了讓他們對事件模糊

4　*Cf.* Frances Taylor Patterson, *Cinema Craftsmanship*, pp. 31-32.
「如果情節缺乏懸念，那麼可以增加反派角色、設置障礙、製造問題、強調觀眾心中的某個疑問……」

的圖像在心中產生意義，他們必須牽動內心掙扎、懸疑及勝利的神經。

帕特森（Frances Taylor Patterson）[5]堅信，「懸疑⋯⋯能構成大都會藝術博物館的藝術傑作與里沃利或里亞托劇院的電影之間有何差別。」如果她表明了藝術傑作不容易受到廣泛認同或成為一個熱門話題，那她說的對。「走進大都會博物館的人為何總是三三兩兩，而走進劇院的卻是好幾百人。三三兩兩的人在博物館看畫的時間不過幾分鐘，還不到十分鐘，除非欣賞的人碰巧是藝術方面的學生、評論或是鑑賞家，而在劇院的上百人要花超過一小時看電影。就美的定義而論，這兩種畫面的優點無從比較，然而電影比藝術傑作吸引更多人的目光不是因為本身就吸引人，而是因為電影描繪即將發生的事件，觀眾聚精會神地等待結果。電影具有吊人胃口的元素，會產生一種懸疑感。」

這種摸不著邊的情況如果要引起我們的注意，就必須能轉譯成能立即受到廣泛認同的畫面。除非真的發生，不然感興趣的人一定是寥寥無幾，讓人看得到卻感覺不到，能刺激感知器官但卻

5　*Cinema Craftsmanship*, pp. 6-7.

掀不起內心的波浪。我們必須選邊站，也要有能力選邊站。我們必須潛意識遠離大眾視野，像英雄一樣為了使正義戰勝邪惡。我們必須將自己的人生經驗注入這種寓言般的事件。

因此，儘管有所爭辯，但過去對現實主義及浪漫主義的爭論已有了定論。根據大眾的喜好，戲劇必須始於一個夠真實的場景，這樣大家才能有合理的共鳴，然後必須結束在一個夠浪漫且令人樂見的場景，但不能浪漫到難以想像的地步。中間過程的自由度很大，但合理的開頭及完美的結局是關鍵。電影的觀眾排斥符合邏輯的幻想，因為純粹的幻想不應該定位在大家所熟知工業時代背景上，他們也排斥毫無情緒的現實，因為無法使人經歷遭遇困境的那種內心掙扎。

大家所接受的對錯、現實、善惡及渴望沒有固定形式，除非受到刻板印象影響，這些成見來自先前的經驗並會左右我們之後的判斷。因此，假如投資電影及流行雜誌不是為了暴紅而砸重金，那麼富有思想及想像力的人如大家所想的那樣，會運用電影及期刊來誇大、修飾、證實或批評影響我們想像力的輪替的固定圖像。然而考慮到成本，電影製作人和教會及以前的宮廷畫師一樣，必須堅守他們發現的刻板印象，否則會付出不如預期的慘痛代價。刻板印象是可以調整的，但不保證在電影上映的半年前能及時轉換過來。

前衛的藝術家及評論家才有能力調整刻板印象。他們自然而然會對唯利是圖的經理及編輯感到沮喪及憤怒。他們認為自己甘願犧牲一切，為何其他人卻做不到？這其實有失公允，因為他們義憤填膺之際卻忘了自己有所收穫，這些是他們的雇主所無法體會的。他們沒有能力，就算有也不會換位思考，而且與一群沒有藝術涵養的人爭鬥不休，過程中卻也忘了衡量自己成功的標準是過去的前輩從不奢望的。他們要求的宣傳量及觀眾是這些前輩從來不在意的，反而是最近幾個世代才有的風氣。如果他們沒有受到歡迎，就會備感失落。

像《大街》的作者辛克萊．路易斯（Sinclair Lewis）這樣受歡迎的人，已成功明確地將多數人隱約想表達的投射到自己的腦中。「你已經替我們發聲。」他們建立了一個不斷被複製的新形式，直到最後演變成一種認知的刻板印象。下一個領頭羊會難以讓大眾看到《大街》這部小說的不同面貌，他會和路易斯這樣的先驅者一樣，繼續和大眾爭論不休。

這場爭論不僅是因為刻板印象的衝突，也是因為前衛藝術家對其作品的崇敬之心。無論選擇哪一個程度，他就是維持在這樣的程度上。如果要應對事件的本質，他會一路順應它，不管過程中可能會產生的麻煩。他不會幻想要幫助他人，或是在不平靜的地方高喊和平。他心中有屬於自己的美國，但廣大觀眾無法忍受如此嚴謹的態度。比起世界上發生的其他事，他們對自我更加感興趣，而這樣的自我是學校及傳統框架中所揭露的自我。他們堅信藝術品是一種交通工具，是只要一步就能踏進的領域，他們應該要搭上藝術品這輛車，跨越國家的疆域，到達一小時內能擺脫時間世俗的極樂淨土。為了滿足大眾需求，有一群中階的藝術家有能力且願意模糊這樣的程度，用偉大人類的發明拼湊出一幅虛實並存的場景，並依照帕特森的建議給予「現實生活中罕見的事物—經歷一連串困境之後所嚐到的光榮滋味；美德的痛苦代價及罪惡的榮譽感⋯⋯轉換成光明璀燦的美德及邪惡永遠罪有應得。」[6]

政治的意識形態遵循這樣的規則。現實主義的立足點永遠

6　*Cinema Craftsmanship*, p. 46.
「一般而言，男女主角必須擁有青春、美麗、善良、崇高的自我犧牲精神，以及堅定不移的態度。」

都在。有些真正的邪惡畫面，例如德國的威脅及階級衝突，在爭論中是很容易發覺的。世界某一個層面的敘述是可信的，因為符合我們所熟悉的想法。然而，意識形態面對抽象的未來以及具體的現在，很快會跨越真實的界線，難以察覺。在描述現在時，我們或多或少會受到一般經驗的束縛，而描述沒有人經歷過的事情時，我們一定會不受拘束地大談闊論。或多或少好像我們站在善惡交鋒的末日戰場（Armageddon）上，但我們為主而戰，或許……是一個美好的開端及完美的結局，根據邪不勝正的法則。每個馬克思主義者認為現今的殘酷苦不堪言，推翻暴政之後就是雨過天晴的日子。戰爭鼓吹者也是如此：人性的邪惡來自萊茵河東岸的每個地方，以及西岸的德軍身上。人性存在邪惡，這點無庸置疑，但戰勝邪惡之後就是永恆的和平。很多的邪惡都是精心策劃的，因為戰爭鼓吹者非常了解，當我們必須開始進行合理分析時，絕對無法繼續下去，因為真實的政治成就相當乏味，很快就會讓人興致缺缺。因此，鼓動者以一個看似合理的開頭來消磨現實大眾的興趣，然後揮舞通往天堂的門票來煽動人們加入這場長期抗戰。

當大眾的虛構畫面與內心膠著的急迫性呼應的時候，這套公式就會非常有用。然而一旦吻合，在戰爭如火如荼之際，左右思想的本我及刻板印象也許就不復存在了。

第12章

重新檢視利己

相同的故事對所有聽者而言都是不同的故事。每個人的切入點都有些微的差別，因為沒有兩個人的經驗是完全類似的。他會以自己的方式重新演示，然後注入自己的情感。有時候技藝精湛的藝術家會逼迫我們進入屬於他的生活體驗，乍看之下很無趣、令人反感或是特立獨行，但卻相當罕見。在每個吸引人的故事中，我們會化身成一個角色，並以默劇的方式來演。這齣默劇也許雅緻或是粗俗，也許與之共情，或只是拙劣模仿。然而，這場戲所投入的情感來自我們自己對角色的認知，因此原本的主題經過傳遞進入聽者的內心後會開始扭曲變化並重新建構。就好像一齣莎士比亞的戲劇在每次演出時都會被重新改寫，因為演員及觀眾會給予這齣戲不同的靈感，賦予不同的重點及意義。

類似情況似乎也發生在英雄傳奇故事上，在沒有明確文字記載之前，故事總有各種版本。在我們這個時代，印刷下來的紀錄限制了每個人發揮想像力的空間，但謠言反而很少或毫不受限。原本的故事不論是真實的還是捏造的，會開始長出翅膀、鹿角、馬蹄、及鳥喙，如同藝術家在每次八卦閒聊中針對這個主題繼續賦予新面貌。第一位口述者的版本會不斷扭曲變樣，所有聽到的人會重新編輯改寫，並沉浸在這個故事中做白日夢，然後傳遞下去。[1]

因此，觀眾越混雜，反應的變化就越大。觀眾變多時，普遍用字就會越少使用，因此故事中的普遍性會開始抽象化。這個缺乏明確特色的故事傳到特質不一的觀眾耳裡時，他們會各自詮釋這個故事。

觀眾的故事詮釋方式為何不僅與性別、年齡、種族、宗教及社會地位有關，也會受到其他簡略的因素影響，不論先天還是後天因素，例如一個人的才能、事業、事業進展、事業的重心、說話的語氣及時態，或是他在人生這場遊戲中所扮演的角色定位等等。我們面對接觸到的公眾事件，例如報章雜誌的幾行內容、一

1　For an interesting example, see the case described by C. J. Jung, *Zentralblatt für Psychoanalyse*, 1911, Vol. I, p. 81. Translated by Constance Long, in *Analytical Psychology*, Ch. IV.

些照片、軼事及自身的偶然經驗，會透過自己的預設模式思考並以自己的情緒再創事件。我們不會將個人的問題視為是大環境的縮影，反而是將大環境視為模擬私密生活的大型投射。

然而，我們未必會認同自己的私密生活，因為這樣的生活選擇性不多，而且很多自己真實的一面會受到壓抑或是隱藏起來，無法直接掌控自己外在行為的走向。因此，一般大眾會將生活的快樂投射在善意上，或是將不愉快投注在懷疑及憎惡上，而他們身旁其實還有一種樂天的人，他們無所不在但只會待在自己的圈子裡，或是有一種人，他們越是厭惡家人、朋友或工作，反而對人類的愛越加濃厚。

當我們深入細節，更顯而易見的是，人們應對自身事件的特質沒有固定形式。也許不同的自我有共同的根源及特質，但分支及旁支有多種形態。我們會以不同的特質去面對每個情況，而特質某種程度會受到時間及累積記憶的影響而變化，畢竟我們不是機器。特質不僅會因為時間改變，也會看情況而定。一位住在南半球獨來獨往的英國人總是刮好鬍子，晚餐時會繫好領帶，這個故事印證了他本能害怕失去已經習得的文明特質。我們的日記、相簿、紀念品、舊書信、舊衣物以及對例行公事的依戀也證明了這點，正如赫拉克利特（Heraclitus）所言，人是不可能踏進同一條河兩次的，因為感受永遠是新的。

沒有任何一個內在自我會不停運作著。因此重要的是，在任何公眾意見形成時，我們是以何種自我來應對的。日本人要求定居加州的權利，顯然和我們要求想種植水果或是娶一位白人的女兒是截然不同的層次。假如兩個國家針對一塊領土的主權爭論不休，關鍵在於人們是否認為這些談判如同房地產交易，一種羞辱手段，還是以激烈挑釁的語言來模糊爭論焦點，如同強暴行為，因為我們以本能思考種植檸檬或遙遠區域時所展現的自我，與身為一位憤怒家長思考時的自我如同兩條平行線。前者思考的情緒不慍不火，而後者熱辣滾燙。因此，儘管個人興趣會決定意見看法純粹是一句廢話，但只要我們知道究竟是哪一個內在自我選擇及引導我們所認知的興趣，那麼這樣的陳述就有所啟發性。

宗教教誨及公眾智慧總能作為區分每個人各種性格面向的指標，分為高尚與卑下、精神與物質以及神聖與世俗三類。我們也許不全然接受這樣的分類，但總能察覺到差別的存在。現代人心中不會有兩個完全對立的自我，反而會發現很多用簡單二分法來看是說不通的。我們可能會說神學家提出的差別概念太武斷且流於表面，因為許多面向的自我如果依照神學家的分類，整體上是屬於高尚的，但也會體認到這是窺探各種人性的一種真切的線索。

我們已經懂得察覺自己的各種性格面向，懂得不刻意評判這些面向。我們了解這些面向都是代表一個個體，但常會化身成不同角色，根據我們應對的人所屬的社會地位而定。是否與之有性關係的女性和自己門當戶對、是否在追求對象、是否認為她是自己擁有的；是否我們應對的人是孩子、夥伴、最信任的下屬、能掌控我們生死的老闆；是否我們能成功爭取到生活所需；我們應對的外國人是友善的，還是受人鄙視的；我們身處危險，還是在理想安定的環境當中；我們是獨自一人在巴黎，還是與伊利諾州皮奧里亞（Peoria）的家人在一起。

當然人們在這些不同性格中的一致性大相逕庭，甚至是兩個極端，不是像哲基爾博士（Dr. Jekyll）一樣發展出分裂的人格，就是自始至終都心智堅定的布蘭德（Brand）、帕西法爾（Parsifal）或唐吉軻德（Don Quixote）。假如某個人不同自我性格之間差異太大，我們就會不信任這個人；如果太偏向某一個自我，我們就會認為這個人很無趣、固執或古怪。在既定輪替的性格當中，孤僻或自己自足的人的性格比較固定，適應力強的人反而比較多變。在各式各樣的自我性格中，會有我們希望神會看見的高尚性格，也有連自己都不敢面對的低級性格。性格面向猶如八度音階，分屬不同層級。從家庭的角度切入，一個人也許是父親、上帝耶和華或是暴君，也是丈夫、佔有慾強的人、直男，亦或是情人、好色之徒。如果從職業的角度，他會是雇主、老闆或是剝削者，也是競爭者、詭計多端者、敵人，也可能是下屬、弄臣、勢利鬼。有些性格從來不會進入大眾視野，有些只在特殊情況下才會顯現出來。然而，這些性格的呈現形態會依據我們在情境中的自我定位而定。假如我們感知的環境正好在聰明人的框架中，我們就會揣摩自己認為適當的性格，調整自己的舉止、言談、主題的選擇以及喜好。生活當中很多的滑稽場面就在於此，面對不熟悉的情境所想像出來的應對性格往往很突兀，例如推銷商中的教授、撲克牌比賽中的宗教輔祭人員、鄉村裡的倫敦佬，或是真鑽當中出現魚目混珠的假貨。

一個人內在性格的塑造會受到很多因素影響，而這些影響不太容易區分[2]。分析這個概念的基本原則仍舊受到質疑，如同在

2　For an interesting sketch of the more noteworthy early attempts to explain character, see the

西元前五世紀時，希波克拉底（Hippocrates）制定了一套人類情緒法則，將情緒分為樂觀、憂鬱、暴躁及冷靜，並將這四個性格歸因於血液、黑膽汁、黃膽汁及痰。最近坎農（Walter Bradford Cannon）[3]、阿德勒（Alfred Adler）[4]及肯普夫（Edward Kempf）[5]提出的理論似乎遵循一樣的軌跡，從外在行為及內在意識一路延伸到生理學。然而，儘管技術已經大幅提升，還是沒有人能確定區分先天及後天的方式，以及從後天習得的性格中分析出哪些應屬於先天的。唯有在心理學家約瑟夫·賈斯特羅（Joseph Jastrow）的心理學騙局的貧民窟的概念中，性格解釋成了一套模組，被顱相學家、手相術士、算命仙、讀心術士以及一些政治學教授拿來操弄。因為這些套路，我們潛移默化之下還是會相信「中國人喜愛顏色，眉毛呈圓弧形」，而「卡爾梅克人（Calmucks）的頭頂凹陷，但從側面看很大，有貪婪傾向，而且這個國家民族有偷竊的

---

chapter called "The Antecedents of the Study of Character and Temperament," in Joseph Jastrow's *The Psychology of Conviction*.

3 *Bodily Changes in Pleasure, Pain and Anger*.

4 *The Neurotic Constitution*.

5 *The Autonomic Functions and the Personality; Psychopathology. Cf.* also Louis Berman: *The Glands Regulating Personality*.

癖好等等」。[6]

現代的心理學家傾向認為一個成年人的外在行為是綜合許多變因的結果，例如對環境的排斥、各成熟期所產生的壓抑渴望以及顯性性格等等。[7]儘管還沒有任何既定概念可以解釋，這些變因讓我們猜想，慾望的壓抑或控制不會都固定在一個完整的性格上，而是或多或少固定在各種內在自我之上。一位愛國者一定有他不會做的事，但跳脫出愛國性格時反而會做。毫無疑問，童年時期的某些衝動在一個人往後的人生裡從此不會再被牽動，除非這些衝動隱約或間接與其他的衝動結合，不過這不見得如此，因為壓抑的慾望是並非失而不復得。正如精神分析學家能喚醒塵封的衝動，那麼社會情境也是如此。[8]唯有周遭環境正常平靜，加上我們的性格與他人的期待一致時，我們才能不需要了解這些性

6 *Jastrow, op. cit.*, p. 156.

7 Formulated by Kempf, *Psychopathology*, p. 74, as follows:
Manifest wishes } over } Later Repressed Wishes } Over } opposed by the resistance of the Adolescent Repressed Wishes } environment=Behavior Over } Preadolescent Repressed Wishes }

8 *Cf.* the very interesting book of Everett Dean Martin, *The Behavior of Crowds*.
Also Hobbes, Leviathan, Part II, Ch. 25.
「人的熱情，個別分開時很溫和，如同一支火把的熱度，但齊聚一堂時，卻猶如多支火把相互助燃，一陣雄辯之風能使火勢更加旺盛……」
LeBon, *The Crowd*, elaborates this observation of Hobbes's.

格。未知的事件發生時，我們才會了解到自己還有新的性格面貌。

影響我們的人有助於我們建立內在自我，而這些內在自我會指引不同強度及方向的衝動，以順應不同情況，同時我們也學會以什麼態度來應對這些情況。就一個熟悉的經驗而言，我們會啟動一個能抑制整體外顯行為的性格，例如殺意在文明世界會受到抑制。儘管怒火中燒，但作為父母、小孩、雇主或政治人物，我們不會將憤怒顯現出來，顯露出想殺人的樣子。當我們皺起眉頭表達不贊同時，身旁的人也同樣被影響而皺眉。然而假如戰爭爆發，很可能每位我們崇拜的人都會認為殺戮及敵意是合理的。起初，這些情緒的發洩是有所節制的，內在自我會顯露出符合愛國的情懷，魯伯特・布魯克（Rupert Brooke）身上，愛德華・格雷一九一四年八月發表的演說中，以及威爾遜總統一九一七年四月二日在國會發表的演說，都能感受到這種情懷。戰爭的現實依舊令人厭惡，而戰爭意味著什麼是一步一步體會的，因為先前的戰役只是美化過的記憶而已。在蜜月階段，戰爭現實主義者堅信整個國家還搞不清楚狀況，並互相安慰道：「等候有人死傷再說吧。」漸漸地，殺戮的衝動成為主宰，所有可能修飾殺戮的內在性格開始崩解。這股衝動成為神聖不容侵犯的核心，並逐漸一發不可收拾。衝動的發洩不僅是建立在殺死所有敵人的概念上，也建立在所有令人憎恨的人事物上。對敵人的憎恨是合法的，而其他的憎恨也透過最粗略的類比而變得合理。等到我們都冷靜下來思考時，會發現這個類比完全不合乎常理。強烈衝動一旦釋放就需要花很長一段時間才能遏止。因此，戰爭事實上結束時，要恢復自制力以及重新以平民性格應對和平的考驗是需要時間及努力的。

如赫伯特·克羅利（Herbert Croly）所說，現代戰爭本來就存在於現代社會的政治結構中，只是礙於理想又將其視為非法手段。對平民而言，戰爭時不存在任何參戰士兵奉行的理想行為準則，過去的騎士也是如此。平民沒有任何評判標準，除了大部分人都能自由發揮的以外。他們奉行的唯一標準就是戰爭令人憎惡。然而儘管戰爭為必要之惡，人們還沒有準備好接受道德的規範。只有他們高尚的內在性格存在道德準則及模式，而當他們必須表現出低賤的性格時，內心就會產生強烈的矛盾感。

內心準備好應對每個自己可能遭遇的情況是道德教育的一項功能。顯然成不成功取決於我們是否能以真誠的態度探索環境，理解其中意涵，因為身處在一個錯誤解讀的世界，我們的內在性格也會扭曲，以致行為偏差。因此，道德家必須抉擇：應該要提供一套適用人生每一階段的準則，不論某些階段有多麼不堪，還是要保證人生絕不會面臨到自己排斥的情況。一定要廢除戰爭，還是教導人們要以最理性的方式發動戰爭；必須廢除人的經濟生活並使其靠幻想及露水維生，還是要調查所有經濟生活的渺茫之處，然後提供適用的準則模式給必須互相扶持的人們。然而這些抉擇不符合現行的道德文化。在這個錯綜複雜的現代世界，這樣的道德文化說好聽是自信不足，但說難聽一點是膽小懦弱。現今不論道德家是否有讀過經濟、政治及心理學，或是社會學家是否有給道德家上過一課，這都無關緊要。每一個世代進入現代世界時都沒有做好準備，除非他們有學到面臨各種可能的情況時該用什麼樣的性格來應對。

大部分這些天真的私利觀點容易被忽視。別忘了，自我及利益可說是一體兩面的，習慣上會放在一起思考。一般大眾對私利的看法常會忽略其認知上的功能。私利是一種執念，世間的一切終將回到自己身上，人類對這一切的看法不是一種本能，而是後天習得的。

因此，詹姆斯．麥迪遜（James Madison）在《聯邦黨人文集》

第十篇中的論點的確有道理。他寫道：「文明國家中，土地擁有者的利益、製造商的利益、商人的利益、富人的利益，以及其他次要的利益等等是因為需求而產生，這些利益分為不同層級，受到不同情感及觀點的驅使。」然而，如果我們仔細過目文章的語境，會體悟到我認為的本能宿命論觀點，有時稱作經濟式的歷史詮釋。麥迪遜主張實行聯邦憲法，而「在工會的許多優勢當中」，他說明「公會能打破及遏止派系暴力。」分裂是麥迪遜最擔憂的，而他認為分裂的成因來自於人性，潛伏的性格會「出現在公民社會不同的情境當中，程度也有所不同。人們熱衷於追隨關於宗教、政府及其他社會議題的公眾意見，不管是投機還是實際的投懷送抱，而且也會依附野心勃勃爭奪權位的領導人或是令人眼睛為之一亮的有錢人。人們因為這些歧見而形成許多派系，他們針鋒相對，並傾向互相惹惱或壓制對方，不會為了整體的和諧而互相配合。人類互相敵對的傾向非常強烈，以致儘管沒有實質的導火線，那些無關緊要且天馬行空的差別也足以點燃敵意，引爆激烈的衝突。不過最常見且歷久不衰的分裂原因一直都是財產分配瑣碎不均。」

因此，根據麥迪遜的理論，分裂的傾向也許是因為宗教或政治意見不同及領導者的爭權奪利而起，但最常見的原因還是財產分配不公。然而值得注意的是，麥迪遜只主張人與財產的關聯是造成分裂的原因，財產及意見本身並沒有因果關係，而是財產的差異會導致意見的差異。麥迪遜論述中的關鍵字是「差異」。從經濟狀況不同的角度，我們只能暫時推論出人們的意見會有所不同，但無法得出這些意見確切的內容為何。

這個存疑空間正如該理論一樣，大幅減損了這些主張的信度。正統社會學家提出的理論與實踐之間會產生巨大矛盾，這說明了存疑空間的必要性。他們主張社會演變的下一個階段是現階段不可避免的結果。然而，為了產生下一個階段，他們策劃行動並煽動「階級意識」的產生。有人或許會問，為什麼經濟狀況不會誘發個人的階級意識呢？事實上就是不會。因此，這個令人自豪的主張不代表社會學家的哲學觀點是以預言般的宿命論為基礎，只是根據關於人性的一個假說罷了。[9]

社會學家實踐的基礎是，如果人身處的經濟狀況不同，那

9　*Cf.* Thorstein Veblen, "The Socialist Economics of Karl Marx and His Followers," in *The Place of Science in Modern Civilization*, esp. pp. 413-418.

麼就會經誘導而產生某些觀點。比方說他們是房東或租客、員工或雇主、熟練或笨拙的工人、臨時工或是支薪員工、買家或賣家、農夫或中間商、出口商或進口商、債主或債務人等等，毫無疑問，他們最後會相信或是經他人勸說而相信不同的事物，收入不同在人脈與機會上會有很大的差異。如托斯丹．韋伯倫（Thorstein Veblen）證實[10]，工廠的工人往往詮釋經驗的方式與工匠或是貿易商不同。假設這是政治學的物質概念所主張的，每個詮釋意見的人都會採用這個極具價值的假說，不過常必須要摒棄這個概念，或是警惕自己，因為一個人的社會關係不少，要試圖解釋某個公眾意見時，會很難察覺究竟是哪一層關係影響了這個意見。史密斯的意見是因為他是房東嗎？還是因為他是進口商、鐵路股份持有人或是一名雇主？作為一名紡織廠的編織工人，瓊斯的意見和老闆的態度有關嗎？還是因為和新移民競爭？因為看到老婆的購物帳單？亦或是因為最近和某間公司簽約，用分期付款買了一台福特汽車以及附停車位的房子呢？沒有特別調查的話，我們無從得知，連經濟決定論者也無法區分。

10 *The Theory of Business Enterprise.*

一個人的多種社會經濟關係會限制或放大其意見的範圍。然而，究竟政治學的物質概念無法預測哪一層關係？這層關係是什麼面貌？是基於什麼理論？這個概念很有可能預測到的是，如果一個人擁有工廠，他的所有權會在對工廠有影響的那些意見中成形，不過成為工廠老闆的功能如何成形，這點沒有任何經濟決定論者能明確告訴我們。針對任何關於成為工廠老闆的問題，沒有既定的意見模式，關於勞工、財產及管理的觀點也是，更不用說針對那些非當下事件的觀點了。決定論者能預料百分之九十九的情況下，工廠老闆會抵抗任何要剝奪其所有權的意圖，以及贊同他認為有利於增加收益的法規。然而因為所有權沒有法力，無法讓一個生意人知道什麼法規能幫助他賺錢，經濟物質主義中不存在任何因果關係鍊，沒有人能預測老闆究竟是眼光長遠，還是短視近利，傾向競爭或是合作。

假如這個理論有其效度，我們就能夠預測。我們能分析一個民族的經濟利益，並推論出人們的行為走向。馬克思曾嘗試過，但了解信託後就完全走偏了。第一個社會學家的實驗不是在西方資本主義發展的高峰期時做的，而是東方前資本主義系統崩壞時進行的。為什麼馬克思會走偏呢？為什麼他的第一大弟子列寧會走偏呢？因為馬克思主義者認為，人的經濟地位會讓他們產生明確的經濟利益概念，這股力量勢不可擋。他們認為自己與生俱來就有這樣的概念，而且必須要教育其他人他們所知道的。這不僅顯示明確的利益概念不是每個人都有，也說明了連馬克思及列寧自己都沒有這種概念。儘管有馬克斯及列寧所寫下的紀錄可以參考，人類的社會行為還是一樣晦澀難懂。這不應該如此，假如光經濟地位就能決定公眾意見。如果他們的理論正確，地位不僅能將人們區分成不同階級，也能提供每個階級各自的利益觀點及謀取策略。然而很明確的是，所有階級的人們仍舊對自己的利益所在感到無比困惑。[11]

這會減損經濟決定論的影響，因為如果我們的經濟利益是由

11　事實上，在關鍵時刻，列寧徹底放棄了以物質為本的政治詮釋。假如他在一九一七年奪權時能夠真誠遵循馬克思模式，心中可能會這麼告誡自己：「根據馬克思的教誨，社會主義必然會由成熟的資本主義發展而來……然而我如今卻掌控著一個才剛踏入資本主義發展階段的國家……的確，我是一位社會主義者，但我是科學的社會主義者……意思是，目前談論建立社會主義共和國根本不切實際……我們必須推動資本主義的進步，才能促使馬克思所預言的演化發生。」然而，列寧並未採取如此做法。他並非坐等演化自然發生，而是試圖以意志、武力及教育，違抗他那套哲學觀所預設的歷史進程。

自從這本書完成後，列寧以俄國不具備成熟的資本主義基礎為由，放棄了共產主義。他如今主張，俄國必須先創造資本主義，而資本主義會催生出無產階級，而這個無產階級終將創造共產主義。這至少符合馬克思主義的教條，但也顯示出一位決定論者的觀點中，其決定性實際上相當低落。

各自不同的利益概念所組成，那麼作為一把通向社會進步的關鍵鑰匙，這個理論會失敗。這個理論假設人們有能力只依循一種個人利益，而之後會為了實現這個利益而走向滅亡之路。這個理論假設某個特定階級利益的存在，這是錯誤的。有鑑於各方事實觀點，無論真實與否，階級利益的概念可大可小，可圖利自己或利於他人。因此，馬克思認為能解決階級鬥爭的手段失敗了。他認為如果所有財產能夠平均分攤，階級差異就會消失，顯然這個假設大錯特錯。財產很有可能可以平均分攤，但並非以一個整體來設想。如果任何一個群體都無法以共產主義的概念來看待共產主義，他們就會根據自己的經驗而分裂成各個階級。

針對現行的社會秩序，馬克思社會主義強調財產衝突會造成意見分歧；針對廣義的勞動階級，馬克思主義忽略了財產衝突是煽動的基礎；關於未來，馬克思社會主義想像出一個沒有財產衝突的社會，因此也沒有意見上的衝突。今日的現行社會秩序中，比起社會主義下的社會，可能有更多能說明犧牲他人而得利的例子。然而，還有無數的例子是有些人只能想像衝突畫面，因為他們對事件一無所知。在社會主義下，就算我們移除了每個極端衝突的例子，只要每個人能有機會接觸到各方事實觀點，衝突一定會發生。一個社會主義國家無法免除教育、道德規範或是人文科學，儘管基於嚴格的物質主義，共同擁有財產所有權應該會讓國家有資源過剩的問題。俄國的共產主義者不會積極地鼓吹他們的信念，除非單單經濟決定論就能左右俄國人的意見。

如同享樂主義微積分，社會主義的人性理論是錯誤的決定論。兩者都假設習得的性格會驚險但巧妙地產生某種行為。社會主義者相信這些性格會追求某個階級的經濟利益，而享樂主義者認為他們追求幸福並遠離痛苦。兩個理論都建立在本能的基礎上，這個浪漫的觀點是由詹姆斯定義的[12]，儘管他有將理論大幅修飾成「本能是產生某種目標行為的能力，行為表現未經過深思熟慮及事前教育」。

令人懷疑的是，這種本能行為究竟是否存在人類的社交生活中，因為詹姆斯指出[13]「有記憶力的動物本能上一定會『盲從』，在有重複的本能行為之後」。不論出生時身體有什麼配備，天生的性格來自嬰兒最初期的經驗，這些經驗決定能刺激行為的因子

12 *Principles of Psychology*, Vol. II, p. 383.
13 *Principles of Psychology*, Vol. II, p. 390.

為何。如麥獨孤（William McDougall）所說[14]，「他們的本能開始能夠」被激發，除了感知能激起他們天生性格的物品之外，他們聯想到這些物品也會受到影響，對其他物品的感知及聯想也會是誘因。[15]

麥獨孤還說只有「核心性格」[16]才會「維持其特定的樣貌，而如此性格對所有人及任何能激起本能的情況而言一點都不突兀」。認知的過程以及實際由本能引發的身體動作相當複雜。換句話說，人有恐懼的本能，但會怕什麼或是怎麼逃離這種恐懼感不是先天決定的，而是後天靠經驗習得的。

要不是我們理解了性格的多變性，要思考錯綜複雜的人性就會相當困難。然而，當人的指標性本能，例如食慾、愛意、恨意、好奇心、性慾、恐懼及好鬥等，都能輕易受到各種誘因的影響而產生滿足感，那麼人性的複雜也很容易懂了。當我們認為每個新世代是上一代制約行為的隨機受害者以及其環境的繼承者，

---

14 Introduction to *Social Psychology*, Fourth Edition, pp. 31-32.

15「大部分對本能及其行動的定義僅考慮其意向層面……而忽略本能心理過程中的認知及情感層面，這是一個常見的錯誤。」
Footnote *Social Psychology*, p. 29.

16 *Social Psychology*, p. 34.

那麼這樣的排列組合會是天文數字。

目前沒有初步認定的案例。因為人總渴望得到某個特定的東西，或是以某個特定的方式表現自己，因此人性的形成終究就是為了目的而行動。慾望及行動兩者都是後天學來的，而下一代也許會以不同方式學習。分析心理學及社會史共同為此結論背書。心理學指出，特定刺激及特定反應之間的連結本質上是偶然的。人類學以最廣義的角度強化了這個觀點，能激起人類慾望的事物以及為了實現所採取的手段，會隨著時空的變換不斷更迭。

人類總是追求自己的利益。然而追求的手段不是宿命決定的，因此無論在什麼時空，這個世界會繼續支持人類的生活，而且人類的創造能量永不枯竭，思考沒有完結篇。假如必須發言，我們能說一生中沒有什麼我們認定為好的變化，不過這樣說表示我們限制了我們的視野，排斥用心體會我們的所見所聞。我們認為好的標準就只會有一種，永遠都會認為自己找不到放棄崇高希望的理由，除非我們接受未知的事物，選擇相信未知的存在，相信別人掌握不到的，自己也沒有能力掌握。

第五部

公眾意志的形成

THE MAKING OF A COMMON WILL

第13章

轉移興趣

根據上一章的論述，這表示有許多變因會影響每個人對未見世界的印象。接觸時間點不同，刻板印象的期待不同，而且激發的興趣是所有變因中影響最為巧妙的。很多人心中現有的印象以個體來看很大程度是私密的，而整體來看錯綜複雜，難以掌握。人們心中以及他們無法理解的外面世界之間，是如何建立實質的關聯性呢？民主理論的語言如何形成公眾意志？這麼多人既私密又抽象的心中畫面能夠集結而形成公眾意志嗎？這麼多複雜的變因中如何能衍生出一個簡單又連貫的想法？這些短暫偶然的意象如何具體形成大家所知的公民意志、國家目的或是輿論呢？

困難之處能從一九二一年春天發生的事件看得出來，當時美國駐英大使與眾多美國人民之間發生激烈的爭論。哈維（George Harvey）在英國宴席場合上發言，毫不遲疑向世人宣告美國一九一七年的參戰動機。[1]哈維所敘述的動機與威爾遜總統對著美國人民闡述的動機完全不同調。如今不論是哈維、威爾遜，或是政治評論員及雙方的友人，沒有人能清楚質化或量化這三四千萬美國成年人民心中的想法。然而，大家都知道的是，美國有參戰而且贏得很辛苦，沒有人知道有多少程度與威爾遜或是哈維所說的動機有關，或是摻雜了兩方說詞的版本。人們受徵召打仗、工作、付稅、為了共同目標犧牲，但是沒有人能確切解釋，他們做的每件事是受到什麼刺激才行動的。如果一名士兵認為根本沒有戰爭，那麼哈維告訴他上戰場的目的是去中止一場戰役根本沒有意義，因為士兵永遠會這樣想，而哈維也始終想那樣，兩邊不在一個頻率上。

同一場演講上，哈維同樣信誓旦旦地表達了一九二〇年的選民心聲，此舉相當草率。如果我們認定所有支持我們的選民和自己的想法都一樣，那麼就太一廂情願了。根據數據，有一千六萬人投共和黨，而投民主黨的有九百萬。依照哈維的說法，這些選民表達對國際聯盟的支持或反對，而為了支持他的主張，他能表

1　*New York Times*, May 20, 1921.

明威爾遜總統要求公投一事，以及民主黨與考克斯（James Middleton Cox）堅持要討論加入聯盟一事。然而，表明要討論加入聯盟不代表這件事真的會討論。在投票日當天確定票數也不能了解關於加入聯盟真實的意見分歧狀況。比方說有九百萬人支持民主黨，我們真的相信所有人都是支持國際聯盟的忠實支持者嗎？當然不會，因為根據我們對美國政治的了解，當中很多選民投票的原因一直是為了維持南方現行的社會體制，不論他們對加入國際聯盟的看法如何，投票的目的不是為了表達這件事。毫無疑問，支持加入聯盟者會很樂意投票，而不支持的人還是會掐的鼻子投票支持，兩組人馬都會支持民主黨的訴求。

支持共和黨的選民想法會更一致嗎？任何人的朋友圈都能挑出足夠的共和黨支持者，看法也是眾說紛紜，有詹森（Hiram Johnson）及諾克斯（Philander Knox）兩位參議員的極力反對派，也有像國務卿胡佛及首席法官塔夫脫（William Taft）的支持派。沒有人能確切說明某個針對國際聯盟的看法中有多少人也持相同意見，也無法了解有多少人針對這個主題憑感覺投票。人們如果只有兩種方式來表達各式各樣的感覺，就無法明確知道決定性的搭配組合為何。參議員博拉（William Borah）知道共和黨支持者會投共和黨的理由，哈佛校長羅威爾（Abbott Lawrence Lowell）也是。佔多數選票的共和黨支持者中，有些人認為共和黨的勝利能阻止美國加入國際聯盟，有些人認為美國加入是鞏固國際聯盟的實際做法，還有一些人認為美國的加入絕對能改變並主宰國際聯盟。所有的選民捲入自己的慾望漩渦之中，或是搭上其他選民的慾望街車，希望促進商業、考量勞工的處境、修理希望參戰的民主黨、修理為何還不趕快消失的民主黨、拉下伯萊森（Albert Burleson）、改善小麥價格、降低稅率、阻止丹尼爾斯（Josephus Daniels）的擴充計畫、或是反倒助哈定（Warren Harding）一臂之力。

不過這必須要做某種決定：將哈定送進白宮，因為選票的最小分母數就是民主黨應該下台，換共和黨接替。這是所有矛盾互相抵銷之後唯一剩下的因素，但該因素足以改變未來四年的政策走向。一九二〇年十一月的那一天，為何大家希望改變的確切原因沒有留下紀錄佐證，甚至連選民也都想不起來原因，也沒有固定理由。這些理由產生後開始變化，最後合併成其他的樣貌，因此哈定必須應對的公眾意見並不符合要用選票支持他的相關意見。正如一九一六年所有選民所見證的，琳瑯滿目的意見與特定行動方針之間不存在必定關係。威爾遜選上總統明顯是因為人民希望不要上戰場，結果他上任不到五個月就帶領美國參戰。

因此，公眾意志的運作一直需要明確的解釋。對其不規律性感到著迷的人已經將勒龐（Gustave Le Bon）奉為先知，也認同羅伯特·皮爾（Robert Peel）所歸納的陳述，他說「公眾意見是一種化合物，由愚蠢、弱點、偏見、錯誤感受、正確感受、固執以及報紙報導組成」。還有人得到的結論是，既然在局勢變化及公眾意見不連貫的情況下還能有明確的目標出現，國家中一定有一股神祕勢力在運作，得以掌控人民。他們召喚出一種集體意識、國家意志或是時代精神，約束隨機混亂的公眾意見。超凡個體似乎是必要的，因為群體成員中的情緒及想法複雜又抽象，無法形成一套標準來檢視大家的輿論為真。

然而就我來看，事實就算不借助任何型態的超凡個體，還是能使人信服。畢竟，每個政治活動都能巧妙運用手法，說服各式各樣想法不同的人一致投下支持票。一九一六年，共和黨候選人必須說服形形色色的共和黨員，得到他們的選票。讓我們來分析獲得黨內提名的休斯（Charles Evans Hughes）第一次演說的內容。[2]當時的情境仍歷歷在目，不需要多做解釋，但當中提到的議題不再那麼強烈。休斯離開政治圈好幾年，演說風格平平淡淡，對面對近來的議題態度顯得不熱絡。此外，他沒什麼個人魅力，不像羅斯福、威爾遜或是勞合·喬治這樣受人愛戴的領袖，沒辦法像他們一樣用氣場就能鼓動支持者的情緒。從政治的角度來看，他性格上及職業身分上給人一種距離感。然而他對政治文化瞭如指掌，知道作為政治人物要如何運用手段。他知道該怎麼做，但不會刻意去做。常會有些老師教得比藝術大師好，藝術大師往往太憑天分直覺，不知道如何用技巧及方法。能者不見得會教的說法聽起來似乎不適用在老師身上。

休斯知道這個場合很重大，也認真準備了手稿。剛從密蘇里州回來的羅斯福坐在包廂內，台下坐滿了經歷過一戰的老將，他們心中對休斯的猜疑及不安程度各不相同。台上及各包廂內可以看到一九一二年的元老及達官顯要，顯然氣色不錯，但滿臉愁容。在遠處大廳還聚集了親德及親協約國的激進份子；來自東部地區及大城市的戰爭派以及中西部地區的和平派。在場的人對墨

2　Delivered at Carnegie Hall, New York City, July 31, 1916.

西哥問題反應激烈。休斯必須取得說服黨內各派意見的人馬，取得多數認同以對抗民主黨，有些人是塔夫脫派，有些是羅斯福派；有些人親德，有些人親協約國；有些主戰；有些主張和平；還有人希望干預墨西哥，但也有反對聲浪。

當然在這裡我們關注的重點不是這件事的道德及智慧問題，我們要談的是一個領袖要如何整合各方意見，讓所有人一致投票給他。

> 「這個**代表性**的聚會是好兆頭，意味著**重整**的力量，意味著**林肯**的政黨恢復了……」

粗體字如黏著劑一般。在演說中提到的林肯跟我們熟知的亞伯拉罕·林肯無關，這個名字是一個信仰般的刻板印象，只是這位共和黨候選人用來堅定立場的手段。林肯可以提醒共和黨員、公麋進步黨及保守派份子，他們在彼此分裂之前有共同的根。沒有人想提起關於分裂的事，但事實擺在眼前，至今尚未弭平。

作為演說者，休斯必須弭平分裂。一九一二年因為內政問題而分裂，如今如羅斯福所說，一九一六的重整是基於對威爾遜總統國際事務上的作為所共同發出的怒吼。然而國際事務本身也容易引發衝突，必須要找到適當的切入點，不僅能避開一九一二的事件，還能避免涉及到一九一六年的火爆衝突。休斯巧妙地運用外交談判上的獵官制（spoils system）。「咎由自取的民主黨」是詆毀用詞，而休斯一說就馬上產生效果。紀錄上就是這麼寫的，休斯毫不猶豫地強力攻擊。邏輯上，這就是激起公眾情緒最理想的方式。

接著休斯轉向墨西哥問題，開始做歷史回顧。大部分人的感受是墨西哥的情勢每況愈下，休斯必須考慮這點。另一個普遍感受是要避免戰爭，還有兩方強勢的意見，一邊認為威爾遜總統不承認韋爾塔政府（Adolfo de la Huerta）是對的，而另一邊則傾向韋爾塔而不是卡蘭薩（Venustiano Carranza）並對兩者進行干涉。韋爾塔是紀錄上的第一號頭痛人物。

「事實上，他的確是主宰墨西哥政府的人。」但認為韋爾塔是的殺人狂的道德派必須冷靜下來。

「他該不該被承認還懸而未定，必須審慎思考，不過也必須依據合理正確的原則。」

因此，休斯並未說韋爾塔早該被承認，而是應該用合理正確的原則來評判。每個人都相信合理正確的原則，而且都相信他有。為了進一步模糊焦點，他將威爾遜總統的政策描述為「干預」。法理上也許如此，但某種程度上不是現在字面上的含意。休斯藉著提到威爾遜總統的所為，以及干預派的野心，試圖調停雙方的紛爭。

休斯巧妙避開「韋爾塔」及「干預」這兩個爭議用詞，讓他的演說得以順利進行。他還講述了坦皮科（Tampico）、維拉克魯茲（Vera Cruz）、比利亞（Villa）、聖伊莎貝爾（Santa Ysabel）、哥倫布（Columbus）及卡里薩爾（Carrizal）的故事。休斯將每個故事都說得相當具體，因為報紙上得到的事實很讓人氣憤，不然就是因為真實的解釋太過複雜，比方說坦皮科的故事就很複雜。除了要避免激起反動情緒，他最後也要說明立場，這是台下的人所期待的。控告是羅斯福的行動，休斯會採取他的補救方案而進行干預嗎？

「美國對墨西哥沒有任何侵略政策。我們對墨西哥的領土沒有興趣，而是希望該國能和平、穩定及繁榮。我們應該準備好援助他們包紮止血並舒緩他們的飢餓問題及不安情緒，作為友邦，我們要實際且無私地提供他們好處。執政政府的作為已經到了難以應付的地步……我們務必採取新的政策，透過這個堅定一貫的政策，延續兩國情誼。」

友誼的主題是說給反干預派聽的，而「新政策」及「堅定」是迎合干預派。要兩邊都不得罪，就要仔細運用說話技巧，如此一來關於這個議題的一切就會顯得曖昧，呈現一種距離美感。

關於歐洲戰爭一事，休斯也運用了一個聰明的套路：

「我主張維持美國在陸上及海上的所有權利，毫不退縮。」

如果要了解這句話在說出口時的力量有多大，我們要銘記於心的是，在中立時期，每一派都相信自己所反對的歐洲國家正在侵犯我們的權利。休斯似乎是說給親協約國派聽的：我早就給德國警告了。然而，親德派會堅持認為是英國的海軍在侵犯我們的權利。這個套路透過「美國權力」這個象徵意義的用詞，巧妙照顧到兩個對立派系。

但還有盧西塔尼亞號（Lusitania）的問題。和一九一二年的分裂一樣，這個問題也是阻礙和諧的一道高牆。

「……我深信，沒有任何美國人在盧西塔尼亞號沉沒事件中罹難。」

因此，無法達成共識的事乾脆就抹滅掉，如果無法取得所有人的認同，那麼就假裝沒有發生過。針對未來美國與歐洲的關係，休斯選擇保持緘默。為了得到他們的支持，他說什麼都無法取悅互看不順眼的兩方。

不用說，休斯沒有發明這個應對技巧或是運用不好，但他明確讓我們知道由各方意見所構成的公眾意見如何讓人霧裡看花，其含意如何慢慢接近由各種顏色融合而成的中立色調。衝突事實擺在眼前卻要維持表面和諧時，那麼大眾就常會被蒙在鼓裡。公眾辯論在關鍵時刻出現曖昧的情況是雙方彼此矛盾的徵兆。

然而一個模糊不清的想法如何能整合感受極深的意見呢？無論想法有多強烈，這些我們沒有遺忘的想法並沒有持續且深刻觸及到所涉及的事實。在墨西哥及歐洲戰爭這樣無形的環境中，我們能掌握的不多，儘管感受很強烈。原本能喚起情緒的畫面及文字對不上情緒本身的力量。描述一個從未去過的地方所發生的事，除非是在夢裡出現過，不然絕對會與現實有很大的出入。然而，這樣還是能激起情緒，有時候甚至會超乎現實，因為不只有一個能觸發情緒的誘因。

原本能觸發情緒的誘因，可能會是一連串由文字或話語所喚起的心中畫面。這些畫面會逐漸消退，難以維持，輪廓及脈動飄移不定。漸漸地，過程中我們會了解自己感受到什麼，而不確定自己為何有這樣的感受。即將消退的畫面會被其他畫面擠掉，然後是名稱或象徵意義。然而，情緒會持續下去，會繼續被新替換的圖像及名稱激起。就連在最嚴峻的思考中，這些替換機制也會發生，因為我們很快會發現，要在腦中鉅細靡遺地比較兩個複雜的情況相當累人。我們會快速將名稱、標誌及樣本記起來，如果要有進展就必須這樣做，因為我們無法每進一個階段就一次承載這麼多的訊息，但如果我們忘了自己已經替換且簡化訊息了，就會只流於文字表面，開始用名稱來指涉事物，然後就幾乎察覺不到事情和名稱已經脫節，什麼時候與其他事產生錯誤的連結也已不可知。要提防偶發政治事件所產生狸貓換太子的情況會更加不容易。

情緒不會只與一個想法產生連結，即心理學家所稱的制約反應。世上能夠激起情緒反應的事物無窮無盡，也有數不清能滿足情緒反應的事物。這只有在些微及間接感受到刺激時特別正確，有間接目的時同樣如此，因為當我們感到恐懼時，我們能將此情緒和有立即危險的事物聯想在一起，接著做概念連結，然後與類似概念做連結，一路下去。人類文化的整體結構某方面是一種精緻的刺激與反應結合體，當中原始的情緒感受力始終是核心中樞。毫無疑問，情緒的品質已經隨著歷史不斷變化，而速度或精緻度能表明情感制約特色，但不會影響情緒品質。

人們受想法影響的程度差異很大。想像在俄國有吃不飽的孩子，有些人心中的畫面幾乎和眼前所見同樣挨餓的孩子一樣栩栩如生。有些人無法對這種太遙遠的想法產生情緒反應。兩者之間還能再劃分許多不同的程度。還有些人對事實毫無敏感度，只對想法意見有反應。然而，儘管情緒會受到想法影響，我們仍無法藉由對畫面所產生的反應來滿足情緒。想像在俄國吃不飽的孩子會激起我們想要餵食他們的慾望，但有這樣的想法也無法真的執行。我們只能捐錢給私人機構，或是給類似胡佛這個形象化身的組織。我們的錢無法交到孩子的身上，而是交給負責照顧孩子的機構統一處理，因此正如想法是間接的，行為的效果、認知及意動也是間接的，只有情緒是直接的。在這三段過程中，觸發情緒的誘因來自看不到的世界，反應到達那個世界，只有情緒完全存在人的身上。孩子飢餓只是想法，幫助他充飢也只是想法，但有想要幫助他的慾望就是切身體驗。產生情感就是整個過程的事實核心，而且情感是真切直接的。

因為限制多變，就誘因與反應而言，情緒都是能轉移的。因此，在許多意見不同的人之中，如果我們發現能讓所有人產生相同情緒的誘因，那麼就能將原本的誘因替換成這個情緒。例如，假如有人討厭加入國際聯盟，有人痛恨威爾遜總統，還有人懼怕勞工階級，我們也許可以整合他們的情緒，如果能找到某個象徵意義來代表他們三方憎惡的對象。比方說這個象徵意義是美國主義。第一個人也許會解讀成維護美國孤立的狀態，或是稱之為獨立狀態；第二個人會解讀成排斥一位想法與美國總統義務相牴觸的政治人物；第三個人則解讀成一種抵抗革命的號召行動。這個象徵意義本身沒有特別指涉任何事物，但可以做任何事物的聯想，因而能成為共同情緒的共同連結，儘管這些情緒原本與不同的想法串聯在一起。

當政黨或報紙針對美國主義、進步主義、法治、正義及人性表明支持立場，假如邀請各派系加入討論一項排除上述象徵意義的特定計畫，他們希望集結他們個別的情緒，因為與象徵意義有關的陣營受到影響時，情緒流動會受到象徵意義牽動，不會在批判審查方針時有所表露。我認為，集結具有象徵意義的各種說法不但方便，從技術層面來說也是對的。這些說法不迎合特定想法，而是在各想法之間作為一種調節劑。他們就像一個戰略的鐵路中心，與多條道路相接，不論這些路的起點與終點為何。然而，象徵意義能暫時壓抑公眾情緒，能掌握這點的人能藉由這個方式來控制公眾政策的走向。只要一個特定的象徵意義有集結力，有野心的各派系會為了獲取利益而鬥。比方想想看林肯或是羅斯福這兩個名字。一位領導人或是一個利益如果能掌握目前涉及的象徵意義，就能掌握現在的局勢。當然這存在著某些限制。濫用象徵意義代表群體所認為的事實，或是考慮到象徵意義就極度排斥新目的，這會後會戳破象徵意義的美好泡泡。一九一七年，神聖俄羅斯帝國以及繪本《小父親》（*The Little Father*）這兩個氣宇軒昂的象徵意義，最終在苦難及挫敗的影響之下徹底瓦解。

俄國垮台的慘烈後果所有戰爭前線及涉及的國家都能感受到，還直接導致一項驚人實驗，測試因戰爭引起的各方歧見是否能融合為一。十四點和平原則已公諸於世，目的是要讓各國政府、軍隊、中立者及人民之間的種種歧見在戰後重新交織在一起。這的確是新的起點，因為這是第一次的大型戰役，所有人類的決定性因素能夠匯集在一起，以達成想法上的共識，或至少同時能有一致的字面含意。沒有電纜、廣播、電報及每日新聞，這項十四點和平原則實驗就不可能進行。其目的是利用現代通訊設備重新啟動全世界的「公眾意識」。

但我們必須先調查一些一九一七年底發生的事件，因為文件最後呈現的形式中，所有的相關線索及考量也可能涵蓋在內。夏季及秋季期間發生了一連串的事件，嚴重影響人們的情緒及戰爭的走向。七月時，俄軍發動最後一記反攻，結果兵敗如山倒，而士氣淪喪的過程中發生了十月的布爾什維克革命。在此之前，法國在香檳一役慘敗，士兵之中發生叛變事件，人民也因戰敗而開始鼓譟起來。英國同樣遭受潛艦襲擊的影響，在法蘭德斯戰役中也損傷慘重。英軍十一月在康布雷遭遇的挫敗讓前線的軍隊及國內的首領們瞠目結舌。極度的戰爭疲憊感瀰漫整個西歐。

事實上，痛苦及失望已讓心智薄弱的人無法冷靜思考任何關於戰爭的事。他們對普通的官方宣告再也提不起興趣，他們的精神集中在自己的苦難上，關心同溫層的事以及表達自己對政府的憎惡。這種由官方宣傳營造的完美架構，即希望、恐懼及士氣般的憎恨情緒所誘發的興趣及注意，正一步一步崩解。每個人的心中開始搜尋能撫慰內心的畫面。

他們赫然看見一齣好戲。東部戰爭前線上因為聖誕節而停戰，一切殺戮及槍砲聲停了下來，氣氛一片祥和。在布雷斯特，所有人民的盼望實現了：終於有了談判的機會，能夠結束這場磨難，不必再繼續消耗軍力。人民雖然忐忑不安但也開始認真關心東部戰線的事。他們問為什麼不打了？究竟是為了什麼？政治人物們知道自己在做什麼嗎？我們真的在為他們所說的目的而戰嗎？有沒有可能不打仗就可以達成這樣的目的？審查制度解禁後，報紙上還是很難看到這樣的訊息，但蘭斯當侯爵發言時，得到的回應是發自內心的真摯。戰爭前期的象徵意義已經老掉牙，已經失去團結人民的力量。每個協約國心中已開始種下分裂的種子。

類似的情形也發生在中歐。在那裡，原本的抗戰動力也弱化了，所謂神聖的聯盟也破功了。戰爭衝鋒陷陣的垂直分界遭到橫向切割，受到各方不一而足的歧見影響而分裂。戰爭的道德危機在軍事決策成形前就已產生。這些威爾遜總統及其幕僚都知道。當然他們對情勢沒有全盤的理解，但對我概述的這些情形是瞭如指掌的。

他們也知道協約各國政府被一連串的協定牽制住，這些協定無論是書面還是精神上，都與大眾對戰爭的看法相悖。巴黎經濟會議的決議當然是公共財產，而一九一七年十一月，布爾什維克早就公佈了祕密條約的關係圖。[3]他們的條款只有少數國家知道，但大家相信這些條款與自決、不併吞、不賠款的理想口號不相符。大眾會開始質疑，阿爾薩斯-洛林及達爾馬提亞值得犧牲那麼多的英國士兵嗎？波蘭或美索不達米亞需要犧牲多少法國士兵？美國也沒有對這些質疑完全知曉。整個協約國處於防備狀

3　威爾遜總統與參議員開會時聲稱，抵達巴黎前他從未聽說過這些條款。這番話令人費解。正如本文所示，十四點和平原則的制定不可能在不了解祕密條約的情況下進行。在威爾遜總統與豪斯上校（Edward Mandell House）準備最終公佈的十四點和平原則時，這些條款的實質內容早已擺在他面前。

態，拒絕參與布列斯特的談判。

有一種高度敏感的心態是每位稱職的領袖都一定會考慮到的。理想的回應就是協約國要一起行動，而這在十月的國際聯盟會議後證實是不可能的。然而，不到十二月，強烈緊張的政治氛圍迫使喬治首相及威爾遜總統各自做出回應。威爾遜總統選擇的形式是發佈十四點和平原則。為此十四點編號是極具精準的手段，立刻給人一種在簽商業契約的印象。陳述「和平條款」而非「戰爭目標」的想法是因為情勢上有必要找出替代布列斯特談判的方案。這些條款的目的是要爭取更多人民的關注，以國際公眾辯論的畫面取代俄德會談的畫面。

引起全世界的注意後不但需要整合各方關注，還必須要使這些關注順應各種可能的情況。和平條款必須要足夠有力才能讓協約國的大多數人認為值得訂定，必須要符合世界各國的政治抱負，但同時也要對其有所限制，以免有國家被當成政治上的一枚棋子。和平條款必須滿足官方利益，以防分裂情事，但也必須符合大眾認知，以避免士氣不斷遭到打擊。簡言之，和平條款必須維護並確定協約國能夠團結，以免戰爭還會繼續下去。

然而，和平條款也必須是可能實現的，如此才能以白紙黑字來阻撓德國，以防萬一他們的核心及左派份子等待時機成熟又開始煽動群眾。因此，和平條款必須要讓協約各國更加得到人民愛戴，讓德國人民看清執政者的真面目而背棄他們，讓協約國、非官方立場的德國人以及遭奧匈帝國控制的民族能互相了解彼此，彼此共情。十四點和平原則是一次大膽的嘗試，試圖提高每個人都能達到的標準。假如有足夠的敵軍人馬接受和平條款，那麼停戰之路不遠了；如果沒有，那協約國最好整裝待命，做好迎戰的準備。

所有的考量都已納入十四點和平原則的制定。沒有人事先就知道所有條款該怎麼訂，但所有關係人的心中已經有了雛型。在這個背景下，我們能檢視該協定的某些層面是否符合原則。前五點及的十四點涉及「開放外交」、「海洋自由」、「自由貿易機會」、「裁減軍備」、禁止帝國殖民與併吞以及國際聯盟，可以描述成一種公眾概括性陳述，在當時的背景下，每個人都會相信這樣的說法。然而，第三點更加具體，有意直接針對巴黎經濟會議的決議，消除德國人面對經濟停擺的恐懼。

第六點是第一個探討特定國家的條款，目的是回應俄國對協約國的懷疑，其洶洶不絕的承諾是為了掌握布列斯特的戲劇性局勢。第七點涉及比利時問題，形式及目的上幾乎與全世界的信念相當一致全面，其中包含中歐大部分國家。再來我們必須稍微花一點時間看一下第八點，極力要求德國撤出法國並歸還領土，接著提到阿爾薩斯-洛林的問題。針對這個目標的用詞完美說明公眾聲明的特性，僅用幾句話來表達錯綜複雜的各方利益。「針對阿爾薩斯-洛林，普魯士一八七一年對法國所做的錯誤行動應該導正，此舉已擾亂世界安寧近五十年……」每一個字的使用都相當謹慎。錯誤行動應該導正；為何不說阿爾薩斯-洛林應該歸還？這句話沒有這樣表達，因為不確定當時的法國人會不會因為回歸而展開無限期抗爭，如果他們能參與公投。此外，原因還有英國及義大利是否會繼續開戰，這點更加不確定。因此，這個套路必須玩兩面手法。「導正」這個詞確保法國會滿意，卻不會解讀成一種草率的收復承諾。然而，為何要提到普魯士一八七一年的錯誤行動呢？普魯士這個名詞當然是要喚起德國南方人，阿爾薩斯-洛林不屬於他們而是普魯士。為何要提到擾亂和平「五十年」，以及為何要用「一八七一年」呢？首先，法國及世界其他國家永遠忘不了一八七一，這就是他們心生不滿的癥結點。然而，十四點和平原則的制定者們知道法國官方的盤算不只是一八七一年的阿爾薩斯-洛林而已。一九一六年沙皇弄臣與法國官員之間互通的祕密備忘錄中，提到法國計畫併吞薩爾河谷及部分萊茵蘭地區，由「阿爾薩斯-洛林」治理，因為這塊地方一八一四年屬於阿爾薩斯-洛林的一部分，儘管隔年又被割讓，而且普法戰爭結束後這裡已經不是法國的領土了。法國官方的套路是，併吞薩爾的目的是將其歸於「阿爾薩斯-洛林」，而這裡的阿爾薩斯-洛林指的是一八一四年及一五年的阿爾薩斯-洛林。堅持使用「一八七一」的威爾遜總統有意要劃清德國及法國的界線，故意隱射祕密協定一事，並置身事外。

第九點也還算微妙，只不過針對義大利的手法與第八點如出一轍。「清楚可辨識的國界」完全與倫敦條約上所說的有出入。那些界線部分是為了戰略、經濟、帝國主義及種族原因而劃分的。唯一協約國認為情有可原的部分是取回尚未收復的義大利領土。根據知情人士，其他剩下的部分只是要拖延迫在眉梢的南斯拉夫起義而已。

如果認為協約各國一致認同十四點和平原則就代表達成共識，那就大錯特錯了。每個人似乎都會因偏好而特別強調某部分細節。然而，沒有人會冒險展開進一步的討論。和平原則中雖充斥著文明世界潛在衝突的用詞，但卻接受度不低。這些用詞代表著對立的想法，但能激起共同情緒，某種意義上能號召西方國家共體時艱，度過令人煎熬的最後十個月。

只要十四點和平原則在苦難要結束時談論到模糊美好的未來，那麼各方解讀的真實衝突就不會顯現出來。和平原則的目的是要讓大眾面對全然無形的環境能夠確立美好的畫面。因為這些目的能鼓舞每個群體，使其懷抱各自的希望，如此一來所有的希望最後會集結成公眾希望。如休斯的演說所示，和諧是一種由象徵意義組成的階級制。當我們的位階越高而能攏絡更多派系時，能暫時保有情緒連結，儘管無法掌控能看清現實的知識份子。然而，情緒的強度會逐漸弱化。當我們遠離個人經驗時，想法就能夠兼容並蓄，了解當中微妙之處。當我們想像氣球一樣越飄越高，就必須捨棄越來越多實質的東西，等到達思想頂點時，例如人類權利或是追求民主，就會發現視野很廣，但看得見的有限。然而，情緒受到牽動的人們不會一直趨於被動。假如公眾興趣開始呈現不同樣態並能影響所有人時，或是情緒在傳遞訊息定義時受到感染，那麼人們各自的定義就會開始蒙上一層公眾的面紗。我們最渴望得到的就是人類權利。用詞就算很空洞，意思很薄弱，但很快就能得到極盡完整的定義。威爾遜總統用詞在世界各地存在著各種不同的解讀版本。沒有任何經過協商且公開的文件能解開大眾的疑惑。[4]因此，每個人在定案的那一天都會引頸期盼看到原則內容。參與制定條約的歐洲國代表做出相當大的抉擇，決定迎合國內最有權勢的那群人，滿足他們心中的期望。

他們的思想從人類權利的高度降至關注法國、英國及義大利的權利，並繼續使用象徵意義。他們唯一捨棄的是戰後無法在選民心中留下永久印記的象徵意義，藉由運用象徵來維繫法國的統一，但不會為了歐洲的統一而冒任何風險。法國這個象徵意義已經深植人心，但歐洲的象徵意義存在的時間不長，是近期才產生的概念。然而，歐洲集合稱與法國獨立象徵之間沒有鮮明差異。國家與帝國的歷史中會表明思想統一的興衰期。沒有人能說人們對國家的忠誠度都是始終如一，現實會打臉這樣的主張。世界國的鼓吹者以類比方式主張，羅馬帝國及神聖羅馬帝國壯大的程度遠比十九世紀的民族統一還大。然而，不論帝國暫時的興衰，真實的民族融合度已經升高。

4　美國在停戰前不久，向協約國政要闡述了對十四點和平原則的詮釋。

如此真實的融合毫無疑問在美國歷史上發生過。一七八九年前的十年間，大部分的人們似乎認為所屬州及社區是真實的，但是各州聯邦是假的。對他們而言，對所屬州的概念、州旗、最知名的領袖，或是任何代表麻州或維吉尼亞州等等，都是真實的象徵意義。換句話說，他們的思想來自童年、職業、居住地等等的實際經驗。人們對所屬州的經驗跨度幾乎不會超過虛構的範圍。「維吉尼亞州人」這個詞所包含的概念，與大部分該州居民的認知及感受息息相關。這個政治概念對維吉尼亞州人而言是最廣泛的，與個人的經驗有直接真實的關聯。

我們談的是他們的經驗，而不是需求，因為需求來自他們的真實環境，其過去至少相當於十三個殖民地的大小。這些地方需要共同防衛，需要一個財政及經濟的政權，而且有聯邦的規模。然而，只要州的擬態環境涵蓋了這些需求，那麼州的象徵意義會失去其獨立的政治利益。如聯邦這樣州際的概念不僅癱軟無力，而且虛無飄渺。這是一種集合稱，而不是獨立的象徵意義，而集合稱在分歧派系中所營造的和諧氣氛是稍縱即逝的。

如我所說，聯邦的概念不僅癱軟無力，而且虛無飄渺。然而，統一的需求只存在憲法採用前的十年間。這樣的需求的確存在，畢竟事態總會走錯方向，只要考量統一的需求，就有導正的機會。漸漸地，各殖民地的某些階級開始突破州的經驗藩籬，他們的個人利益跨越了州界，開始累積州際經驗，然後他們心中的美國畫面會以國家為視角重新建構。對他們而言，聯邦的概念已經成為真實的象徵意義，早已不是一個集合稱。這些人當中最具想像力的是亞歷山大·漢彌爾頓。他碰巧沒有對任何一州有依戀情感，因為他是在西印度群島出生的，而且從很小的時候開始就認為美國各州享有共同利益。因此，對當時大部分的人而言，首都要立在維吉尼亞州還是費城的問題是至關重要，因為他們當時的思維是各州獨立的。對漢彌爾頓而言，以情感層面來看，這個問題根本沒有結果。州債問題才是他想著手的切入點，因為各州必須進一步以國家概念思考，才能達到共識，解決問題。因此，他很高興能以選擇國會位址為籌碼，獲得來自波托馬克地區代表的兩張必要選票。對漢彌爾頓而言，建立聯邦是代表他個人所有利益與整體經驗的象徵意義。對波托馬克地區的懷特或李來說，他們的象徵意義是，馬里蘭州是他們服務的最高政治實體，他們對該州展現忠誠，儘管必須付出應有的代價。傑佛遜（Thomas Jefferson）表示，他們最後逼不得已答應改票。「懷特滿腹怨言，幾乎要胃痙攣了。」[5]

想要實現公眾意志，總要有像亞歷山大・漢彌爾頓這般的人物坐鎮操辦才行。

5　*Works*, Vol. IX, p. 87. Cited by Beard, *Economic Origins of Jeffersonian Democracy*, p. 172.

第14章

是與否

象徵意義非常有用，有著奇妙的憾動力，以致字詞本身散發出一股神奇的魅力。我們思考象徵意義時，自然而然會認為其具有獨特的魔力一般。然而，曾經能喚起人們激情的象徵意義，如今有很多已失去了效力。博物館及民間故事書籍充斥著消逝的圖騰及咒語，因為已經沒了魔力，除了那些還能透過聯想失而復得的象徵之外。這些失去效力的象徵意義，以及不斷暗示卻又無法起作用的象徵意義提醒著我們，假如我們能耐心仔細地研究象徵意義的傳遞方法，就應該能看見完整版的世俗歷史。

休斯的競選演說、十四點和平原則或是漢彌爾頓的計畫，都有運用到象徵意義。然而，這些象徵意義都是某個人在特定時機才使用的。字詞本身不會形塑出偶然的情感，一定要透過口述，策略性地放在適當的位置以及時機才能發揮效果，否則就只是來去一陣風而已。這些象徵意義一定要附上標記，因為本身不具有任何意義，而且選擇能用的象徵意義非常重要，我們常常像站在兩捆稻草堆中間的驢子一樣優柔寡斷，從各種選項中思考哪一個最吸引人。

以下有一些實際例子，關於一九二〇年總統大選前幾位民眾投票支持某位候選人的原因，而這些理由刊登在報紙上。

哈定支持者：

「今日的愛國者，不分男女，投下支持哈定及柯立芝的選票，這些人的子孫認為他們彷彿簽署了第二次獨立宣言。」

——發明家威爾莫特先生

「他會確保美國不會陷入『惹禍上身的國際聯盟』之中。藉由政黨輪替，由共和黨接手民主黨拿下治權，這對政府所在地華盛頓有益。」

——銷售員克拉倫斯先生

考克斯支持者：

「美國人民理解，面對法國的處境，我們有義務加入國際聯盟。我們務必扛下重擔，維護全世界的和平。」

——速記員瑪麗小姐

「假如美國拒絕加入國際聯盟，恢復國際和平，那麼將失

去我們以及他國的尊重。」

——統計學家史賓賽先生

這兩組的用語同樣高雅，同樣正確，而且都是可換位思考的。難道克拉倫斯及威爾莫特一瞬間已經承認他們希望美國不履行參戰法國的義務，還是他們不想要國際和平嗎？難道瑪麗和史賓賽已經承認加入國際聯盟會讓美國惹來麻煩，還是美國其實沒有獨立？他們也許會與我們爭辯說，威爾遜總統稱國際聯盟是解決紛爭的聯盟，是造福全世界的獨立宣言以及門羅主義。

因為象徵意義的來源四面八方，而且其中含意也能有各種解讀方式，而特定的象徵意義是如何深植於特定人士心中的？特定象徵意義的種子是由一名我們認定的權威人士埋下的。如果埋得夠深，也許之後我們可以說是這個人左右了我們的思考。然而，象徵意義不但變得平易近人，而且也相當重要，因為傳遞該意義的人也具有相同特質。

因為我們不是到了十八歲才破殼而出，才開始有真實的想像力。根據蕭伯納的記憶，我們還處在柏格（Burge）及盧賓（Lubin）的時代，在嬰兒時期需仰賴年紀更大的人來接觸這個世界。因此，我們是透過有特定感情及權威的人與外面世界做連結的。他們最先帶我們通往無形的世界，猶如一座橋樑。儘管我們經歷了各個階段，逐漸能自己掌握這個外面世界環境，但還是有更廣大的世界是我們不知道的。我們仍然需要透過權威者來接觸那個世界，一切的事實我們一無所知，是與非看起來、聽起來以及感覺上都沒什麼差別。

除了我們熟悉的領域，我們無從分辨說法的真偽。因此我們只能以可靠或不可靠作為信任的依據。[1]

理論上，我們應該要相信每一個領域最專業的，但就算比選擇事實容易多了，選擇專業還是很困難，常是行不通的。專家完全不能確定在他們之中誰是權威，而且即使我們知道誰是專家，他很可能因事務繁忙而無法給予回應，我們也可能連接觸他的機

1　See an interesting, rather quaint old book: George Cornewall Lewis, *An Essay on the Influence of Authority in Matters of Opinion*.

會都沒有，但還是有一些我們能容易認同的人，因為他們也是權威者。父母、老師及非等閒之輩的朋友都是我們直接能接觸到的人。我們不需要了解為何小孩只信任其中一位雙親，為何信任歷史老師而不是主日學校的老師，也不需要了解一般大眾的想法是如何受到報紙或是對公眾事件有興趣的熟人影響。心理分析的文獻中有相當多針對該主題的暗示性假說。

無論如何，我們的確會信任某些人，他們有助於構築我們連接未知世界的途徑。說來奇怪，有時候這個事實本質上不那麼體面，因為我們可能會人云亦云，東施效顰。不過在宇宙間要保持完全獨立性是超乎想像的。如果我們無法將所有事情都視為理所當然，那麼我們的生活會被這些瑣碎的事物佔據。最接近思想獨立的人是隱士，而一位隱士的行動範圍很窄。因為他們獨善其身，所以只需要鎖在自己的狹小空間裡，不追求遠大的目標。如果他有時間能靜下來思考哲理，我們能確定的是，在退隱之前，他毫無疑問已經接受了世俗的考驗，了解該如何做才不會挨餓受凍，了解何謂哲理。

在我們短暫人生中會遭遇許多情況，而我們做的事當中最具獨立性的就是相信權威人士所說的話，增加他們的威信。作為天生的業餘人士，藉由挑起專家們的討論，迫使他們回應並解釋任何似是而非的異端邪說，如此我們想知道的事就會真相大白。在這樣的辯論中，我們常能判斷誰說的話才有道理，但我們對於沒有人能挑戰的錯誤前提毫無招架之力，針對沒有人提到的論點層面也是無從判斷。之後我們會了解民主理論如何在不民主的假設情況下還能持續發展，政府迎合無數能自立的群體，滿足他們的需求，但真正的目的是為了政治利益。

能協助我們接觸外面世界的人似乎就是運用這樣的手段。[2]他們也只能掌控世界的一小部分。保姆餵養孩子，為他沐浴，並哄他入睡，而這並不會讓她成為物理學、動物學以及高等批判學的權威。史密斯自己經營或是託人管理工廠，但這並不會讓他成為美國憲法或是福德尼（Fordney）關稅法案的權威。斯穆特（Smoot）是猶他州共和黨黨部的主委，而這本身不能證明他是請教稅務的第一人選。然而，保姆也許暫時能決定孩子該學什麼動物學知識。關於憲法對他的妻子、祕書或者牧師有什麼意義，這點史密斯也會有很多話要說。除此之外，誰應該界定斯穆特參議

2　*Cf.* Bryce, *Modern Democracies* Vol. II, pp. 544-545.

員的權威性？

牧師、莊園主人、將領及國王、政黨領袖、商人、老闆等，不論這些人的權威是怎麼來的，是與生俱來，還是繼承而來，或是奪取或經由選舉而來，他們以及他們組織性的追隨者能掌管人類事務。他們擔任管理指揮官，儘管同一個人在家裡是陸軍元帥，在辦公室是陸軍少尉，在政治場域是幫人刷鞋的；儘管很多機構的階級制很模糊或是相當機密，但每個需要所有人合作的機構中一定存在著某種階級制。[3]在美國政治中，我們稱之為領導機器或是「領導核心」。

領導核心成員及基層人員之間有相當多的差別。領袖、指導委員會以及內部核心直接接觸真實環境。他們對於該如何定義環境的觀念有限，但所應對幾乎不是抽象的畫面。他們希望特定的人能夠選上，特定的虧損能夠改善，而且具體的目標一定要實現。我的意思並非他們不會受人性上的刻板印象影響。他們的刻板印象常讓他們變成荒唐的墨守成規者。然而，不論他們的極限

---

3 *Cf.* M. Ostrogorski, *Democracy and the Organization of Political Parties*, passim; R. Michels, Political Parties, passim; and Bryce, *Modern Democracies*, particularly Chap. LXXV; also Ross, *Principles of Sociology*, Chaps. XXII-XXIV.

為何，主導人能真實接觸到更大環境中的某部分。他們做決策、發號施令以及討價還價，而超乎他們想像的是，某些事情經過他們之手的確會發生。

他們的下屬未必與他們有共同的信念。換句話說，領導機器中的次要人物具獨立思考，不見得都會根據領導的智慧行事。在階級制中，每個人依靠上位者，同時又可以高人一等，有自己的依附者。維繫著領導機器的是特權體制。這些特權會根據機會及尋求者的喜好而變，從任人唯親以及各方面的贊助到拉幫結派、英雄崇拜，或是一個固步自封的觀念等等。特權也會因為軍階而異，從封建制度的土地權及服務，一路到現代民主體制中的工作及宣傳等等。這就是為什麼我們可以藉由放棄特權而打破特定的領導機器，但我相信每個群體的領導機器一定會再出現，因為特權全然是相對的，統一是不可能的。想像絕對的共產主義環境，每個人有的大家都有，如果共產團體必須要採取某個行動，擁有最多人氣的候選人會發表演說，我相信與這號人物建立友誼的樂趣就是能創造一個新的領導核心，成為他的幕僚。

其實不需要創造一個智囊團來解釋為何群體的判斷常更加明確，比街上隨便一個人的話還可預料。一個人或是一些人的心中能探尋一連串的想法，但努力要達成共識的群體往往不是同意還是反對那麼簡單。一個階級制的成員可能會受到固有的集體傳統束縛。身為學徒，他們從師父身上學到技術，而師父也是從學徒開始一路爬上來的。在一個持續發展的社會中，政府階級制下的人事變動很緩慢，足以讓既定的刻板印象及行為模式趁虛而入。從父親到兒子，從高級教士到見習修士，從老兵到軍校學生，他們之間的看待事情及做事的某些方式都是學來的，這些方式最後會變成常規，就連為數眾多的局外人也能認清是這麼一回事。

多數人會在沒有少數人掌控的領導核心之下，一同合作處理任何複雜的事務，而這個觀點僅因為此距離美感變得有吸引力。布賴斯（James Bryce）說[4]：「任何在立法機關或執政單位累積數年待人處事經驗的人，沒有人不知道世界其實是由極少數人所掌控的。」當然他指的是國事。確定的是，如果我們考慮到所有人類的事物，那麼掌控的人在數量上是可觀的，但如果我們以任何特定機構或團體為例，不論是立法機關、政黨、貿易公會，還是民族運動、工廠或俱樂部，其實有掌控權的人在比例上非常少。

4　*Modern Democracies*, Vol. II, p. 542.

選舉的壓倒性勝利意味著將淘汰原本的領導核心，再由另一組取代。革命有時候也會推翻特定的領導核心。民主革命後，美國建立了兩組可相互替代的領導核心。在幾年的時間內，每一個領導核心能因為對手的錯誤而再次取得優勢，但領導核心都不會因此而消失。理想化的民主體制是不可能實現的，連貿易公會、社會黨及共產黨政府也達不到如此目標。當中會有一個內部權力核心，圍繞著無數同心圓，權力隨著圓的擴大而逐漸削弱，而外層的圓能比喻成事不關己或毫無興趣的基層人員。

民主主義者從不可能接受如此陳腐的群體生活，總是希望這樣的生活能迸出意想不到的火花，因為民主有兩種概念：一種是推測群體是自立的，而另一種則是超凡個體掌控一切。這兩種概念中，超凡個體更具優勢，因為至少能確定大眾做的決定並非自然而然來自每個人的心中。然而，假如我們將注意力集中在領導核心上，超凡個體作為集體行為的主宰，還是讓人摸不著頭緒。領導核心如同一顆平淡無奇的核桃，代表現實的縮影，當中有日常生活中能看見的人們，有名有姓，有各自的故事，本該是超凡個體要履行的職責，最後其實是由他們來完成。

領導核心存在的理由並非人性違反常理，是由於沒有任何普遍概念出自於群體中的獨立觀念。多數人僅能在自己的勢力範圍行動，難以跳脫框架。有些人能以其他方式偷渡，可以透過罷工或抵制，也能透過鼓掌叫好或發出噓聲鄙視。透過這些方式，他們偶爾能抗拒不喜歡的事，或是威嚇阻擋他們慾望的人。然而，集體行動等於是失去了成為建構、設計、協商或是治理一方的可能性。一般大眾之中沒有建立組織階級制，所以可能會因為商品價格太高而拒絕購買，或是因為工資太低而拒絕工作。貿易公會能透過集體罷工作為對抗手段，如此一來公會高層便有籌碼與資方進行談判，有可能贏得共同制權，不過這個權力僅能在領導核心內行使。一個國家能宣戰，但出征時，國家權力卻掌握在將領手上。

不論實際目的為何，直接行動的侷限性是將說「是與否」的權力給予人民。[5]因為只有在極單純的情況下，議題本身才會直接展現在大眾面前，讓他們自然而然或同時產生心中的想法。例如

5 *Cf.* James, *Some Problems of Philosophy*, p. 227.
「但對大多緊急情況來說，採用集體分散的解決辦法是不可能的。我們很少能以集體分散方式採取行動。」
Cf. Lowell, *Public Opinion and Popular Government*, pp. 91, 92.

非組織性的罷工及抵制，不光只有工業相關的。在這些活動中怨聲載道，瀰漫著不滿的情緒，就算沒有領導階級，還是能引起許多人的共鳴。然而，即使在最基本的情況之下，有的人心中會開始盤算自身利益，有的人會成為臨時的領袖。這些領袖沒有出現的時候，群眾會不知所措並受到各方意見的干擾，或是站在一旁聽天由命，彷彿五十個人看著一個人自殺。

我們透過他人給予的印象去想像外面世界的模樣，而這個心中的畫面本身是一齣夢幻的默劇。我們很少對自己不了解的事情做任何決定，而且很少會有人去想自己付出的努力會得到什麼結果。很少有一件事是因為重大決策而達成的，要不是大部分我們接收的訊息會暗示我們該如何反應，不然這個道理會有說服力。我們所需要的暗示，假如在新聞中察覺不到，我們會去看社論或是徵詢可靠人士的意見。如果我們深陷於虛無縹緲之中，我們的不安感會直到確定自己的立場之後才會消失，也就是直到梳理一切事實並能夠思考「是與否」後，我們才會感到心安。

很多人一起說「是」是基於各種理由才決定這樣說的，一般都是如此，而且正如我們所了解的，因為他們心中各自的畫面呈現出各種細微差異。然而，這種微妙之處一直都存在心中，當人們表明意圖後，夾帶個人情緒的象徵意義會顯現出來，他們就會發覺箇中差異為何。就階級制而言，假如這是一場階級鬥爭，那麼雙方各自的象徵意義與明確的行為表現會相互連結，要投「是」還是「否」，態度是「支持」還是「反對」。那麼，反對國際聯盟的史密斯、反對X條款的瓊斯以及反對威爾遜總統所作所為的布朗，這些人或多或少都是以相同的象徵意義之名反對民主黨，將票投給共和黨，也因此表達了公眾意志。

一個具體的抉擇必須公諸於世，必須透過象徵意義來轉移興趣，以此與個人意見做連結。專業的政治人物比民主哲學家還早學到這點。因此，他們組織了黨派、提名大會以及指導委員會，作為規劃明確抉擇的手段。需要多數人合作以達成目標的人會仿效他們的做法。有時候手段會極為霸道，例如和平會議最後淪為十人議會，而十人議會結果由三巨頭或四巨頭掌控；或是簽署了一份霸王條約，讓弱勢一方無能為力，例如力量薄弱的盟國、自己的選民以及戰敗敵方。大眾所樂見的是，他們能夠得到更多決定的機會，但殘酷的現實是，很少有領袖會讓多數人有抉擇的機會。

社會上已經有許多方案是用來解決濫用指導委員會的問題，

例如倡議、公投以及直接初選制度等等，但讓選舉過程變得更複雜，或是如威爾斯（Herbert George Wells）說的那般貼切，讓選擇的過程複雜化，其實只能拖延或模糊是否需要領導核心的焦點。不論是一項規定還是一個候選人，投票制度一定會製造話題，了解選民究竟表達「是」或「否」。事實上，根本不存在「直接立法」這個制度，因為如果存在，究竟會有什麼後果？每位公民前往投票所，領取選票，上面印了很多簡化的規定，如果他們真的想表達什麼，那就只能是「是」或「否」。世界上最出色的修法可能就是透過公民完成的，他們針對議案表達「是」或「否」，僅此而已。公民要立法就必須要反對這種簡化的語言。當然我的主張不是這個過程沒有好處，而是我認為某些特定的議題會有明顯的好處，但考慮到在這個複雜的世界上要做決策，重要的是公眾的決策必須簡單化。我認為最複雜的投票形式是排序投票制（preferential ballot）。在許多提名的候選人中，選民要根據喜好將所有人排序，而不是直接選擇唯一支持的人。然而，即便這個制度的彈性相當大，但大眾的行動取決於選項的好壞。[6]這些

6　*Cf.* H. J. Laski, *Foundations of Sovereignty*, p. 224.「⋯⋯比例代議制⋯⋯似乎導致形成

選項是由好幾群熱情的政黨勢力派系經過懇請拜託，集結各方代表意見後才確定的。經由少數人提名人選之後才由多數人做選擇。

群體制度……可能剝奪選民選擇領袖的權利。」正如拉斯基（Harold Joseph Laski）所言，群體制度無疑使行政機構的選拔變得更為間接，但也無可否認，其傾向於產生一個能更充分代表各方意見流派的立法機構。這究竟是好是壞，事先無法斷定。不過可以說，在一個能更準確代表民意的議會中，要有成功的合作及負責的運作，那麼政治智慧及政治習慣的組織能力必須更高，與僵化的兩黨體制相比，這是一種更複雜的政治形式，因此其運作效能不見得更好。

第15章

領袖與基層

因為他們超凡的實際重要性，成功的領袖絕不會因為太忙碌而疏於去形塑那些得以集結自己追隨者的象徵意義。就如特權在階級體制中運作，象徵意義在基層運作。象徵意義能維持想法的統一。從圖騰柱到國旗，從木製神像到上帝，從魔法咒語到亞當・斯密（Adam Smith）及邊沁（Bentham）內容經淡化的理論，領袖一直都將象徵意義視為珍寶，當中很多人自己都不相信，因為這些意義是由各方分歧的觀點集結而成。不涉身其中的旁觀者也許對玩兩面手法的「五星旗」儀式感嗤之以鼻，如同法國國王亨利四世心中的盤算，能夠在巴黎登基為王，改信天主教做幾次彌撒又算什麼。然而，根據經驗，領袖知道唯有象徵意義起了作用，他才能取得掌控群眾的權杖。在象徵意義的定義下，情緒會針對公眾目標渲染開來，而真實的想法就這樣被掩蓋了。難怪領袖會厭惡所謂的破壞性批評，有時候自由意志者會將其比喻成一九一六年班康郡所遭受的破壞性大洪水。白芝浩（Walter Bagehot）說：「最重要的是，我們的陛下必須受到看重，假如我們開始對他品頭論足，那就不會真的敬重他。」[1]，因為追根究柢對人們而言是有很大用處的，除了維護公眾意志之外。每一位負責的領袖認為，打破砂鍋問到底往往會擾亂個人情緒轉移到體制的象徵意義上。那麼如他所說，最先發生的結果是個人主義與鬥爭派系之間產生混亂。一個象徵意義的崩解，例如神聖俄羅斯帝國或是鐵血悍將迪亞斯（Porfirio Díaz），表示一場長期的動盪即將開始。

透過轉移，這些重大的象徵意義所代表的是，一個保守且充滿刻板印象的社會中，人們會表達各自的忠誠並各有細微的差異。這些象徵意義會激起每個人對某件事物的情感，例如自然景色、家具擺設、看過的臉孔、原先的記憶，以及在這靜止的社會中他個人真實的面貌等等。萬萬沒想到的是，在這些念念不忘的心中畫面中，居於核心位置的是國家認同。這些象徵意義接受了這些膜拜，能夠在不需要顯現原始畫面的情況下激起這種依戀情

1　*The English Constitution*, p. 127. D. Appleton & Company, 1914.

感。公眾辯論或是偶然政治話題中的次要象徵意義，總是會回溯到，也可能與核心的象徵意義產生連結。在城市地鐵上討論合理車資的問題，開始在人民及利益之間象徵化，變成一個公眾議題，接著人民的概念以美國人這個象徵定義來解讀。如此一來，最後在討論如火如荼之際，八分錢的車費變成了很不美國的事情，不應該如此。革命先烈為了防止車費漲價已經做出犧牲，沒有林肯，這個承諾如今也無法兌現，可能連在法國戰死沙場的美國士兵都會群起抗議。

因為能夠從各方不同的想法中激起共同情緒，象徵意義不僅是身分認同的機制，也是用來剝削利用的手段，能夠讓人們為了共同目標而努力，但正因為只有極少數處於特殊地位的人才會選擇具體的目標，象徵意義也能作為一種工具，用來犧牲小我完成大我、分散批評焦點，以及引誘人們面對自己無法掌握的事物而必須痛苦掙扎。

假如我們面對現實、自立自強並發揮自制力，那麼我們就不會受到象徵意義太多的影響。然而，這不代表象徵意義整體上是惡魔用來操控人心的工具。在科學及哲學領域，象徵意義毫無疑問是一種誘因，但在行為的世界卻有其益處，有時候有存在的必要。必不必要常常是人自己想像的，危不危險也是人自找的，不過當情況緊急時，透過象徵意義操弄大眾的思想是唯一能快速完成關鍵任務的手段。行動經常比理解來得重要，但有時候行動真的會因為理解而失敗。世上有很多事是等不到公投或是宣傳就付之一炬了，而且很多時候，例如戰爭時期，國家、軍隊或指揮官都必須信任少數人的想法；當兩方意見不合時，就算其中一方是對的，也可能比錯的一方還要危機四伏。錯誤的想法也許會導致負面的結果，但雙方失和也會招致災難。[2]

因此，因為儲軍內部分崩離析的情況，福煦和亨利・威爾遜預見了高夫（High Gough）的軍隊即將面臨災難，但他們的想法只有少數人知道，深知慘敗的代價與在報紙上引起人民激烈討論比較起來，傷害其實更小，因為在一九一八年三月的那股緊張氣氛下，真正重要的不是特定軍事行動的正當性，而是對將領指揮的期待不能破功。假如福煦當時「迎合人民」，他也許會受到愛戴，不過早在這之前，他掌控的軍隊已經失去團結，因為奧林帕

2　萊特上尉是最高戰爭委員會的助卿，其《在最高戰爭委員會》一書中對保密性及統一指揮的論述非常值得細讀，儘管就盟軍領導人而言，他發起了一場激烈的論戰。

斯山上諸神的爭論可能會模糊焦點，後果可能不堪設想。

然而，沉默的陰謀也是如此。萊特（Peter Wright）上尉說：「偽裝藝術的最佳體現並非在戰爭前線，而是在最高指揮部之中，而且達到巔峰。所有各國的將領現今都還不斷受到無數的宣傳者吹捧，希望自己看起來拿破崙，或許從某個距離看很像吧……。無論他們有多無能，都不太可能將這群拿破崙般的人物拉下台，因為透過隱藏或粉飾他們的醜事，以及誇大或杜撰他們的功績，這些人的大眾支持率相當驚人。然而，在這種高度策劃的虛偽包裝之下，最深受其害的是將領們自己：雖然他們大部分都很謙虛又愛國，但因為大部分的人不斷奉承這個高尚的職業，他們自己也會受到這股人氣影響，開始自我膨脹。每天早上在報紙上讀到相關新聞，他們逐漸會自我催眠，認為自己所向披靡，完美無缺，不論他們犯了多少過錯。此外，他們也相信身為指揮官所執行的任務是多麼神聖，因此不管行使什麼手段，都有其正當的理由……這種種的高級騙局，最終讓所有的將領不受任何約束。他們不再需要為國家而活，反倒是國家願意為他們出生入死。勝仗及敗仗不再是首要利益。對這些代表國家的權力附隨組織而言，真正要關心的是老威利或老哈利會不會成為他們的領袖，還有尚蒂伊黨的勢力會不會壓過榮軍院黨。」[3]

然而，萊特上尉非常了解保持沉默的風險，也能為此談論一番，但他被迫贊同福煦的沉默，不要戳破美好的泡泡。在此產生了一個複雜的矛盾點，只要我們再花點時間觀察就會發現，因為傳統民主生活的觀念建構不是為了緊急與危險狀況，而是為了清靜與和諧。因此，當人們在一個不安穩的環境中必須合作時，保持團結及隨機應變的默契是必要的。這時象徵意義就能發揮作用，霧化個人意圖、弭平歧見、模糊個人目標以及箝制住個人性格，但同時又凸顯團體的意圖並使其展開實際行動，因為在危機時刻，只有象徵意義能做到這點。儘管箝制住個人性格，但團體意志得以不受拘束地傳遞開來。 大眾能利用象徵意義這種工具，短時間內能拋開自己懶惰的性格、優柔寡斷的態度或是草率的行動，讓自己在蜿蜒曲折且錯綜複雜的情況之下，還能找到指引方向的途徑。

然而長遠來看，領袖及基層之間的交流頻率會增加。提到描述基層對領袖看法的心態，最常使用的字詞是「士氣」。人們全

3　*The English Constitution.*, pp. 98, 101-105.

心全意做好自己分內的任務是非常好的，表示每個人的精力能藉由上級命令而完全釋放出來，也就是說，每位領袖計畫政策時，心中要有士氣。決策時，除了考量「績效」之外，也要將基層在乎的各個面向納入考慮，畢竟他需要追隨者持續的支持。假如他是一名計畫進攻的將軍，他很了解的是，假如死傷人數持續上升，他所組織的軍隊會開始軍心渙散，失去向心力。

在世界大戰中，先前的計算結果到了令人絕望的地步，因為「每九名前往法國征戰的士兵中就有五人非傷即死。」[4]持續戰力的極限比想像的來得大許多，但總有等到極限的那一天。因此，戰役中沒有任何指揮官敢公佈真實的陣亡人數，不僅部分是因為會對敵軍造成影響，有一部分也是因為很大程度上會影響軍隊士氣以及他們的家屬。在法國，死傷人數名單從來沒公佈，而英國、美國以及德國會間隔一大段時間後才公佈重大戰役的死亡數據，目的是為了消除大眾以為整體死傷相當慘重的印象。隔了很長時間之後，只有內部人士才知道索姆河戰役或是法蘭德斯戰役究竟

4　*The English Constitution*, p. 37. 數據來自萊特上尉，他從戰爭部檔案館的戰爭統計摘要中取得。這些數據顯然僅指英國的損失，或者可能是指英法兩國的損失。

死了多少[5]。魯登道夫（Erich Ludendorff）毫無疑問比倫敦、巴黎或是芝加哥的任何人還清楚確切的死傷人數。每個陣營的所有將領都竭盡所能隱藏實際對戰的次數，讓士兵和平民以為沒那麼嚴重。然而，關於戰爭的訊息，一九一七年的法國沙場老將當然比大眾還了解真實的情況。這些第一線的士兵會開始就死傷程度來評判指揮官的能力。然後，如果一場承諾會大勝的戰役結果又繼續耗損軍力而戰敗，軍隊可能會只為了一點小失誤而叛變，[6]例如一九一七年的尼維爾攻勢（Nivelle Offensive），這場悲劇戰役因為錯估情勢，耗損的兵力比預期的還多。一般而言，軍事革命及叛變往往因為一連串的前車之鑑而一觸即發。[7]

政策的影響取決於領袖與基層之間的關係。如果領袖在其計畫中需要的人離執行地點很遠；如果計畫結果遭掩蓋或是拖延不公佈；如果這是非直接且未確定的個人義務；最重要的是，如果

---

5 *The English Constitution*, p. 34.
索姆河戰役造成人員傷亡近五十萬。一九一七年的阿拉斯（Arras）及法蘭德斯（Flanders）攻勢使英軍減損高達六十五萬人。

6 盟軍遭受了多次大敗，比富貴小徑戰役（Bataille du Chemin des Dames）更加慘烈。

7 *Cf.* Pierrefeu's account, *G. Q. G. Trois ans au Grand Quartier General*, Vol. I, Part III, *et seq.* 關於蘇瓦松（Soissons）兵變的原因，以及貝當（Henri Philippe Pétain）所採取的應對方法。

同意能讓人滿意，那麼領袖做決定時就不會綁手綁腳。這些計畫只要不影響基層人員的習慣，就會立即受到他們的歡迎，就像滴酒不沾的人不反對禁酒令一樣。這就可以解釋為何政府在外交事務上能有自主決定權。兩個國家間大部分的摩擦涉及一連串既模糊又冗長的紛爭，偶爾針對邊境問題，但更常會是關於一些連學校地理都不會教的地區。在捷克斯洛伐克，美國是一個拯救者般的國家，而在美國報紙文章、音樂喜劇或是對話中，我們根本不確定美國解放的是捷克斯洛伐克還是南斯拉夫。

在外交事務上，政策的影響會很長一段時間受到一個無形的環境限制，在這個環境裡發生的事讓人感覺很不真實，因為在戰前時期，沒有人需要打仗或付出代價，而政府根據他們認為正確的判斷行事，不太會參考人民的意見。在地方事務上，一個政策所付出的成本顯而易見，所以幾乎所有優秀的領袖偏好盡可能避開直接成本的政策，代價越少越好。

這些領袖不喜歡直接稅制以及實支實付制，反而愛的是長期債務。他們喜歡讓選民相信錢是外國人要付的，總是需要以生產者的角度而不是消費者的立場來評斷國家的繁榮程度，因為影響消費者的往往是許多瑣碎的項目。工會領袖總是樂見工資調漲而不是價格下降。大眾對百萬富翁獲取多少利潤更感興趣，就算這件事相當透明且無關緊要，他們反而不太在意工廠的廢棄物處理，因為議題太過龐大且難以捉摸。針對一直存在的住屋短缺問題，立法機關體現了上述這個道理，其第一步是不打算增加房屋的數量，第二步是打擊貪婪的地主，然後第三步則是調查圖利的建商以及工人們，這是因為建設政策所涉及的因素離大眾很遙遠，而且提不起他們的興趣，不過貪婪的地主或是唯利是圖的水電工倒是隨處可見，同時又能引起大眾共鳴。

然而，雖然人們會立刻相信，在一個未知時空中，某個政策能夠造福他們，但政策實際的運作與他們的思考邏輯不同。一個國家也許會受吸引而相信，提高貨運稅率能讓鐵路公司賺錢，但事實是不會，除非這些稅率對農夫及運輸工人的衝擊不大，不足以影響商品價格的高低，讓消費者都能夠負擔。消費者是否能付錢，與他們在九個月前支持的增稅紓困方案無關，而是取決於現在是否很想買新帽子或新車，願意掏錢付款。

領袖們往往假裝他們的計畫與大眾心裡想的版本互相呼應。相信的人根本是自欺欺人。計畫的制定與大眾心理根本不同步，這不是因為大多數人的思想比領袖的還低等，而是因為思想是生物的一種功能，而大眾並非一種真實的生物。

這個事實不好懂，因為大眾一直暴露在充滿暗示的環境之中。他們看的不是新聞，而是新聞會默默引導他們做什麼事。他們聽到的報導不見得客觀，但心裡已經形成某種行為模式的刻板印象。因此，做表面工夫的領袖常會發現，真正的領袖其實是報業龍頭。但在實驗室中，如果一個人能將所有的暗示及引導從多數人的經驗中抽離，我認為他會發覺的是，暴露在相同誘因的大眾所做出的反應，理論上可能會呈現各種面向的錯誤。有些人因為想法極為相似而被歸類在一起，也有些人的想法差異很大，甚至到兩極化的地步。當群體中的每個人都透過講述來表達自己的反應，那麼這些類別屬性就會開始定型。換句話說，當各自模糊的情感以話語的方式表達，他們就會更明確知道自己的真正想法，那麼感受就會更加明確。

接觸到大眾情緒的領袖很快就會察覺到這些反應。他們知道高物價壓得民眾喘不過氣，某些階級的人越來越不受歡迎，或是針對其他國家的感受是善意還是惡意。然而，如果排除新聞隱含的暗示性影響，也就是記者針對領導意圖所做的假設，那麼大眾的內心就無法激起波瀾，判定任何特定政策的優劣並做出最後選擇。大眾內心所需要的感受是，完成制定且公佈的政策，如果不合邏輯，至少類比聯想上能與自己的原始情感有關聯。

因此，新政策即將公佈時，民眾對其會有初步的情緒感受，正同馬克．安東尼（Mark Antony）對著布魯圖斯（Brutus）的追隨者發表演說的例子一樣。[8]剛開始時，領袖會發表普遍大眾想聽的意見內容，他們會說著精采的故事，凸顯愛國情操，或是透過煽動情緒的方式，試圖與觀眾共情。有很多游移不定的人會受到領袖的氣場吸引，認為他值得信賴。接著觀眾會期待他公佈一項活動計畫，但該計畫並非從充滿民眾激昂情緒的口號中而來，甚至口號中都隻字未提。當政策的影響讓人感受不到，重要的是，領袖一開始表達計畫的方式，不論是言語上還是情緒上，都要與大眾的心聲有直接的連結。只要受到信任並運用一般大眾接受的象徵意義，任何人都能夠順利推廣自己的主張，完全不需要解釋計畫的實質內容。

然而，有智慧的領袖不會安於此狀。如果他們認為公開宣傳不會強化對立，而爭論只能暫時拖延行動，他們會尋求其他能

8　Excellently analyzed in Martin, *The Behavior of Crowds*, pp. 130-132

獲得大眾支持同意的策略。他們如果無法影響所有人，至少會吸引一大部分的民眾，增加他們對計畫的信心，並讓他們認為自己是期待這個結果的。不過，無論領袖有多真誠，如果事實極為複雜，總是會讓人覺得這些協商過程有點虛幻，因為每個人面對所有可能發生的事，內心感受不可能會一樣，例如經驗更老道的人或是想像力更豐富的人，他們和一般大眾的想法有可能一樣嗎？很大比例的人一定會直接同意領袖提供給他們的選擇，根本不會去了解背景或評價其適切性。然而，沒有人會再多問，大概只有愛談理論的人會吧。如果我們打贏了一場官司，說的話有人聽，做的事也有好結果，那麼我們大多數人根本不會去想，自己的意見對即將要處理的事務能影響多少。

因此，假如坐上權力寶座的人感覺敏銳又博學多聞，努力親近大眾的情緒，解決一些會引起民怨的問題，無論他們的進度多緩慢，只要看得出有進展，那麼他們做起事來就會無所畏懼。領袖要接連犯下大錯，加上不斷出洋相的行為，才有可能引發人民的革命行動。宮廷革命及部會間的革命是截然不同的抗爭。當然煽動民心也是，群眾利用情緒抒發來緩解緊張。然而，政治家明白如此的安定感只是暫時的，如果太沉浸在這種情緒中，根本只是金玉其外，敗絮其中。因此，政治家會特別注意，只激起大眾針對計畫實質內容的情緒反應。

然而，未必所有的領袖都是政治家，他們都戀棧權位。大部分的領袖相信，遭遇困境時，只有自己能讓情況有機會好轉。他們不會被動等待大眾去感受政策的影響，因為政策的好壞都必須由他們來承擔。因此，他們不斷會亡羊補牢，鞏固自己的地位。

亡羊補牢在於偶爾找出一隻替代羔羊，矯正影響一個掌權者或派系的小民怨，重整某些職位，安撫激憤的群眾，或是立法阻饒某人的邪惡詭計等等。任何靠選舉抬聲勢的政治人物，只要我們研究一下他們每天的活動，就會發現更多亡羊補牢的方法。每年都會有國會議員不辭辛勞地關注公眾議題，他們喜歡簡單服務多數人，關注很多不痛不癢的議題，而不會為弱勢去爭取更多福利。然而，真正能會人民喉舌的組織不多，精明的政治人物處心積慮服務掌權者，或是毫無影響力的人，如此一來給予這樣的人關注就成了一種活菩薩般的行為。社會上更大一群人是不受待見的無名老百姓，他們只能被動接收宣傳，受到政治操弄。

任何坐上權力寶座的人自然而然有其優勢。他們應該各方面的消息很靈通，辦公室裡有各類相關書籍及文件，參加過重要的會議，見過重要的人，而且還有責任感。因此，他們很容易受到關注，而且說話很有份量。此外，他們還能掌控事實的來源途徑。每位官員某種程度上是一名審查員。因為沒有人能壓制訊息傳遞，不管是刻意隱瞞，或是忘記提及，沒有要讓大眾知道的觀念，每位領袖某方面來說也是鼓動者。官員處於特殊位階，即使在聲勢正旺之際，也常必須在兩方針鋒相對的勢力之間做出抉擇，以維持所屬體制的健全，同時還要與大眾坦誠相待。他會逐漸領悟如何斟酌要公開讓大眾知道的事情，能夠決定要說什麼、在什麼情境下說或是如何包裝等等。

我認為沒有人能否認的是，要獲得大眾的支持同意就必須要美化包裝說詞。公眾意見形成的過程肯定比這幾頁出現的內容還要複雜，了解其中過程的人都能找到操弄人心的機會，這再簡單不過了。

獲得大眾的支持同意已經是老生常談，應該要隨著民主的出現而落入歷史的塵埃，然而卻沒有。事實上，運用這個策略的技術已經進步很多，因為現在是根據科學分析，而不是經驗法則。由於心理學研究的發展，加上現代通訊的發達，民主的實行早已度過困頓時期。一場革命正在進行，遠比任何經濟勢力的轉移還要重大許多。

在這個能掌控時勢的世代之中，「勸服」已經成為一種自覺的手段，也是大眾政府的一個常規機制。我們沒有人會懂得預知後果，但必須大膽的說，如何獲得大眾支持同意的知識，會稍微改變每一樁政治盤算，調整每一項政治前提。在宣傳的影響下，未必光是受到洗腦性說詞的牽動，我們思想上那些恆定不變的定律已經成為變數。我們不能堅信民主的初衷，一味相信能掌控人類事件的知識，是打從心底油然而生的。如果我們繼續執迷不悟，那就是自欺欺人，陷入鬼打牆之中。由此顯示，如果我們要應對外面世界的種種事件，不能只靠直覺、良知或是天外飛來一筆的意見來判斷。

第六部

民主形象

THE IMAGE OF
DEMOCRACY

第16章

自我中心者

因為公眾意見應該要是民主體制中的首要推手，我們會合理期待找到龐大的文獻來佐證。然而徒勞無功。政府及政黨是有很多不錯的書籍，關於公眾意見形成後的運作機制這類的書，但關於公眾意見的來源以及經歷過程的書少之又少。人們主要認為輿論的存在是理所當然的，而美國政治作家一直最有興趣的是如何讓政府表達公眾意志，以及如何避免公眾意志顛覆政府存在的目的。根據他們的慣例，他們要的不是平復意見，就是遵守意見。因此，著名系列教科書的編輯寫道：「對政府而言，最難且最關鍵的問題是如何將個人意見的力量轉化成公眾的行動。」[1]

然而，其實還有更關鍵的問題：如何證實我們個人的政治

1 Albert Bushnell Hart in the Introductory note to A. Lawrence Lowell's *Public Opinion and Popular Government*.

場景版本是正確的。如我接下來會進一步解釋的，借助人們已經在實行的原則，要有大幅的進展是指日可待的。然而，此發展的成敗取決於我們能否了解意見是如何合成的，如此一來，我們才能檢視個人意見的合成過程，因為偶然的意見來自與人片面的接觸，來自傳統及個人興趣，這樣的意見本質上無法與政治的思維相容，畢竟政治思維是根據確切的紀錄、測量、分析及比較而形成的。這些思考的特質決定了人們如何定義有趣、重要、熟悉、私密及戲劇性，都是人們面對殘酷現實後會感到挫敗的特質。因此，除非群體中存在著一種持續增強的信念感，認為只憑偏見和直覺是不夠的，否則現實意見的運作會無法得到足夠的支持，因為這需要投注時間、金錢、勞力、心思、耐心及冷靜沉著的心態。這種信念感會因為不斷的自我批判而增強，讓我們意識到何謂胡說八道，鄙視自己滿口胡言的行為，並時時刻刻警惕自己不要再犯。如果我們在閱讀、談話及做決定時，沒有養成分析意見的習慣，那麼就不會去懷疑還有更好的想法，也會對此感到興致缺缺，亦不能防止政治盤算的新手段試圖操弄我們的內心。

然而，根據最古老及最強大的民主體制來做判斷，我們發現在民主體制中，公眾意見一直以來都被蒙上一層神祕面紗。一直都有一群意見的操弄者，相當了解這層面紗，能在選舉日當天創造多數人的支持，但這些操弄者在政治學上指的是低級的政客或是「問題人物」，而不是善於運用知識與才智來創造及操作公眾意見的人。表達民主想法但尚未實踐的人，包含學生、演說家和編輯，如同其他社會的人們一樣，往往將輿論視為一種最終決定事件方向的神祕力量。

每個政治理論中，存在著一種難以理解的元素，其在理論發展如日中天之際未受到任何檢視。在這些理論表象的背後隱含的是「宿命」、「守護神」、「授權於天選之人」、「君權神授」、「天堂的副手」或是「高貴出身的階級」等等。在民主思維中，較顯而易見的天使、惡魔及國王已經失去其象徵意義了，但人們還是需要相信，有一股潛在的力量在指點迷津，這有利於那些十八世紀設計民主基礎架構的思想家。他們不太相信什麼上帝，但充滿熱情。他們需要確立新社會秩序的可靠來源，最後在人民主權論（popular sovereignty）中找到了解答。這當中的確存在著神祕元素，而只有全民公敵會以髒手去觸碰它。

他們不會揭開神祕的面紗，因為他們是實際的政客，身陷激烈且暗潮洶湧的鬥爭中。他們切身感受到民主的抱負，比任何政治理論都還來得深刻、親近及重要。他們反抗各個時代的偏見，對人類的尊嚴言之鑿鑿。他們耿耿於懷的不是約翰．史密斯是否對任何公共議題有全面性的見解，而是出身低賤的約翰．史密斯如今不必再卑躬屈膝了。正是這個奇蹟讓人「看見清晨一線曙光，感受到活著」有多麼幸福。然而，每位政治分析師似乎會貶低如此人性尊嚴，否認所有人一直是負責任、有文化或是有學問的，人們常受到愚弄，不見得了解自身利益，也不是人人都適合成為民主制度下的主人。

這些評論大概會和打鼓的小男孩一樣讓人受不了。每一件針對人性不可靠的觀察正不斷受到剝削。如果民主主義者承認任何貴族的論點裡都存在著真理，那麼他們早就破防了。正如亞里斯多德堅信奴隸天生就是奴隸，民主主義者也堅信，自由人天生就是立法者及管理者。他們不斷解釋，人類的靈魂尚未或從未具備如此資質，但有不可剝奪的權利，不受他人擺佈。上位者依舊太強大且太肆無忌憚，毫不節制地操弄這套明目張膽的說法。

因此，早期的民主主義者堅信，一位具備理性與正當性的人物會自發性地從人群中湧現。所有人都希望，這位許多人擁護的人物，就算像湯瑪斯．傑佛遜一樣是最聰明的，還是會持有各種個人的保留意見。但確定的是，如果公眾意見並非自然而然產生的，那個時代就沒有人會相信公眾意見的存在。基本上，民主所依據的政治學與亞里斯多德制定的是一樣的，對民主主義者、貴族、皇室以及共和黨而言是一樣的，因為主要的前提是，統治的藝術是自然賦予的。當人們試圖找出具有統治潛質的人時，意見會相當分歧，但他們都會同意的是，最關鍵的是要找到天生具有政治智慧的人。皇室的人確信國王生來是為了統治他人。亞歷山大・漢彌爾頓認為，雖然「各行各業都有意志強健的人，代表群體由土地持有者、商人以及學術專業人士組成，當中僅有極少數例外的人能對政府有影響力。」[2]傑佛遜認為，上帝將政治的天賦寄託在農場主及種植者身上，但有時候的說詞彷彿這些天賦是屬於所有人的。主要的前提是一樣的：統治是一種人的本能，取決於個人的社會偏好，會出現在一個人或特定少數人身上，在所有男性身上，或是僅在滿二十一歲的白人男性身上，甚至是不分男女的所有人身上。

2 *The Federalist*, Nos. 35, 36. Cf. comment by Henry Jones Ford in his *Rise and Growth of American Politics*. Ch. V.

決定誰才是最合適的統治者時，對外面世界的理解及熟悉程度是理所當然的標準。貴族相信，能應對大事件的人具有這樣的天賦，而民主主義者斷言，所有人都具有這項天賦，因此能應對大事件。沒有任何政治學的論述能解釋，在這兩種情況中，統治者是如何理解與熟悉外面世界的。如果他是為了人民，那麼就不會刻意去思索如何讓選民有知的權利。早在二十一歲成年之前，他就已經有這些政治天賦了。重要的是要有一顆善良的心、理性的思維以及公平公正的判斷力。這些會隨著年紀增長會越趨成熟，不必考慮要如何努力充實自己的心智。人們接收事實就像呼吸一樣簡單。

然而，人們不需要耗費太多力氣而取得的事實其實有限。他們僅能了解風俗習慣，以及居住地及工作地周圍表面的事物，但必須思考外面世界的樣貌。他們不會自發性地去想，也不會只靠生活來吸收外面世界的相關知識。因此，自發政治（spontaneous politics）唯一能存在的環境是統治者個人所知所聞的勢力範圍內。無論我們身在何處，只要政府在人類能力的自然範圍內，那麼就不得不接受這個道理。如亞里斯多德所說[3]：「如果一個國家的人民必須根據優劣來決定統治者，那就必須相互了解彼此的性格。假如他們不具備這樣的知識，那麼選舉以及法律制定的過程都會出狀況。」

顯然這項原則維繫著每個政治思想學派。然而，這對民主主義者而言格外困難。相信階級統治的人堅稱，在宮廷中或是上流階級的鄉間別墅裡，人們的確了解彼此的性格。只要其他階級的人態度被動，唯一需要的性格就是統治階級們的性格。然而，民主主義者希望能提升所有人的尊嚴，他們會立即與龐大混雜的統治階級進行交流，意即與男性選民們互動。他們認為政治就是一種本能，在一個有限的環境中運作。他們希望且堅信大環境中的每個人，都能有統治的權利。在理想及理論的激烈衝突中，唯一的解套方法就是認為人民的聲音就是上帝的聲音，無需多做討論。

實在太矛盾了，利害關係太深了，而且他們的理想也太寶貴了，根本無從批評。住在波士頓的市民如何以維吉尼亞州人的思維來思考？維吉尼亞州人如何表達關於華盛頓政府的真實意見？

3　*Politics*, Bk. VII, Ch. 4.

華盛頓的國會議員如何能評論中國或墨西哥？以上這些問題，民主主義者都無法回答，因為對許多人而言，要判斷自己無形的環境是不可能的。不過確實從亞里斯多德時代以來，人類之間的聯繫已經有所進展，因為出現了報紙、書籍，還有良好的海陸交通系統。然而，進步的並不快，十八世紀的政治假設本質上還是兩千年來盛行的那些老生常談。這些民主主義先驅還是無法解決長久以來的矛盾：人類注意力及知識的有限範圍與自身尊嚴的無限信仰。

他們的政治假設不但早於現代報紙、國際媒體、攝影以及電影的出現，更重要的還早於度量衡、紀錄系統、量化與比較分析、證據原則，以及研究導正或降低證人偏見的心理分析學。我要表達的不是我們的紀錄有多讓人滿意，分析有多客觀，測量有多全面，而是關鍵性發明已經讓人類能有機會判斷無形的外面世界。這些假設在亞里斯多德的時代尚未成形，而在盧梭、孟德斯鳩及湯瑪斯．傑佛遜提出政治理論的時代也未受到太多重視。在下一章節，我想我們會注意到的是，在英國行會社會主義者最新的人類重現理論中提到，所有這些深刻的前提，都是由古老的政治思想體系承襲而來。

只要這個體系是完善且公正的，其論述都必須建立在每個人只能接觸公眾事件的一部份而已。某方面來說，人能花的時間也不多，如此假設至今還是對的，而且相當具有重要性。然而，古代的理論認為，人們很少關注公眾議題，而且能關注的只侷限在生活周遭的事情而已。當時或許可以大膽地預測一個時代的來臨，在這個時代，連一名業餘人士都能夠做出有意義的抉擇，透過他的報導、分析及呈現，了解遙遠地區及複雜的事件。這個時代現今應驗了。毫無疑問的是，持續報導無形的環境是可行的，時常有很大的誤差，但既然有報導，那就表示能夠報導，而如果我們開始發現報導的品質很糟，那就表示還可以更好。因為才能以及誠信度不一，每天要對某對象報告的內容，其複雜性可想而知，例如工程師及會計師要面對商業人士，祕書和公務人員要面對官員，情報軍官要面對將領，還有記者要面對讀者等等。這些只是草草開始而已，但卻效果強烈，「報告」字面上的強烈程度遠超過不斷重複「戰爭」、「革命」、「退位」及「復辟」這些詞語。人類生活的改變也很徹底，勞合・喬治在倫敦吃完早餐後能夠談論威爾斯煤礦場的議題，也能在巴黎吃晚餐前談論阿拉伯國家的未來運勢。

人類能夠判斷人類事件的任何層面，打破了束縛政治思想的魔咒。當然，一直有許多人無法理解，注意力的範圍就是政治學的主要前提。他們的想法基礎薄弱，這些人所展現的是，他們對世界的認知不但有限，而且以自我為中心。要不是有柏拉圖、亞里斯多德、馬基維利（Machiavelli）、霍布斯（Hobbes）以及民主理論家等政治思想家，不然人們的臆測還會繼續圍繞在一個以自我為中心的人身上，藉由心中片面的畫面來看待整個世界。

第17章

自治社群

顯而易見的是，如果自我中心的人會彼此摩擦，那麼他們會為了生存而爭鬥不休。不管如何，霍布斯在《利維坦》一書的著名段落中所說是千真萬確的，他說道：「雖然歷史上從來沒有一個時期有特定的群體彼此仇視對方的，但國王及掌握實權的人由於彼此的獨立性，兩方之間一直有嫌隙，呈現一種一觸即發的狀態跟姿態，他們針鋒相對，虎視眈眈……」[1]

為了駁斥以上的結論，一套已累積眾多學派的人類思想就此展開：此思想體系確立了一套理想公正的人類關係模式，當中每個人都有各自明確的任務與權利。如果他認真地將指派的任務做好，那麼他意見的對錯根本無關緊要。如果每個人都做好各自的任務，那麼就能創造出一個和諧的世界。每一個種姓制度都能體

1　*Leviathan*, Ch. XIII. 論人類自然狀態：幸福與苦難。

現這個原則，在柏拉圖的《理想國》以及亞里斯多德的著作中也能找到，其他還有封建的理想、但丁《神曲》中的天堂、社會主義的官僚體系、自由放任主義、工團主義（syndicalism）、行會社會主義、無政府主義以及由羅伯特・藍辛（Robert Lansing）理想化的國際法體系等等。所有這些思想預先構建了一個和諧的局面，不論是受到啟發的、強迫的還是自然產生的，在此其中，每個以自我為中心的個人、階級或是社群，如管弦樂團的編排一般，與其他人和睦融融。有權威思想的人會想像有一位交響曲的指揮，留意每位樂手是否各司其職。無政府主義者往往會認為，假如每位樂手在演奏過程中能自由發揮，那麼就會聽見更加美妙的和諧曲調。

然而，還是有哲學家對這些權利及任務體制感到厭煩，他們認為衝突是理所當然，試圖了解他們的思想如何能脫穎而出。他們一直都很務實，儘管讓人覺得緊張兮兮，因為他們必須做的是概括所有人的共同經驗。馬基維利是這個學派的經典人物，身為自然主義者的他遭到無情詆毀，因為他是率先用直截了當的語言在該領域論述超自然主義者的人，儘管迄今仍是超自然主義者掌握主導權。[2]他聲名狼藉，但門下弟子是有史以來所有思想家中最多的。他明確描述了一個國家要自治所需要的技巧，這就是他有追隨者的原因。馬基維利會留下罵名是因為覬覦麥地奇家族（Medici family），晚上在自己的書房裡做白日夢，幻想自己是一位「君主」，身穿「高貴的宮廷服飾」，將原本抨擊的行事作風轉化為對這種方式的歌頌。

在最惡名昭彰的章節裡[3]，他寫道：「一位君主應當謹言慎行，確保自己所說的滿足以下五種特質。他在別人的耳中或眼中，也許是慈悲、忠誠、人道、正直以及虔誠的。沒有什麼比虔誠這項特質還重要的，因為人們往往用眼來判斷，而不是用手，因為每個人都是透過看我們來了解我們，很少有人是靠肢體接觸得知的。」每個人會觀察我們是什麼特質，很少人真正了解我們，而且更是少人敢違背大部人的意見，畢竟背後有國家的君權

2　F. S. Oliver in his *Alexander Hamilton*, says of Machiavelli (p. 174)
「假設人性與萬物的本質是不可改變的，他就以平靜且不帶道德評判的方式，就如同講解青蛙一般，闡述一位勇敢且睿智的統治者，如何能將局勢轉化為對自己有利，同時確保王朝的安全。」

3　*The Prince*, Ch. XVIII. "Concerning the way in which Princes should keep faith." Translation by W. K. Marriott.

撐腰。在所有人的行為中，特別是很少受到挑戰的君主行為，人只靠結果來決定一切……一位不便透露其姓名的現代君主，總是不停宣揚和平及誠信，但他本人對兩者都嗤之以鼻，如果繼續剛愎自用，不管是哪一面，他的聲望及王國都會失去好幾次。」

這是憤世嫉俗的想法，但就是一個人的憤世嫉俗讓他無法真正理解，為何他所看到的是以這樣的方式呈現。馬基維利一直在思考人與君主「用眼來判斷，而不是用手」的行徑，以此說明他們的判斷是主觀的。他太腳踏實地而無法假裝，當時的義大利人能持續觀察並洞察整個世界。他面對現實，無法想像有一個民族學會了如何導正自己的眼界。

如馬基維利所發現的，這個世界是由眼界很少受到導正的人所組成。他知道這樣的人以個人的眼光看待所有的公眾關係，因此陷入長期的衝突之中。他們以個人、階級、朝代或是都市的角度來看待事件，事實上，這些事件的面貌遠超乎他們視野的界線。他們只看到片面就認為是真理，不過身旁都是同樣以自我為中心的人。他們的存在受到了威脅，或至少是他們基於未知的個人原因，將其視為自身的存在但又同時認為是一種危險。目標如果建立在真實個人的經驗基礎之上，最終能使其手段正當化。

他們會犧牲任何一個理想來挽救全局……「人只靠結果來決定一切……。」

這些基本的道理讓民主哲學家面臨挑戰。他們或許意識到，政治知識的範圍有限，自治的範圍也有限，而自治的國家如果彼此摩擦，會呈現劍拔弩張的局面。然而，他們的確明白，人心中有自主決定宿命的意志，能感受到不因武力壓迫而得的安定感。他們如何達到願望及現實之間的平衡呢？

他們開始透過周遭的環境來思索這些道理。在希臘及義大利的城邦中，他們發現了關於貪腐、詭計陰謀以及戰爭的歷史記載。[4]在他們的城市中，他們所看到的是派系內鬨、矯揉造作及狂熱行為。沒有一個環境能讓民主理想成長茁壯，能讓獨立且能幹的一群人自發管理自己的事務。他們藉由盧梭的引導，將眼光看向遙遠純樸的鄉村。透過觀察，他們相信民主理想能在此實現。傑佛遜格外感受到這點，他是美國民主畫面的關鍵營造者。能將美國革命帶向勝利的力量來自這些鄉鎮地區，能將傑佛遜的政黨

4 「民主國家一向是動盪與紛爭的景象……而其存續的短暫就像其結束的暴烈一般，始終如一。」
Madison, *Federalist*, No. 10.

送進國會的選票也來自這裡。遠在麻州及維吉尼亞州的農業社群，如果我們戴上能抹去奴隸制度的眼鏡，心中之眼就能看見民主應該有的畫面。

德・托克維爾（Alexis de Tocqueville）說[5]：「美國革命爆發，而人民主權的教義已經在這些鄉村地區萌發，影響力蔓延整個國家。」對形塑及普及化民主刻板印象的人而言，他們的心中想法就是如此。傑佛遜寫道[6]：「珍惜人民是我們的原則，」然而，他珍惜的人們幾乎僅限於小農場主人：「如果上帝真有人選，在土地上勞動的人就是天選之人，他們的心胸存放著實實在在的美德，都是上帝賜與的。這就是上帝維持神聖之火不滅的所在，否則可能早就消失在地球上。這大批耕種者的道德淪喪現象，在任何時代及國家都找不到相應的例子。」

無論以上的感嘆中有多少回歸自然的浪漫情懷，其中其實含有理性的部份。傑佛遜的想法是對的，比任何其他的人類社會，獨立的農夫群體幾乎要實現自發民主所需的條件。然而，如果我

5　*Democracy in America*, Vol. I, p. 51. Third Edition.
6　Cited in Charles Beard, *Economic Origins of Jeffersonian Democracy*. Ch. XIV.

們要維護這個理想，就必須將這些理想社群與外面世界的醜陋阻隔開來。如果農夫要管理好自己的事務，就必須只處理自己習慣的。傑佛遜推敲出這些有邏輯的結論。他反對工業製造、國際貿易、海軍、任何無形財產，以及理論上任何不重視小型自治群體的政府。他當時就遭受諸多批評，其中一位批評者說：「我們沉浸在自治自強之中，強大到足以捍衛自身免受他人侵害，也許很享受永遠純樸的生活，因此在自私及自我滿足的庇蔭之下，顯得冷漠粗俗。」[7]

如傑佛遜所形塑的，民主的理想是由理想的環境及選中的階級構築而成，與當時的政治學觀念相符。傑佛遜以獨斷的方式陳述這個理想時，不論是出自熱情，還是為了競選目的，人們往往會遺忘的是，這個理論原本是為了特殊的情況而設計的。這個理想成為了一種政治福音，並形塑出美國各政黨看待政治所仰賴的刻板印象。

這個福音是因為需求而成為既定的理念，在傑佛遜的時代，沒有人能想得出非自發性及非主觀的公眾意見。因此，民主的傳

7　*Economic Origins of Jeffersonian Democracy*, p. 426.

統總是試圖看見一個世界，當中的人們只在意關乎自己居住範圍內的事件及其來龍去脈。民主的理論一直無法存在於一個廣大且無法預測的環境之中，如同一面凹面鏡。儘管民主主義者認定他們有接觸到外面世界的事件，但他們清楚看見的是，與外面自治群體的每一次接觸都會對民主造成威脅，如原本所想如出一轍。感到恐懼是明智的。如果民主是自發性的，那麼民主的利益一定會很單純、好理解且容易駕馭。如果獲取資訊是一種偶發的經驗，那麼條件就必須接近封閉的農業城鎮。環境必須侷限在每個人直接知識可達的範圍內。

民主主義者已經理解公眾意見的分析所要呈現的是：應對無形的環境時，決定「明顯是隨機而下的，這顯然不應該如此」[8]因此，他們總是多方嘗試，試圖削弱外面世界環境的重要性。他們對國際貿易有疑慮，因為貿易涉及與外國的連結。他們不相信工業製造，因為這會促進大都市的建立以及人口的聚集。如果必須要有製造業，那麼就要保護自治群體的利益。如果他們無法在現實世界中找到這些條件，就會興高采烈地進入荒野地帶，在那

8　Aristotle, *Politics*, Bk. VII, Ch. IV.

裡建立烏托邦，切斷與外界的聯繫。他們的口號顯露出偏見，為了「自治」、「自決」與「獨立」。任何一個想法都不具有超越自治群體疆界的共識與社群概念。民主行動的範圍有限。目標在保護的範圍內一直是達成自治，避免紛擾。此規則在這裡顯然不適用於外交政策，因為在國家範圍外的生活比任何範圍內的都還來得陌生。從歷史上來看，外交政策上的民主一般而言不是光榮孤立，就是違背自身理想。事實上，最成功的民主體制，例如瑞士、丹麥、澳洲、紐西蘭以及美國，一直到近期都尚未採用歐洲概念的外交政策。即便像門羅主義（Monroe Doctrine）這樣的規則，也是源自希望藉由有共和傾向的國家來補足兩大海洋，而這些國家都沒有外交政策。

儘管危險也許是獨裁體制的一個重大的必要條件[9]，但如果民主要順利運作，那麼安定是必要的。自治社群的存在，其前提就是要幾乎沒有紛擾。不安定包含始料未及的情況，意思是有些人

9　費希爾・艾姆斯（Fisher Ames）因對一八〇〇年民主革命感到震驚，於一八〇二年致信魯弗斯・金（Rufus King），信中說道：「正如所有國家所需，我們必須在自身周遭擁有一個強大且令人畏懼的鄰國，其存在能在任何時刻激起比煽動者更為強烈的恐懼，從而對我們的政府形成外在壓制。」
Cited by Ford, *Rise and Growth of American Politics*, p. 69.

會影響我們的生活，這些人我們無權掌控，也請教不來；意思是有些力量讓人摸不著頭緒，不但會打亂常規，也會衍生出新的問題，必須要以快速且不合常理的決策方式來應付。民主主義者骨子裡都認為，危機與民主水火不容，因為他們知道，大眾有嚴重的惰性，因此要快速反應，由少數人決定就好，而剩下的大部份人盲從即可。這不代表民主主義者不懂得反抗，而是民主主義者最後會為了和平的目標而戰。儘管戰爭其實是為了侵略，還是有人會相信這是為了捍衛人類文明而戰。

這些僅侷限在地球表面某部份的各種嘗試，並非源自懦弱、冷漠，或正如傑佛遜的一位批評者所說，心甘情願活在修士般的紀律之下。民主主義者看見了令人眼睛為之一亮的可能性，人類應該要展現自信，不受人為限制束縛。以他們對統治藝術的理解，他們頂多像亞里斯多德一樣，除了一個封閉單純的社會之外，難以構想出一個人人獨立的自治社會。如果結論是所有人都能自發性管理自己的事務，那麼這就是他們唯一的前提。

民主主義這因為要實現自己的抱負而接受了這個前提，他們也下了其他的結論。為了要有自發性的自治，我們必須有一個單純的自治社群，因此他們理所當然認為，每個人都能管理那些單純又能自行解決的事務。如果希望是思想之父，那麼這樣的邏輯具有說服力。此外，萬能公民的概念以最實際的目的來看，的確適用於農村城鎮。在村裡的每個人遲早會嘗試接觸範圍內的每件事。統治階級會由所謂的萬事通輪替擔任。在民主刻板印象普遍深植人心之前，萬能公民的概念都不會受到質疑，如此一來，人們所看到的是一個封閉的村莊有著複雜的人類文明。

不僅所有公民都能應對所有的公眾事件，還能持續有公眾意識，熱情不減。他們有足夠的公眾意識，除了認識所有人之外，城鎮裡的大小事也都略知一二。在城鎮裡有足夠公眾意識的概念，很容易轉化成對任何事都有足夠公眾意識，因為如我們所強調的，量化思考不適用於刻板印象。然而，在這個環境中會衍生出另外一種思考。假設所有人都對公眾事件有興趣，那麼只有大家有興趣的事件才是重要的。

意即人們心中形成的外在世界畫面，來自他們個人心中未受質疑的版本。這些刻板印象畫面是因為父母及老師的影響而形成的，他們的經驗還不足以導正這些畫面。只有少數離開過居住州的人，才有機會擴展視野。甚至幾乎沒有人有理由出國。大部份的選民終其一生都待在一個環境中，資訊取得只能透過幾份小報紙、小冊子、政治演說、宗教訓練以及永無止盡的謠言。商業、財政、戰爭與和平這類的大環境，他們只能憑空想像。基於客觀的公眾意見少之又少，大部份都是不經意的幻想。

因此，基於各種不同的理由，自治在形成的階段只能是一種精神層面的理想。城鎮的位置孤立、先驅者的孤獨、民主的理論、新教的傳統以及政治學的侷限性等等集結在一起，讓人們相信必須靠自身的良知來獲取政治智慧。如果利用絕對原則來推演法律，一定會壓抑很多自由意志的能量，這點不足為奇。美國的政治思想核心必須要首都運行。在守法主義（legalism）中能夠發現許多必須接受考驗的規範，因為制定新規範不需要特別考慮出自經驗的新事實。這個套路如同聖旨一般，因此每位優秀的外國觀察者感到詫異的是，美國人充沛的實踐能量，與大眾墨守成規的生活方式形成反差。忠於既定原則是唯一能達成自治的方法。然而，這意味著任何社群關於外在世界的公眾意見，主要是由一些刻板印象所組成的，這些刻板印象是依照法治與道德原則推演出的模式排列，而且當地經驗激發的情緒能讓這些印象更為生動活潑。

民主理論起始於終極人類尊嚴的美好願景，如果缺乏認識並報導其環境的知識工具，就會受到限制，因此必須借助選民所累積的智慧與經驗。套一句傑佛遜的話，上帝已將人類的心胸「當作真實美德的存放處」。這些自治環境中的天選之人了解所有真相。在如此熟悉的環境中，人們談論相同的事是理所應當。他們只有針對相同的事實做評斷時，才會開始產生分歧。在此環境中，完全不需要確認消息來源，因為來源太過明確，而且人人都能取得。此外，也不需要為了什麼終極標準而感到苦惱。在這個自治的社群中，大家都遵守一致的道德原則，但對接受事實的邏輯標準不一。因為所有人的理性有一套標準，在自由討論時很快就能發現錯誤。由此可見，在限制範圍內，真理能透過這種自由而產生。社群會將資訊取得視為理所當然，可以透過學校、教堂及家庭等管道傳遞。訓練智慧的主要目的是能夠透過前提導出結論，而不是找出前提而已。

第18章

強制力、任命及特權的影響

漢彌爾頓寫道[1]：「如預料之中，事情還是發生了，聯邦政府措施還是未能執行，各州怠慢的態度一步步達到極限，整個國家政府的運作徹底癱瘓……」因為「以我們的情況，根據《邦聯條例》（Articles of Confederation），任何來自聯盟的重要措施要必須完全執行，須經過十三自治州一致同意。」他納悶，為何會有相反的結果呢？「各州的領袖……將自行判斷這些措施是否恰當。他們會考慮所提議或要求的事項，是否符合自身的直接利益與目標，以及採納該措施所帶來的暫時便利或不便。他們評估時內心充滿私利與猜忌，對國家整體狀況與國家利益缺乏了解，而這正是能否做出正確判斷的關鍵。他們對本地事務的偏好一定會導致錯誤決策。這個過程會在聯邦中的每一州中反覆發生，而全國議

1　*Federalist*, No. 15

會所擬定的計劃能否執行，會受到每一州各自的判斷影響而搖擺不定，因為他們不但對情況不熟悉，而且可能充滿偏見。熟悉公眾集會程序的人都知道，在沒有外在壓力的情況下，要針對重大議題達成共識是非常困難的。在不同時間以及不同背景與情勢下，這樣的集會還能保持遙遠的距離進行商議，願意朝向共同理念及目標一起努力，這簡直是天方夜譚。」

一個如約翰・亞當斯（John Adams）所說[2]「只是個外交集會」的國會，經歷十多年的政治風暴與壓力，讓革命領袖們記取一次「既具啟發性又令人痛苦的教訓」[3]：如果許多以自我為中心的社群在相同環境中糾纏在一起，究竟會有什麼後果。因此，他們一七八七年五月前往費城時，表面上是為了修改《邦聯條例》，實際上他們完全牴觸了十八世紀民主思想的基本前提。這些領袖不僅故意反對當時的民主精神，如麥迪遜所言，認為「民主體制向來都是動亂與紛爭的場景」，他們還決心在美國境內盡可能弱化「自治社群」的理想。人民因自發性管理自己的事務而產生的

2　Ford, *Rise and Growth of American Politics*, p. 36.
3　*Federalist*, No. 15.

摩擦，他們仍歷歷在目，同時見證封閉型民主的失敗。對他們而言，對抗民主並恢復政府的權威是當務之急。政府必須擁有決策及執行的權力，以國家為單位；民主則是以地方及階級為單位，基於直接利益與目標，堅持自己擁有自決權。

他們當時的考量中，沒想過能借助某種知識組織，讓各自治社群看見相同的事實並做出相同反應。我們才剛開始思考這種可能性，且僅限於新聞及共同語言能自由流通的地方，或某些特定的生活領域。在產業及世界政治中實現自願聯邦制，這個概念才剛起步而已，以我們自身的經驗來看，要實際推行的機率微乎其微。一百多年後，我們能達到的程度也只不過是以此作為一種激勵手段，讓各世代的知識份子持續不斷努力，而憲法的起草人當時根本不可能想那麼遠。為了建立一個全國性的政府，漢彌爾頓及其同僚們制定計畫的基礎，不是人會因為共同利益而合作，而是人能讓人治理，前提是權力能約束特別利益。麥迪遜說[4]：「必須用野心來對抗野心。」就是這個道理。

根據某些學者的假設，這些領袖的目的，並不是要平衡各方

4　*Federalist*, No. 51, cited by Ford, *Rise and Growth of American Politics*, p. 60.

利益，導致政府陷入無止盡的僵局，而是讓地方與階級利益相互制衡，以防止這些利益阻礙政府運作。麥迪遜寫道[5]：「在設計一個由人來治理人的政府時，困難之處在於：首先必須讓政府能夠控制被統治者，其次是必須迫使政府自我約束。」從這個關鍵意義上來看，制衡原則是聯邦領袖提出來的解方，用來處理公眾意見問題。他們認為要以「溫和的行政影響」取代「血腥的武力鎮壓」[6]，而唯一可行的辦法，就是設計一套巧妙的機制，削弱地方意見的影響力。他們不懂得如何操縱龐大的選民，也沒有意識到基於共同事實達成共識的可能性。確實，一八〇〇年阿龍·伯爾（Aaron Burr）藉由坦慕尼協會（Tammany Hall）的協助掌控了紐約，這讓漢彌爾頓領悟到選舉操作的新手法。然而，漢彌爾頓還來不及運用，就遭伯爾槍殺了。正如福特（Henry Jones Ford）所說[7]，伯爾的子彈不僅貫穿了漢彌爾頓的腦袋，同時也斷送了聯邦黨的未來。

5 *Federalist*, No. 51, cited by Ford, *Rise and Growth of American Politics*, p. 60.
6 *Federalist*, No. 15.
7 Ford, *Rise and Growth of American Politics*, p. 119.

憲法上寫著：「政治仍然可由紳士通過會議和協商來管理」[8]，於是，漢彌爾頓把政府的希望寄託給紳士階級。希望的情況是，地方偏見必須受到憲法制衡機制的約束，這樣他們才好管理國家大事。屬於該階級的漢彌爾頓顯然會有偏袒之心，但光用這一點來解釋他的治國策略，未免太過薄弱。漢彌爾頓當然對聯邦懷有極大熱忱。我認為，將建立聯邦解釋成保護階級特權，實際上是顛倒了因果關係，應該說他利用階級特權來構建聯邦才對。漢彌爾頓說：「我們必須相信自己選人的眼光，如果期待這個人為大眾服務，就必須激發他做事的熱情。」[9]治理國家的人必須能快速將個人熱情投注在國家利益上，這種人是漢彌爾頓所需要的，例如紳士階級、公共債權人、製造商、運輸商和貿易商[10]，而歷史上也許沒有比這更典型的例子了，漢彌爾頓正是藉由一系列精明的財政措施，將地方顯要納入新政府的陣營，目標相當明確。

儘管制憲會議是祕密進行的，而憲法的批准也僅靠「不超過

8　*Rise and Growth of American Politics*, p. 144

9　*Rise and Growth of American Politics*, p. 47

10　Beard, *Economic Interpretation of the Constitution*, passim.

六分之一成年男性」[11]的投票機制來操作，但這其中幾乎沒有任何造假的嫌疑。聯邦黨人的主張是聯邦制，而非民主制，甚至「共和」這個詞對喬治·華盛頓而言很刺耳，畢竟他擔任總統時受過民主共和黨的刁難。這部憲法操縱人民統治的權限毫不避諱，政府唯一的民主機構是眾議院，而選舉權的資格由財產多寡決定。儘管如此，人們相信眾議院可能會過度放縱而失控，所以必須透過參議院、選舉人團（electoral college）、總統否決權以及司法解釋等機制與之抗衡。

因此，法國大革命點燃全世界人民的激情之際，一七七六年的美國革命鬥士所奉行的憲法，竟然還要依循英國君主制的模式。這種保守的態度並沒有維持太久。這部憲法的制定只有少數人參與，他們的動機飽受質疑。華盛頓卸任時，紳士階級的勢力大不如前，在繼任的鬥爭中已無力抵抗。開國元勳原始計畫與當時的道德精神之間，產生了巨大的反差，無疑為優秀政治家創造了絕佳的發揮時機。

傑佛遜將他的勝選自詡為「一八〇〇年的偉大革命」，但這

11 Beard, *Economic Interpretation of the Constitution*, p. 325.

只是一場思想上的革命。雖然沒有改變什麼重大政策，但卻確立了新的傳統，因為正是傑佛遜率先教導美國人民，將憲法視為民主的工具。許多意像、想法，甚至片語，因為他而產生了既定印象，至今美國人談論政治時都還會受其影響。這次思想上的勝利相當徹底，以致於二十五年後，德．托克維爾在美國受到聯邦黨家庭接待時，他注意到，即便是那些對「共和黨連續執政頗感厭倦」的人，也常在公開場合「讚頌共和黨政府的德政與民主體制的種種優勢。」[12]

這些制憲元勳儘管智慧過人，卻無法明白一部明顯不民主的憲法遲早會讓人忍無可忍。公然否定人民統治，必然會讓傑佛遜這樣的人找到弱點攻擊，以憲法的觀點來看，他並沒有比漢彌爾頓更樂意將治權轉交給人民，因為他們的意志「尚未成熟」[13]。聯邦黨的領袖都是意志堅定且直言不諱的，他們的公開立場與個人觀點沒什麼實質差異。然而，傑佛遜的思想卻讓人摸不著頭緒，這不僅是因為他有心智上的缺陷，正如漢彌爾頓及其傳記作

12 *Democracy in America*, Vol. I, Ch. X (Third Edition, 1838), p. 216.

13 比較他的《維吉尼亞憲法》方案、對產權持有者組成參議院的構想，以及對司法否決權的看法。Beard, *Economic Origins of Jeffersonian Democracy*, pp. 450 *et seq.*

家所想，也是因為聯邦統一與自發性民主都是他的信仰。在當時的政治學中，根本找不到能調和兩種體制的手段，就算有也不盡人意。正因如此，傑佛遜在思想及行動上顯得綁手綁腳，因為他想法的各個層面都太過前衛，當時沒有人能有如此遠見。儘管沒有人能真正理解人民主權的內涵，但這似乎暗示人類的生活可望有極大的提升。任何斷然否定人民主權的憲法都經不起時間的考驗。結果顯示，這些斷然否定人民主權的聲音遭到掩蓋，而這部凸顯憲政民主侷限性的憲法受到了討論，並成為直接人民統治的工具。傑佛遜最後竟然相信，聯邦黨人扭曲了憲法，認為他們不再是真正的起草人。就這樣，憲法在精神上被改寫了，部分經由實際的修正，部分是透過選舉人團的實際運作，但主要還是透過另一套刻板印象來詮釋，使其表面看起來失去寡頭政治的模樣。

美國人民逐漸相信，他們的憲法是一個民主工具，並以民主的角度看待這部憲法。他們將這個虛構場景歸功於湯瑪斯·傑佛遜，而此虛構場景還是看得出其保守性。合理的推測是，如果每個人以憲法的起草人的方式看待憲法，那麼憲法早已被暴力推翻，因為對憲法的忠誠與對民主的忠誠如同井水不犯河水。傑佛遜藉由教導美國人民，將憲法解讀為民主的體現，從而化解了矛盾，這樣他也就能止步於此。然而，在這大約二十五年的時間，社會狀況變化劇烈，安德魯．傑克森（Andrew Jackson）最終發動了政治革命，一場正是傑佛遜為建立此傳統所預備的革命。[14]

這場革命的政治核心是關於任命制（patronage）的問題。政府的創立者將公職視為一種財產，不容輕易動搖，而他們真心希望，這些職位能永遠掌握在自身所屬的社會階級手中。然而，「萬能公民」的概念是民主理論主要的原則之一。因此，人們開始將憲法視為民主工具時，永久占據公職自然就顯得不民主。人類的雄心壯志與當時強烈的道德精神不謀而合。傑佛遜普及了這個民主理念，但執行上確是軟弱無力。在這段時間，美國歷經了幾任維吉尼亞州出身的總統，但因黨派理由而調動職位的情況少之又少。這正是傑克森開創了任命制的公職制度。

儘管聽起來新奇，但在當時，公職短期輪替的原則是一項重大改革。這項原則不僅賦予普通人的尊嚴新的生命，認為人人都有資格擔任，換句話說，不僅顛覆了少數社會階級對公職的壟

14 對讀者而言，如果對於漢彌爾頓的觀點以及傑克森的實踐之間有所疑慮，想多了解其存在的革命性差異程度，請參閱亨利．瓊斯．福特的著作《美國政治的興起與發展》（*Rise and Growth of American Politics*）。

斷，似乎也為能者打開了事業大門，而且「往後幾個世紀，這一直是對抗政治腐敗的神聖圭臬」，也是防止官僚體系形成的唯一途徑。[15]公職快速更替的作法顯示，自治村莊中所形成的民主畫面，已具體應用在美國這塊廣大的領土上。

當然，其在全國範圍內的效果，不像在理想的自治社群中那般，但卻產生了完全意料之外的結果，因為這個制度創造了一個新的統治階級，取代了大勢已去的聯邦黨員。無意之中，任命制對廣大選民所產生的作用，如同漢彌爾頓的財政措施對上流階級的影響一樣。我們常忽略，政府的穩定性與否其實取決於任命制。正是此制度讓天生的領袖免於過度依附以自我為中心的社群。正是這種做法，削弱了地方精神的影響，並以和平合作的方式凝聚地方名流，如果這些人感受不到共同利益，很可能會讓聯邦瓦解。

然而，民主理論其實不應該產生新的統治階級，但總是與現實不符。當民主主義者主張廢除公職壟斷，並實行短期職位輪替時，他們的構想是，在鄉鎮地區所有人都能管理好自己的事務，

---

15 Ford, *Rise and Growth of American Politics*, p. 169.

於是便謙虛地回到自家農場繼續工作。因此，形成一個專門的政治階級是民主主義者所不樂見的，但他們嚮往的情景卻難以實現，因為他們的理論建立在理想環境上，但現實是殘酷的。對民主道德感受越深的人，就越不願接受漢彌爾頓提出的深刻見解：如果各社群相隔太遠，背景及情境相差太多，那麼就無法進行商議，願意朝向共同理念及目標一起努力。這意味著，除非達成普遍共識，否則要充分實現公共事務上的民主，還需要再等一段時間。因此，在傑佛遜與傑克遜的革命領導下，儘管透過任命制確立了兩黨體制，取代了舊有的紳士統治，並形成了一套應付僵局的制衡機制，但這些變化似乎都在不知不覺中悄然發生。

因此，公職輪替也許只流於表面，實際上各項職位在一群親信之間反覆交替。雖然任期不是永久，但政治人物的專業卻是不朽的。哈定總統曾說，管理政府或許簡單，但贏得選舉是一門精妙的藝術。公職的薪資和傑佛遜的一樣看似微不足道，但政黨組織的開支及勝利的酬勞卻相當可觀。民主的刻板印象支配著政府的外在形象，而美國人民對真實環境的修正、例外與調整等等，必須得隱藏起來，儘管人盡皆知。只有法律的文字、政治人物的演說、政綱以及正式的行政機制，必須符應民主的嶄新形象。

如果一位看破一切的民主主義者被問道，當群體的意見以自我為中心時，自治社群之間該如何合作？我想他會指向體現於國會中的代議政府。令他最為驚訝的是，代議政府的威望已經下滑，但總統的權力卻變大了。

一些評論家認為，此現象與只派地方名流到華盛頓的慣例有關，如果國會成員能由全國的傑出人物組成，首都的風貌會更加光彩耀眼。即將卸任的總統和內閣成員如果能夠效法約翰·昆西·亞當斯（John Quincy Adams），那實在是太好的。然而，缺乏這些人並不足以解釋國會的困境，因為國會曾是政府中最突出的部門，其衰落從那天起就已經開始。事實上，情況可能正好相反，隨著國會無法直接影響國家的政策，那麼就無法吸引傑出人才。

我認為，全世界對國會不信任的主要原因在於，國會代表只是一群在廣闊的未知世界中摸索前行的盲人。除了一些例外情況，根據憲法與代議政府的理論，如果國會要獲取資訊，唯一受到認可的方法就是交流各選區的意見。國會沒有系統化、完善且經授權的機制來了解外面世界的動態。理論上，各選區最優秀的人會將選民的最高智慧傳遞給中央，而國會所需要的就是這些智慧的總和。當然，表達與交流地方意見至關重要。作為一個美洲大陸國家的交誼廳，國會確實具有其價值。無論在國會山莊（Capitol Hill）的衣帽間、旅館大廳或是寄宿處，還是在官員夫人的下午茶聚會，甚至在國際化的華盛頓會客室，這些場合都能大開眼界，拓展視野。然而，就算此理論得以落實，各選區還是會派他們之中智慧最高的人，而加總或結合地方情況仍不足以奠定國家政策的基礎，更無法作為制定外交政策的根基。因為大多數法律的實際影響既微妙又隱密，無法僅透過地方心態來剖析地方經驗，進而理解其中內涵。只有借助審過的報導與客觀的分析，才能真正理解這些影響。假如一間大型工廠的負責人要了解工廠的效率，無法只透過與工頭的談話得知，必須要查閱會計師整理的成本報表和數據。立法者也無法只靠拼湊各地方的畫面，就能得出聯邦各州的真實面貌。他必須瞭解各地的情況，但除非擁有明確校準機制，否則各地的報告看起來都差不多，甚至一個比一個好。

總統確實會藉由發表聯邦政府相關訊息來協助國會。他能做到這一點是因為掌管大批政府部門及官僚，這些部會負責報告及執行任務。然而，總統向國會說明的內容能自行決定，不會受到刁難，而公共利益的審查權也在他手上。這是一種全然單方面且麻煩的關係，有時甚至是荒腔走板，國會為了獲取一份重要文件，必須透過一家芝加哥報社拿到，或是下屬故意漏口風得知。立法者非常難以取得必要資訊，導致他們不得不依賴私人消息，或者啟動國會調查這種合法化的暴行。在調查過程中，因不需任何正當性理由，國會議員能展開一場失心瘋的肉搜行動，甚至不惜同類相殘。

除了這些調查所得到的少數資訊，還有透過行政部門偶爾的通訊、私人無論有無興趣所收集的資料、國會議員閱讀的報紙、期刊及書籍，以及尋求專家機構協助這一成效不錯的新作法，例如州際商業委員會（Interstate Commerce Commission）、聯邦貿易委員會（Federal Commerce Commission）及關稅委員會（Tariff Commission）等等，國會意見的形成相當封閉。由此可知，國家性質的立法不是由少數內部知情人士透過黨派力量推動，就是透過劃分一系列地方項目來執行，每項都是基於地方利益而制定的。關稅表、海軍船塢、軍事哨所、河流與港口、郵局及聯邦建築、退休金及贊助：這些都是國家生活利益的有形證據，由國家向內分配給各地方。由於方向由外而內，他們能更容易看到用聯邦資金蓋的白色大理石建築，提升當地房地產價值並僱用當地承包商，而不是評估政治分肥（pork barrel）所累積的成本。平心而論，在大型集會中的每位議員只了解自己代表的地區，所以大多數人面對涉及跨地方的法律時，可能會草草決定，也就是在沒有任何積極參與的情況下完成程序。他們只參與制定涉及個別地方問題的法律，因為如果立法機構不能有效分析資料，那麼議員要嘛盲從正常程序，儘管偶爾有人反抗，要嘛就互投贊成票（logrolling），而正是互投贊成票的情況讓正常程序的接受度提高，因為透過利益交換，國會議員能向積極的地方選民展示，自己正在為他們所關心的利益把關。

這並非個別國會議員的問題，除非他對此相當得意。即使是最聰明、最勤奮的代表，可能都難以掌握要投的法案究竟內容為何，因為太多了。他們唯一能做的就是專攻其中幾項法案，其餘的只能聽從他人的意見。我曾見過國會議員在專心研究某個議題時，投入的程度更甚他們過往準備考試的努力，喝著一杯又一杯黑咖啡，還準備濕毛巾。他們必須鑽研資料，費心整理並核對各項事實陳述，而在任何一個有組織的政府中，這些資料本就應該輕易取得，以便決策。就算真的了解某個議題，他們的壓力才正要開始，因為選區的報社、行會、中央聯合工會以及婦女俱樂部等等，根本不用大費周章審視他們的表現，只要透過地方大眾的眼睛就夠了。

正如任命制能讓政治領袖依附於國家政府，地方無數的補貼及特權也同樣與自我中心社群綁在一起。任命制搭配政治分肥，平衡了成千上萬的特殊需求、民怨以及個人野心。還有另外兩種替代方案：一種是絕對服從的恐怖統治；另一種的資訊、分析及自覺體制必須高度發達，如此所有人民才能看清「國家狀況與決策理由」。專制體制正在衰亡，而自願聯邦的體制還處於萌芽階段。因此，在評估大規模聯盟的前景時，無論是國際聯盟、產業工會，還是聯邦政府，共同意識在環境中的存在程度會決定合作的方式：靠強制或是更溫和的替代方案，例如任命制及特權。國家創建者之所以偉大，例如亞歷山大·漢彌爾頓，其祕訣在於他們懂得如何盤算並運用這些原則。

第19章

新型態的舊畫面：行會社會主義

每當自我中心群體之間吵得不可開交，以往的改革者就會陷入兩難，被迫在兩個同樣偉大的方案中做出抉擇。他們可以選擇走羅馬路線，征服交戰的部落以求天下太平，也可以選擇孤立、自治與自給自足的道路。他們幾乎都會選擇很少走的那條路。如果他們曾體驗過帝國的沉悶單調，那麼就會最珍惜還在自治社群時的簡單自由。如果這種簡單自由因為地方勢力的妒忌而逐漸耗盡，他們就會渴望建立一個強大的國家來統一秩序。

兩種選擇都一樣困難。如果決策分散，很快就會陷入地方意見的混亂之中。如果決策集中，影響國家政策的意見則侷限在首都的小型社會框架內。無論如何，都需要力量來捍衛地方權利，或在各地方強制施行法治，或是對抗中央的階級政府，或是保護整個社會免受外來侵擾，不論是以集中還是分散的方式。

現代民主與產業制度出現的時代，適逢反對君主制、皇室政府及嚴格控管經濟的政權。在產業領域，這種反動呈現極端權力下放的形式，稱為自由放任個人主義（laissez-faire individualism）。經濟決策權應交給擁有相關財產的人。因為幾乎所有物件都有主人，因此必須有人來個別管理。這是一種極端的多元主權（plural sovereignty）。

經濟由任何人的經濟哲學來治理，雖然應由政治經濟學不變法則來掌控，這樣最後才會產生和諧。這個體制的豐碩成果令人驚嘆，但也造成許多挑起反動浪潮的不肖情況，而其中之一是壟斷，其在產業內建立了一種羅馬式的和平，但在外卻是掠奪性的羅馬帝國主義。人們向立法機構尋求救濟。他們援引代議政府來規範半自主的公司，此概念來自城鎮農場主的例子。工人階級轉向勞工組織。緊接而來的是一個日益集中化的時代以及一種軍備競賽的態勢。壟斷企業相互連結，同業工會聯合組成勞工運動，華盛頓的政治體制變得更強大，但在各州卻有弱化趨勢，因為改革者努力鞏固國家政府的力量以對抗大企業。

在此期間，從馬克思主義左派到狄奧多·羅斯福周圍的新國家主義者，幾乎所有的社會主義學派都將集中化視為演變的第一階段，而這種演變的結果是，國家會吸收企業所有的半主權權力。除了戰爭的幾個月外，這種演變從未發生過。這樣就夠了。然後，國家的車輪會轉向支持各種新型態的多元主義，反對大小通吃。不過這一次，社會的基礎並非回溯到亞當．斯密的經濟人理論（economic man）及湯瑪斯．傑佛遜的原子個人主義（atomic individualism），而是一種自願群體的分子個人主義（molecular individualism）。

有趣的是，所有這些論點搖擺的理論都一致認定，為了在世界上生存，不需要依循馬基維利的原則。這些理論都是強制建立的，並經由強制手段確保其存在，但最後也遭強制拋棄。然而，理論本身內涵並不受強制影響，無論是權力、特殊地位、任命還是特權等等。個人主義者認為自我啟發的自我利益會帶來內外的和平。社會主義者確信侵略的動機會消失。新多元主義者則希望這些動機真的會消失。[1]強制幾乎是所有社會理論中的異數，除了馬基維利主義。對想理性化人類生活的人而言，一定會抗拒政府的強制力，因為這種方式荒誕不經、難以言表且無法駕馭。

聰明的人有時會盡量不去充分理解強制力的影響，這在喬

1　See G. D. H. Cole, *Social Theory*, p. 142.

治・道格拉斯・霍華德・柯爾（George Douglas Howard Cole）《行會社會主義》一書中能夠發現。他表示，當前的國家「主要是一個強制的工具」。[2]在行會社會主義的社會中，不會有主權存在，儘管有一個協調組織，柯爾稱之為公社（Commune）。

接著，他開始列舉公社的權力，而根據記憶，其主要不是一個強制的工具。[3]公社能解決價格爭議，有時會固定商品價格，分配盈餘或分擔損失，還能分配自然資源及控制信貸，甚至還能「分配勞動力」。此外，公社還能批准行會及公務部門的預算，徵收稅款，「所有收入問題」都在其權力管轄範圍內。公社「分配」收入給社群中的非勞動者，而關於所有政策與行會之間的管轄問題，也負責最後裁定。公社通過憲法來規定功能組織的職能，此外還能任命法官、賦予行會強制力及批准涉及強制力的章程細則。公社可宣戰及談和，能控制軍事力量，也是國家在國外的最高代表。公社能解決國內的邊界問題，還能建立新的功能組織，將新職能分配給舊機構。不但如此，公社有權管理警察並制定必

2　Cole, *Guild Socialism*, p. 107.

3　*Guild Socialism*. Ch. VIII.

要法律，以規範個人行為與財產。

以上這些權力不專屬於一個公社，而是由一個由地方及地區公社組成的聯邦來行使，最上層為國家公社。當然，柯爾能堅持這不是一個主權國家，但根據他的說法，目前有任何現代政府沒有強制力嗎？我還真想不出來。

然而，他卻告訴我們，行會社會是非強制性的：「我們想要建立一個新社會，其理念在精神上不是強制，而是自由服務。」[4] 每個懷抱如此希望的人，和大多數人一樣，會密切關注行會社會主義的計劃中，如何能將強制力降到最低，儘管現今的行會社會主義者還是在公社體制內保留了強制力。顯然，憑藉普遍共識就能建立新的社會是不可能的。柯爾坦率地表示，其實在社會轉型過程中，強制力還是必要的。[5] 雖然無法預測會爆發多少公民衝突，但他非常清楚工會一定會直接行動，而且會持續一段時間。

然而撇開社會轉型問題不談，也不考慮其對未來的影響。當人們殺出一條血路，到達應許之地時，讓我們想像一下「行會社

4　*Guild Socialism*, p. 141.
5　*Cf. Guild Socialism*, Ch. X.

會」的存在。一個非強制性的社會究竟是憑藉什麼而得以持續運作呢？

柯爾提供了兩個解答。其一是正統馬克思主義的主張，即消除資本主義財產能消除侵略的動機。然而，他並不真的相信這點。如果真是如此，他就和普通的馬克思主義者一樣，對工人階級掌權後如何治理毫不在乎。如果他的診斷正確，那麼馬克思主義者確實是對的：如果資本主義階級是唯一的弊病，救贖在其滅亡之後就會自動降臨。但柯爾非常關心的是，革命後的社會是由國家集體主義來治理，還是透過行會、合作社、民主議會或是功能代議制來運行。事實上，正是作為一種新的代議制理論，使得行會社會主義受到關注。成員

行會社會主義者不指望資本主義財產權的消失會帶來奇蹟。他們的確期待的是，如果收入平等成為規範，那麼社會關係會大幅改變。然而，針對這方面，他們與正統的蘇聯共產主義者有所不同：共產主義者提議透過無產階級專政的力量來建立平等，認為如果人們能享受平等的收入及服務，就會失去侵略的動機。行會社會主義者也提議藉由強制力來建立平等，但他們清楚看到，如果要維持平衡，必須有相應的機構。因此，這些人將信念寄託

於他們認為的一種新的民主理論。

柯爾說，他們的目標是「調整好機制並令其盡可能表達人們的社會意志。」[6]這些意志能以「任何社會行動的形式」，在自治環境中有機會自我彰顯。這些話的背後是真正的民主衝動，提升人類尊嚴的慾望，以及傳統的假設：除非個人意志都能影響自己管理的事務，否則這種人類尊嚴就會受到打擊。因此，行會社會主義者像早期的民主主義者一樣，努力尋找能實現自我管理的理想環境。盧梭與傑佛遜的時代已經過了一百多年，利益中心已經從鄉村轉往都市。新民主主義者不能再借助理想化的城鎮來尋找民主的意象。如今他們將注意力轉向工廠。柯爾說「聯盟的精神必須能在最有表達自由的環境中發揮作用，顯然工廠是這樣的環境。這裡的人有共同的工作習慣及傳統。工廠本質上是產業民主的基礎單位。這不僅意味著工廠必須有足夠的自由來管理自己的事務，而且工廠的民主必須成為行會民主的基礎，行會管理與治理的大規模組織必須基於工廠代議制的原則。」[7]

6　*Guild Socialism*, p. 16.
7　*Guild Socialism*, p. 40.

「工廠」當然是一個不太精確的詞，柯爾希望我們將其理解為礦山、船塢、碼頭、車站以及每個「純粹的生產中心」。[8]然而，這裡定義的工廠與產業是兩個完全不同的概念。柯爾認為的工廠是一個真正能與人接觸的工作場域，環境小到足以讓所有工人明察秋毫。「如果這種民主制度要成為現實，就每位行會社會主義者都必須了解其內涵，並能以個人名義直接行使。」[9]這一點很重要，因為柯爾和傑佛遜一樣，正在尋找一個純粹的政府單位。唯一純粹的單位是讓人十分熟悉的環境。以此定義，現在的大型工廠、鐵路系統或廣闊煤田，並不算是一個純粹單位。除非工廠的規模非常小，否則柯爾真正想的是單一作業的工作坊，這才是人們應當具有「共同工作習慣和傳統」的場域。其餘的工廠環境及產業環境，無法讓人直接洞察一切。

任何人都能理解並承認，透過工作坊內部事務的自治方式，「馬上一眼就能看出」整體的事務管理。[10]然而，工作坊的內部事務究竟為何？這是造成工人爭執的問題。顯然，最大的利益，

8　*Guild Socialism*, p. 41.

9　*Guild Socialism*, p. 40.

10　Aristotle, *Politics*, Bk. VII, Ch. IV.

例如工資、生產標準、供應品的採購、產品的營銷、工作的大規模規劃等等，絕不僅是內部事務那麼簡單。單一工作坊具有自由性，但容易受到外部環境限制的嚴酷考驗。其一定程度上能處理工作的安排，應付個人的脾氣與性格，也可以調解小件工作糾紛，還能充當初審法庭，調停更大件的個人衝突事件。最重要的是，作為一個獨立單位，也能處理其他工作坊的事務，甚至整個產業的事務，但本身不可能受到孤立。單一工作坊與外部環境的事務糾纏在一起。正是這些外部關係的管理，構成了行會社會主義理論的考驗。

這些事務必須由一個聯邦秩序的代議政府來管理，從工作坊到工廠，從工廠到產業，從產業到國家，而當中責任代表以區域的概念分成好幾組。不過這整個聯邦政府結構都源自工作坊，其所有獨特的美德都源自於此。柯爾斷言，最終「協調」及「規範」工作坊的代表是由真正的民主選舉產生的，因為他們最初來自一個自治的單位，整個聯邦體制的形成受自治的精神與現實刺激。代表的目標是實現工人「根據自身理解」的「真實意志」[11]，即工

11 *Guild Socialism*, p. 42.

作坊裡單一個人的理解。

如果一個政府完全按照此原則來運作，從歷史經驗來看，不是永無止盡的結黨營私，就是各自為政的混亂場景。雖然工人對工作坊範圍內的事務能提供真實的意見，但其涉及工廠、產業及國家關係的「意志」，難免受限於資訊取得、刻板印象以及私利等等的影響，如同其他以自我為中心的意見一樣。針對自身工作坊內的事務，工人可憑藉直接掌握的基本事實判斷對錯。然而，要想以單一工作坊的經驗來概括外部環境的事實，往往錯大於對，因為外部環境不但遙不可及，而且複雜龐大。根據經驗，行會社會的代表會發現，正如現今工會高層所面對的情況，在眾多須裁決的問題上，根本不存在由各工作坊「真實意志」所組成的共識。

然而，行會社會主義者堅信，這只是盲目的批評，因為其實忽略了一項重大的政治發現。他們會說我們或許是對的，認為工作坊的代表必須自行判斷許多問題，而這些問題工作坊本來就無明確立場，但如果我們這樣想，其實犯了一個古老謬誤：我們在尋找一群人的代表人，而這個人根本不存在。唯一可能的代表是專門執行「某一特定功能」的人[12]。因此，每個人都要幫忙找出相對應的各種代表，「其執行的功能各有不同但不可或缺」。

假設這些代表並非為工作坊中的個人發聲，而是為利益相關的特定功能發言，那麼請注意，如果他們不根據該功能的共同理解去實現群體的意志，就是不忠。[13]這些功能性代表聚在一起進行協調及規範。如果我們必須假設各工作坊之間存在意見衝突，那麼各代表應該以什麼標準來評判彼此的提案呢？因為如果沒有衝突，根本就不需要協調和規範。

現在，功能民主制應有的獨特美德是，人們根據自己每日經驗所知的利益，能夠明確以投票方式表達。他們能在自治團體的範圍內這樣做，但在對外關係上，整個團體或其代表卻要應付不符直接經驗的事務。單一工作坊不會自發形成關於整個情勢的看法。因此，一個工作坊有其產業與社會中的權利與義務，而這些公開意見其實是透過教育或宣傳形成的，而不是靠自身意識自然而然產生的。不論行會社會主義者要選出代表團還是代表人，

12 *Guild Socialism*, pp. 23-24.
13 *Cf.* Part V, "The Making of a Common Will."

都無法擺脫正統民主主義者所面臨的問題。無論前者還是後者，都必須將思維擴展到直接經驗的界限之外，表決來自其他工作坊的問題，以及處理整個產業範圍以外的事務。單一工作坊的主要利益甚至無法涵蓋整個產業職能的範疇。一個職能、一個偉大產業、一個地區，甚至一個國家的職能，都只是一個概念，而非直接經驗，必須透過想像及創造、有人教導並讓人相信。即使能仔細定義「職能」，一旦我們承認各工作坊對相同職能的看法不見得一致，這表示一個利益群體的代表，必須關注其他群體的提案。換句話說，構想出共同利益是必要的。我們投票選擇代表所要考慮的是，這名候選人不光要能了解我們對職能的看法，也要清楚我們如何看待其他人對職能的看法。因為如此，我們投票時就和正統民主主義者沒兩樣，心中充滿不確定性。

行會社會主義者藉由「職能」這個詞，在心中解決了如何構想共同利益的問題。他們想像一個社會，當中所有的工作都被劃分為各項職能，而這些職能又能夠自然協調地整合在一起。[14]他們假設，整個社會的目標根本上都能達成一致，而每個組織群體

14 *Cf. Guild Socialism*, Ch. XIX.

的影響力亦是如此。正是這種情懷，讓他們得到了理論的名稱，其來自天主教封建社會中的機構。然而，他們要注意的是，當時由智者所假設的職能體制無法由凡人實現。行會社會主義者的想法為何仍無法確定，到底要如何在現代世界中構建職能體系並令其受到認可呢？有時候，他們主張此體系的發展要從工會組織開始，而有時候又認為各公社會界定群體的憲法職能。不過，無論他們是否相信各群體能自行界定其職能，此概念所產生的實際差異相當大。

無論如何，柯爾都認為社會能依靠某種社會契約來維繫，其基於「獨一無二但不可或缺的職能群體」。那麼要如何識別出這些群體呢？根據我的理解，柯爾認為一個「職能」就是一群人感興趣的事務。他甚至說過：「職能性民主的精隨在於，一個人要盡可能多了解他所有興趣的職能。」[15]而「感興趣的」這個詞至少有兩層含意：表示一個人參與其中，同時也將心思完全投入其中。比方說，約翰．史密斯也許對老斯蒂爾曼（James Alexander Stillman）的離婚案相當「投入」，甚至將各大報紙版面上的相關新聞

15 *Social Theory*, p. 102 *et seq.*

鉅細靡遺看過一遍。另一方面，小斯蒂爾曼（Guy Stillman）是否為私生子的問題，他本人根本不予理會。也就是說，約翰・史密斯對一宗他並未「參與」的官司十分在意，而蓋伊卻對一樁將決定他人生走向的官司毫不關心。恐怕柯爾偏向於約翰・史密斯這種態度。他回應了「極其愚蠢的反對意見」，即依照職能投票就等於太頻繁投票。柯爾的觀點是，「如果一個人對某些議題不夠關心，沒什麼興趣去投票，譬如說對十幾個不同的議題都興致缺缺，那麼他就放棄了投票權。因此，以民主程度來看，盲目投票與無興趣投票都不民主。」

柯爾認為，未受興趣引導的選民「放棄了投票權」。由此可推斷，受興趣引導的選民顯露出他們所關心的事務，而這種關心也就界定了其職能。[16]「因此，布朗、瓊斯和羅賓遜不是只有一票，而是擁有多張職能性的選票，對應他們感興趣的聯盟行動相關問題。」[17]我想知道的是，柯爾是認為這三個人在任何選舉中只要主張自己感興趣，就自動符合資格投票，還是完全反過來，認

16 *Cf.* Ch. XVIII of this book.
「因為每個人都應該對重大事務感興趣，所以只有人人關注的事務才顯得重要。」

17 *Guild Socialism*, p. 24.

為當中有某個不表明身分的人決定了他們有資格感興趣的職能。

如果有人問我柯爾究竟怎麼想，我的回答是，他用了一個極奇妙的假設化解了這個難題，即認為不受興趣引導的選民自動放棄了他們的投票權，而且他進一步斷定，無論職能性投票是由上級安排，還是根據「下層」原則：有興趣就可以投票。最後只有受興趣引導的人會參與投票，因此這個制度就能順利運作。

不過，未受興趣引導的選民分為兩類。第一類人是什麼都不知道，但清楚自己不知道。這種人通常見識開闊，也就是自願放棄投票權的人。第二類人真的是未受過教育，絲毫不知道自己無知，因此對什麼都漠不關心。只要政黨機制運作正常，他們總能被引誘去投票。這類人的選票正是這套機制運作的基礎。既然行會社會的公社能掌握稅收、工資、價格、信貸和自然資源等等，如果選舉過程還不如我們現今這般熱情激昂，那就實在太荒唐可笑了。

人們表現出來的興趣方式，並不會界定一個職能性社會的真正職能。職能還能從另外兩個角度來定義。其一是透過工會來界定，該組織曾為推動行會社會主義而抗爭。這樣的鬥爭會讓一群人以某種職能關係聚集在一起，而這些群體最後會成為行會社會主義中的既得利益者。

其中一些群體的勢力會非常強大，例如礦工及鐵路工人，而且他們與資本主義鬥爭過程中所形塑的職能觀念，必然相當深刻。不難想像，在社會主義國家的統治之下，某些地位較有利的工會很有可能成為社會凝聚與政府運作的核心。然而，行會社會一定會發現這些工會很難對付，因為直接採取行動抗爭會讓各自的戰略實力曝光，而某些領袖不會為了自由而輕易犧牲這種實力。為了能夠「協調」這些勢力，行會社會必須集合其全部的力量。我想很快就會發現，行會社會主義中的激進份子會要求建立足夠強大的公社，以便明確界定行會的職能。

然而，如果由公社來界定職能，那麼行會社會主義的前提就會蕩然無存。該理論原本假設，一個職能體制顯而易見，從而使自我封閉的工作坊自願與社會建立聯繫。

如果心中都沒有穩定的職能體制，那麼在行會社會主義下，每位選民會將自我中心的意見轉化為社會判斷的方式，與在正統民主制度下比起來，並沒有更好。當然這樣穩定的體制根本不存在，即便柯爾和他的夥伴設計出一個完美的「工作坊民主」，是所有權力的來源，但各工作坊還是會根據其知識及想像來評判職能體制的運作，其變數很大。

各行會對於相同體制會有不同的解讀。因此，與其讓這個體制維繫行會社會的骨架，不如嘗試界定該體制，在行會社會主義或其他主義之下，應該呈現什麼面貌。如果我們能接受柯爾的職能體制，就能認可他提出的任何主張。遺憾的是，他希望透過行會社會推演出的結論，早已先放進前提之中了。[18]

---

18 我選擇探討科爾的理論，而非蘇聯的實際經驗，原因在於儘管現有的證據零零散散，但所有稱職的觀察家似乎都同意，一九二一年的俄國並未是一個正常運作中的共產國家。俄國正處於革命時期，從中我們只能了解革命究竟為何，卻無法了解共產社會可能呈現的面貌。然而，極具意義的是，俄國共產黨人最初作為實際革命者，後來成為公職人員時，並非依靠俄國人民自發的民主，而是仰賴一個專業階級的紀律、特殊利益及貴族情懷，也就是忠誠且受過灌輸的共產黨員。在我看來，在尚未設定時間限制的「過渡期」中，對階級統治和強制性國家的治療，僅僅是像順勢療法般的微調。同時，還有一個問題。為什麼我選擇了科爾的著作，而不是選用韋伯夫婦合著，且論述更為周密的《大不列顛社會主義聯邦憲法》（Constitution for the Socialist Commonwealth of Great Britain）呢？我非常欣賞這本書，但我一直認為這本書在炫知識。在我看來，科爾更能真實體現社會主義運動的精神。因此，他是更好的見證者。

第20章

新畫面

我們學到了清楚的一課。如果沒有機構與教育體制能有效報導所在的環境，呈現大眾生活的真實面貌，而且不受自我中心的意見左右，那麼大眾很有可能無法理解他們的共同利益，只能交由專門的階級來管理，而此階級的個人利益超越了地方範圍，他們很不負責任，因為只在意個人財產相關的資訊，涉及的情況是一般大眾難以想像的。唯有事跡敗露，他們才有可能負起責任。

民主理論未能證明自我中心的意見無法促成良好的治理，因此其理論與實踐之間還有很大的差距。根據這個理論，人類要有完整的尊嚴，如柯爾所說，就必須在「任何形式的社會行動中」表達自我意志。一般認為，表達意志是人類的一種強烈激情，因為統治的藝術是人類的本能。然而，從普通經驗來看，自決只是人類性格利益的其中一種。人類強烈渴望掌控自己命運，但還有其他同樣強烈的慾望需要滿足，例如想過好生活、享受和平與減輕負擔。在民主的原始假設中，表達個人意志能直接滿足自我表現以及過好生活的慾望，因為人類能在美好生活中表達自我是一種本能。

因此，重點應該放在表達意志的機制上。民主的黃金國（El Dorado，西班牙語，原意指一個虛擬並有富產黃金的傳說地）總是被喻為某種完美的環境，某種完美的投票及代議制度，在這個國度裡，天生的善意與每個人天生的政治才華能轉化為行動。這個封閉的環境相當理想且充滿機會，民主理論能在此順利運行，每個人都相信這無論在何時何地都是如此美好情景。當國家開放，社會開始變得複雜，且人們必須彼此適應對方時，民主主義者會努力設計一套更完美的投票機制，如柯爾所說，希望能「導正機制，儘可能調整到符合人們的社會意志為止。」然而，儘管民主理論家孜孜矻矻，他們還是離人性的真實利益太遠。他們只專注在自治這個利益上。人類其實對其他事物都感興趣，例如秩序、自身權利、經濟繁榮、美景、蟲鳴鳥叫以及娛樂等等。假如自發性民主不能滿足他們其他的興趣，對大部份的人而言，時間只是虛耗而已。由於有效統治的藝術並非本能，人們無法為了自身利益，長期對自治抱有希望，只求有好結果。這就是為何自治的衝動總在情況糟糕的時候最為強烈，能作為一種反動的手段。

民主會出現謬誤是因為太過專注於政府的起源，而不是過程與結果。民主主義者一直認為，如果政治權力源於對的方向，那就會對國家有益。他們的注意力只著重在權力的來源，深信最偉大的事就是表達人民的意志。其一是因為表達是人類最崇高的利益，其二是因為人類意志天生就是善良的。然而，權力在源頭完全無法受到控制。儘管民主主義者一心一意想找到能控制社會權力的機制，換句話說就是好的投票及代表機制，他們卻也忽略了人們的其他利益。無論權力如何產生，最關鍵的是上位者如何行使權力的。決定人類文明優劣的是權力的使用，而該如何使用是不可能在源頭就受到控制的。

如果我們努力要在源頭控制政府，免不了要祕密做出所有關鍵的決定。因為做美好生活的政治決策與本能無關，掌權者無法表達人民的意志，由於大多數問題與公眾意志根本沾不上邊。此外，他們行使權力的依據是選民無法得知的。

如果我們將「統治是本能」的這個假設及其衍生影響從民主理念中剔除，認為能由自我中心的意見掌控，那麼以人類尊嚴為基礎的民主信念該如何維持下去？藉由與完整而非片面的人類性格維繫在一起，民主信念將重獲新生，因為傳統的民主主義者貿然將人類的尊嚴放一個站不住腳的假設上，相信人類在良好的法治之下還能自然而然展現尊嚴。

選民不會那麼浪漫，因此講求實際的選民總讓民主主義者顯得愚昧。然而，如果我們堅信人類能夠發揮所長，以此作為生活的標準，而不是將尊嚴高高掛在自治的高牆上，那麼整個問題就能有所改變。

我們評判政府的標準是，人民能否得到最基本的醫療、住所、生活必需品、教育、自由、樂趣或是美的感受等等，而不是人民想要什麼就給什麼，透過如此自我中心的想法而犧牲了其他利益。如果這些標準在程度上能明確又客觀，如此一來，由相對少數人所做的政治決策，就能實際與多數人民的利益有關。

在任何時刻，所有人能清楚了解外面世界的全貌是不可能的，因為在政府的掌控之下，人們無法自然而然獲取完整的公眾意見。就算有可能，令人相當懷疑的是，我們大部份人能否願意受到打擾，或是耗費時間思考如何形塑能影響他人的「任何社會行動」。唯一還沒有想到但可能的是，我們每個人在各自環境面對外面世界的真實畫面，能產生越來越多的反應，這樣了解真相的人也就會越來越多。

在我們注意力可及的有限範圍之外，只要設計出生活標準及審查方法，政府官員及產業主管的行為就能藉此受到評判，落實社會約束。我們本身不可能像神祕的民主主義者一樣，激發或引領社會行為。然而，我們能一步一步真實掌握這些行為，堅信這些行為能留下清楚的記錄做為參考，其結果也能獲得客觀的評價。或許我應該說，秉持著希望才有相信的機會，因為這些標準及審查制度早已開始運作。

第七部

報紙

NEWSPAPERS

第21章

購買報紙的人們

要掌控世界，人們必須走出去研究，不過這個觀念在政治思想中無足輕重。其原因在於，從亞里斯多德確立基礎民主制度的時代以來，向政府提供有用世界資訊的機制，幾乎沒有進展。

因此，如果問一位民主主義先驅者，人民意志的形成所依據的資訊來源為何，他可能會對這個問題感到困惑。這就好像在問他生命或靈魂來自何處。他總認為人民的意志始終存在，而政治學的任務在於發展出投票制度及代議政府。假如這些制度的制定及應用能在適當的條件下，例如在自治村莊或工作坊中，那麼就有機會克服亞里斯多德所觀察到的注意力短暫性，以及自治社群環境封閉的問題。我們也見識到，即使在今日，行會社會主義者仍執著於此觀念，只要以投票及代議制度為基礎，就有可能建立一個複雜網絡的合作共同體。

民主主義者相信，找得到智慧就表示其存在，對他們而言，建立公眾意見的問題就是一個公民自由的議題。[1]「在自由與公開的交鋒之下，有人經歷過真理反而背道而馳，漸行漸遠嗎？」[2]假設從來沒有人見識過真理背道而馳，漸行漸遠的情況，那我們是否能相信真理是因這種交鋒而產生的，就像火花是靠摩擦兩根木棍燃起的一樣。事實上，美國民主主義者在《權利法案》中體現了此經典的自由學說，其背後隱藏著各種不同的真理起源理論。其中之一是要相信，在意見競爭中，最真實的觀點必定會獲勝，因為真理本身有一種獨特的力量。如果讓這種競爭持續久一點，那麼此信念也許是站得住腳的。人們持此觀點爭辯時，他們心中想的是進行歷史裁決，尤其是異端份子，有些人在世時遭受迫害，但死後卻被奉為聖人。米爾頓（John Milton）的問題同樣建立在這種信念之上，所有人天生都具備辨別真理的能力，而真理只要能自由流通，最後一定能獲得認同。此信念同樣來自於經驗，如果人們只能在監控的情況下說出真理，而且監控者還是個

1　The best study is Prof. Zechariah Chafee's, *Freedom of Speech*.

2　Milton, *Areopagitica*, cited at the opening of Mr. Chafee's book. For comment on this classic doctrine of liberty as stated by Milton, John Stuart Mill, and Mr. Bertrand Russel, see my *Liberty and the News*, Ch. II.

無知者時，那麼要發現真理的可能性微乎其微。

沒有人能高估公民自由的實際價值，以及維護這些自由的重要性。如果公民自由受到威脅，人類的精神也會陷入危機。如果有一天，例如在戰爭期間，公民自由必須受到限制，那麼思想的壓制等同於文明的風險，戰爭帶來的破壞可能會阻礙文明的恢復，不過前提是狂熱份子足夠多，強調有必要戰鬥到最後一刻。幸運的是，大多數人對專業的審問者是有忍耐的限度的。不甘受脅迫的人會展開批評，而最後這些專業人士會被貼上心胸狹隘的標籤，被認為是十之八九根本不知道自己在說什麼的傢伙。[3]

儘管公民自由有其基本重要性，但還是無法保證真正的輿論能在現代世界中成形，因為這種觀念總是假設說法。真理不是自然而然產生的，不然就表示在沒有外部干預的情況下，仍存在著獲取真理的手段。然而，我們面對一個無形的環境時，這個假設就不成立。遙遠或複雜事物的真相並非顯而易見，而匯集資訊的機制不但需要高超技術，還需耗費極高成本。然而，民主政治學

3　比較紐約盧斯克委員會（Lusk Committee）的出版品，以及米切爾·帕爾默（Mitchell Palmer）的公開聲明及預言，帕爾默在威爾遜總統生病期間擔任美國司法部長。

從未能擺脫亞里斯多德政治理論中的原始假設，重新闡釋基本前提，從而使政治思想得以應對關鍵性問題，即如何讓現代國家的公民看見那未知的外面世界。

這種傳統如此根深蒂固，以致直到近代，我們在學院教授政治學時，彷彿世界上根本沒有報紙。我指的不是新聞學相關理論，因為畢竟是以職業為導向，旨在培養男女新聞工作者。我所針對的是未來商人、律師、公務員以及廣大公民所講授的政治學。這門學科中，對報刊以及大眾資訊來源的研究完全沒有一席之地。這個現象實在太奇妙了。對於不關心政治的人來說，難以理解的是，在美國為何沒有統治學學者或是社會學家，曾撰寫過一本關於新聞採集的專書。雖然偶爾會提到新聞媒體，陳述其狹隘及虛假的弊端，或是說明其應該要呈現「自由多元」與「真實」性，除此之外，幾乎找不到其他相關論述。這種對專業人士的輕視，在公眾意見中也能察覺出來。一般認為，新聞媒體是與無形環境接觸的主要手段，而且不管在哪裡，大家一致認為，新聞媒體應該做的是自發性為我們實現原始民主的理想，也就是每天或甚至一天兩次，向我們呈現外面世界的真實畫面。

真理並非刻意獲得的，而是受啟發、揭露或免費提供的。

這種秉持已久的古老信念，在我們身為報紙讀者關乎經濟的偏見中，表露無遺。我們期望報紙提供我們真相，就算這些真相對我們沒什麼好處。對於這項艱難、充滿危險但卻相當基本的資訊服務，直到最近，我們還期待一份報紙只需付一分錢硬幣。如今，我們已習慣平日支付兩到三分，而在星期天，為了附有插圖及藝文的版本，我們硬著頭皮花五分，甚至付到十分錢。誰會想付報費？事實上，所有人都期待真理之泉自然湧出，不願與之簽署任何法律或道德契約，也不願為此承擔任何風險、成本或麻煩。人們會看心情付點小錢買報紙，隨時有可能不買，也可能突然換買另一家報紙。有人說得相當貼切，報紙編輯必須每天重新贏得讀者的支持。

讀者與新聞媒體之間這種隨意且單向的關係，是人類文明中少有的現象。沒有其他關係能與之相提並論。因此，要比較新聞媒體與其他企業或機構不是那麼容易。這不光是一門生意，部分原因在於其產品經常低於成本出售，但主要原因在於，社群對新聞媒體及對貿易或製造業所採用的道德標準不一。道德上，評判報紙時彷彿對象是教堂或學校。然而，如果試圖與其做比較，就會發現差異極大。納稅人負擔公立學校的經費，私立學校則靠學費支持，而教會則享有補貼與捐款。我們不能將新聞業與法律、醫學或工程等專業混為一談，因為這些行業中，消費者都是直接為享有的服務付費。從讀者的態度來看，新聞自由意味著，報紙要免費贈送才對，因為自由就是免費。

然而，批評新聞媒體的人只是在反映社群的道德標準，因為他們期望如此機構能與學校、教堂以及無私行業同屬一個道德層次。這再次展現了民主制度自我封閉的本質，沒有必要刻意獲取資訊。資訊必須自然而然湧現，也就是說應該免費，資訊不是來自於公民的內心，就得由報紙免費提供。打電話、搭乘火車、開車及享受娛樂方面，公民願意支付費用，但卻不會坦然為新聞買單。

不過，如果自己的殊榮能有人撰文報導，他們反而會出手慷慨，會直接支付廣告費用，同時也會間接為他人刊登的廣告付費，因為這筆費用隱含在商品價格之中，屬於無形環境的一部分，我們無法真正掌握。如果以一杯上等冰淇淋汽水的價格，來換取全世界的新聞，這一定會被認為是猖狂行為，儘管大眾購買廣告附帶的商品時，實際上已付了這筆費用，甚至更多。大眾確實在為新聞媒體買單，但僅在這筆費用被蒙在鼓裡時是如此。

因此，發行量只是達成目的的一種手段，只有在能夠出售給廣告商，且廣告商透過讀者的間接稅收所取得的收入來購買時，發行量才會變成一項資產。[4]廣告商看重的發行類型取決於要銷售的產品，可能重「質」或重「量」。整體而言，這兩者之間並無明確界限，因為對大多數靠廣告銷售的商品而言，其消費者既不是超級富豪，也不是一貧如洗之人，而是滿足基本生活需求之外，還有餘力選擇性消費的人。因此，富裕家庭所看的報紙，基本上是廣告商鎖定的目標。這類報紙也可能流入貧困家庭，但除非針對某些特定類型的商品，精明的廣告商不會將此發行量視為重大資產，除非其發行量極為龐大，能與赫茲（William Randolph Hearst）發行的報紙相比擬。

如果一份報紙惹怒了廣告商最希望接觸的消費者，那麼他們就會認為這份報紙很糟糕。既然從來沒人說過廣告是一種慈善行為，廣告商自然只會在能接觸潛在顧客群的報紙上購買廣告版

---

4 「一份有聲望的報紙有權制定其廣告費率，讓流通收入淨額得以保留在損益表收入的欄位。要計算淨收入，我會從總額中扣除促銷、發行及其他與流通有關的費用。」
摘自紐約時報出版商阿道夫．西蒙．奧克斯（Adolph S. Ochs）於一九一六年六月二十六日在世界廣告俱樂部費城大會上的演講。
Cited, Elmer Davis, *History of The New York Times*, 1851-1921, pp. 397-398.

面。根本不需煩惱那些未被報導的乾貨商醜聞，這些根本無關緊要，而且這類事件發生的頻率比許多報紙評論認為的還低。重點在於，報紙讀者不習慣為新聞採集支付費用，而他們能被轉化為可供製造商及商人購買的發行量，也就是所謂的資本化。其中最值得被資本化的，正是最有消費力的人。這樣的新聞媒體一定會考慮到購買民眾的想法。正是為了這群消費者，報社才會編輯及出版報紙，如果沒有消費者的支持，他們根本沒有生存空間。報紙可以藐視廣告商，能抨擊強大的銀行或運輸業集團，但如果背離了購買民眾，就會失去賴以維生的必要資產。

前《紐約晚報》（*New York Evening Sun*）記者約翰·吉文（John La Porte Given）[5]在一九一四年曾指出，在美國超過兩千三百家日報中，大約只有一百七十五家是在人口超過十萬的城市中印刷的。這些報紙構成了「一般新聞」的新聞核心媒體，負責收集重大事件新聞，就連不選擇這一百七十五家家其中之一的讀者，

---

5 *Making a Newspaper*, p. 13.
這是我所知最優秀的專書，每位致力於探討新聞媒體的人都應該細讀此書。
Mr. G. B. Diblee, who wrote the volume on The Newspaper in the Home University Library says (p. 253)
「提到新聞業要給記者的書籍，我只知道一本好書，那就是吉文的著作。」

也得仰賴這些報社來獲取外界的消息。因為這些報社組成了大型新聞聯盟以進行新聞交換，所以每一家不僅向自己的讀者傳遞資訊，同時也是其他城市報紙的新聞提供者。大致上，鄉間的新聞媒體以及專門性媒體，都是從這些核心報紙中汲取一般新聞。這一百七十五家中，部分的財力遠勝於其他家，因此在國際新聞方面，國家媒體主要可能都依賴新聞聯盟的報導，以及少數幾家大都市日報的特別服務。

大致上，支持一般新聞採集的經濟基礎來自人口超過十萬的城市，就是該城市的富裕階級為廣告商品支付的費用。這些消費群體主要是從事貿易、銷售業、製造業以及金融業的家庭，他們正是報紙廣告最有利可圖的客群。他們的購買力集中，雖然總量可能不到農民與工人的總和，但在日報的商業範圍內，他們是最直接迅速的經濟資產。

此外，這些富人家庭有值得關注的雙重理由。他們不但是廣告商最理想的顧客，而且可能還是廣告商本身。因此，報紙對此群體所產生的影響至關重要。幸運的是，此群體的意見並非全然一致。雖然可視為「資本主義者」，但對於資本主義的定義及運作方式，他們有各自的見解。除非在危機時期，否則此受人景仰的意見分歧，足以讓政策產生相當大的變化。要不是報紙出版商本身通常也是都市社群的一份子，並以同業及朋友的視角如實觀察這個世界，不然這些分歧就可能更加嚴重。

他們從事的是一項投機生意[6]，其成敗不但取決於貿易的整體狀況，也特別仰賴與讀者之間如自由戀愛般的關係，而非婚姻契約般的發行量。因此，每位出版商的目標就是將自己的發行量，從拼湊集成的報攤業者，轉化為一群穩定的忠實讀者。考慮到現代新聞經濟學的現狀[7]，只要一家報紙能維持其讀者的忠實度，那麼其獨立性也非同小可。無論報社經歷多少風風雨雨，這群死忠讀者所凝聚的力量，遠勝於任何單一廣告商所能發揮的影響力，這股力量甚至能瓦解廣告商之間的聯合陣線。因此，我們只要發現某家報紙為了迎合廣告商而背棄了自己的讀者，就能確定該出版商不是與廣告商的觀點一致，就是必須順從廣告商，否則就無

6　有時投機性極高，以致於出版商為了取得信用，不得不屈服於債權人。關於這一點的資訊難以取得，因此其普遍的重要性往往被過度渲染。

7　「『讀者越多，就越不受廣告商影響；讀者越少，就越依賴廣告商』，這在報紙業中是人人皆知的道理。主張『廣告商越多，他們各自能對出版商施加的影響就越小』，這看似自相矛盾，但卻是事實。」
Adolph S. Ochs, *of. supra*.

法獲得讀者的支持。問題點在於，不會購買報紙獲取新聞資訊的人，是否會對某家報紙的表現忠誠而掏出錢包。

第22章

忠實讀者

購買民眾對報紙的忠誠並沒有任何契約約束力。在所有其他行業中，期望獲得服務的人都會有一項協議約束自己一時的任性，至少會為享有的服務支付相應費用。而在期刊出版業中，最接近固定期限的協議形式就是付費訂閱，但我認為這並非影響大都市日報經濟收益的重要因素。讀者每天都是自己忠實度的裁判，如果違約或不給予支持，也不用負法律責任。

雖然一切都取決於讀者的忠實度，但也沒有什麼粗淺的常規能讓讀者了解到這點。讀者的忠實度取決於當下的感受或習慣，而這些不僅受到新聞品質的影響，更常受到不刻意思考的一些模糊因素左右，畢竟我們與新聞媒體的關係很隨意。其中最重要的一點是，我們每個人真的認真評價一份報紙時，判斷的依據往往是，與自己息息相關的新聞是如何處理的。報紙固然涉及許多超出我們經驗範圍的事件，但報導的事件也會與我們的切身經驗相關，而我們就是透過這些事件的處理方式，來決定喜不喜歡，以及信不信任。針對我們熟悉的事物，無論是從事的行業、所屬的教會或是支持的政黨，如果報紙能給予令人滿意的報導，那麼肯定不會受到我們嚴厲的批評。還有什麼能讓早餐時讀報的人更滿足的事嗎？那就是報紙的內容正好吻合他的想法。正因如此，多數人對報紙的要求並非只以一般讀者的身份來衡量，而是作為自身經歷的專門辯護者，因而態度格外嚴苛。

除非是切身關係者，否則很少有人能檢驗報導的準確性。如果新聞是地方性的，而且有競爭存在，那麼編輯很可能會收到某人的批評，因為關於其個人形象的報導有失公允，而且不精確。然而，如果新聞並非地方性的，那麼報導事件離讀者越遠，糾正的力量就會越薄弱。如果有人在其他城市的報紙中，發現關於自己的不實報導，那麼唯一有能力提出糾正的是那些加入健全組織的人，他們能聘請公關來解決問題。

有趣的是，一般的報紙讀者如果認為自己被新聞誤導，在法律上並沒有立足點。只有受害者才能就誹謗或誣蔑提出訴訟，而且必須證明自己遭受了實質傷害。法律體現了一種傳統觀念，即一般新聞無傷大雅[1]，除非涉及不道德或煽動性的內容。

然而，儘管整體新聞內容一般客觀讀者不會特別加以審視，但內容含有讓某些讀者產生明確成見的元素。這些元素構成了他們判斷的依據，而不靠此個人標準來評判新聞的人，就會採用其他標準，而不是靠準確性。對他們而言，新聞的真假已無從分辨，也無法用真理的準則來測試。只要新聞符合自己的刻板印象，就不會感到疑惑；只要新聞能提起興趣，就能繼續閱讀下去。[2]

即便在大城市，也會存在一種報紙，其編輯原則是基於讀者期望讀到自己的相關報導。其概念在於，如果有足夠多人能常在報紙上看到自己的名字，讀到關於他們的婚禮、葬禮、社交聚會、海外旅行、地方分會會議、學校獎項、五十歲生日、六十歲生日、銀婚紀念、出遊及海邊聚餐等報導，那麼這份報紙就能有穩定的發行量。

---

1 讀者不應誤解此話為主張審查制度。如果能設立稱職的審理委員會，最好是非官方性質的，如此一來，用以篩選一般新聞中關於不實不公的指控，或許會是一件好事。*Cf. Liberty and the News*, pp. 73-76.

2 厄普頓・辛克萊（Upton Sinclair）對社會主義報紙竟然毫不憤慨，儘管他所引用的某些關於激進份子的報導，與這些報紙對雇主的報導，其不公程度其實可相提並論。

這種報紙的經典套路以霍勒斯・格里利（Horace Greeley）的一封信為例，他於一八六〇年四月三日寫信給即將創辦鄉村報紙的朋友「弗萊徹（Fletcher）」：[3]

「首先，要有明確的觀念。對於一般人來說，最令他們感興趣的永遠是他們自己，其次是他們的鄰居。在他們看來，亞洲與東加群島的重要性遠遠排在這兩者之後……凡是組織新教會、增添新教會成員、售出農場、興建新屋、啟動磨坊、開商店，乃至任何能吸引十幾個家庭關注的事情，就算簡略，也要在報紙欄位中詳實記錄這些事實。如果有農夫砍下一棵大樹，種出一顆巨大的甜菜，或是小麥玉米大豐收，也請盡可能簡潔且毫不保留地將此事陳述出來。」

正如李（Ivy Lee）所言，每份報紙無論在何地出版，都必須在某種程度上肩負「家鄉印刷日記」的任務。像紐約這樣的大城

3　Cited, James Melvin Lee, *The History of American Journalism*, p. 405.

市中，一般報紙往往無法滿足這樣的需求，所以便出現了按照格里利的模式，專門針對城市各區的小型報紙。在曼哈頓和布朗克斯（Bronx）地區，本地日報的數量甚至是一般報紙的兩倍[4]，加上各式各樣針對行業、宗教或族群的專刊，地方新聞版面內容相當豐富。

這類日記型報紙的客群主要是認為生活充滿樂趣的人，不過同時也有許多人認為自己的生活平淡無奇，渴望像《海妲．蓋伯樂》（*Hedda Gabler*）中的角色那樣，過上更刺激的生活。為了滿足這部分的讀者，市面上出版了幾份報紙或在他報以專欄的方式，專門描繪一群虛構人物的私生活，而這些人物耀眼而放縱的惡習，讓讀者能在幻想中安然產生共鳴。赫茲持續對上流社會的主題進行著墨，滿足了那些從未奢望成為上流社會的人，而他們在字裡行間中獲得了心理的自我提升。在大城市中，「家鄉印刷日記」往往是精英圈的私人日記。

正如我們所強調的，大城市的日報肩負起讓市民了解其他各地新聞的重責大任。然而，發行量多寡主要不是靠政治與社會新

4　*Cf.* John L. Given, *Making a Newspaper*, p. 13.

聞。人們對這些主題的興趣一陣一陣，很少有出版商能單靠這些內容獲利。因此，報紙不得不加入各種其他內容，主要目的是凝聚一群讀者，而這些讀者在重大新聞方面通常不會過分苛求。此外，在重大新聞的報導上，各社區之間的競爭並不激烈。新聞媒體單位有一套處理重大事件的標準，偶爾才會有獨家新聞報導。顯然，這種大篇幅的詳細報導會看的人並不多，儘管近年來《紐約時報》的新聞是各方觀點人士必不可少的消息來源。為了在激烈競爭中凸顯自己並穩住讀者群，多數報紙不得不跳脫一般新聞的範疇，涉足上流社會的絢麗風貌、醜聞與犯罪、體育、圖片、女演員、失戀者建議、高校動態、女性專欄、購物指南、食譜、棋局、紙牌遊戲、園藝、連環漫畫，以及激烈的黨派鬥爭等各種主題。這不是因為出版商和編輯都對這些題材感興趣，而是因為他們必須抓住一群津津樂道的讀者，以滿足他們只求真相的慾望。

報紙編輯所處的位置十分奇特。他們的事業依賴廣告商向讀者徵收的間接稅，而廣告商是否贊助又取決於編輯能否有效吸引一群顧客。這些顧客根據他們的個人經驗及既定的刻板期望來評價，因為他們必然對大部分所讀的新聞沒有獨到了解。只要這些評價不影響聲譽，編輯至少就能獲得足以盈利的發行量。然而，為了確保有這樣的發行量，他們不能完全依賴大篇幅的報導，要盡可能讓這些新聞吸引讀者目光，但一般新聞品質，尤其是關於公眾事件的報導，其實各日報之間大同小異，大部分的讀者難以看出差別。

報紙與公眾資訊之間這種非比尋常的關係，亦反映在報紙從業人員的薪資結構上。理論上，奠定整個報業體系基石的新聞報導工作，卻是報紙工作中薪水最低、最不受重視的部分。大體而言，有能力的人從事這項工作，多半是因為情非得已或是為了累積經驗，而且他們都打算儘快脫離這一行。畢竟，純粹從事新聞報導並非是投資報酬率高的職業。在新聞業中能真正分到一杯羹的主要是專業工作者、撰寫社論的筆者、主管階級，以及具有獨特才華及風格的人士。毫無疑問，這就是經濟學家所稱的「能力尋租」（rent of ability）原理。然而，此經濟原理在新聞業中顯得格外鮮明，以致於新聞採集無法吸引到許多受過專業訓練的人才，因為從大眾的角度來看，這不是什麼好工作。我認為，有能力的人選擇從事「純粹報導」只是將工作當作跳板，這就是新聞業從未能建立行業傳統的主要原因，因為這份工作無法讓人獲得職業聲望及驕傲感。行業傳統能造就對技藝的榮譽感，提升從業門檻，懲戒違規行為，並賦予從業者堅守其社會地位的力量。

然而，這一切並未觸及問題的根本。儘管新聞業的經濟模式的確減低了新聞報導的價值，但我深信僅以此解釋是一種錯誤的決定論，放棄了進行深入分析的機會。新聞記者本身的內在實力顯得如此強大，而且曾從事報導工作的優秀人才也多到數不清。這當中一定存在著某種潛在的原因等待發掘。相較之下，為何新聞業很少付出心力，將職業水準提升到醫學、工程或法律的程度呢？

厄普頓・辛克萊（Upton Sinclair）的主張說出了很多美國人的心聲[5]，他聲稱在他的《黃銅支票：美國新聞業研究》（*The Brass Check*）一書中找到了這個深層的原因：

> 「黃銅支票每週都會出現在你們的薪資袋中，給你們這些撰寫、印刷及發行我們報刊雜誌的人。黃銅支票正是你們恥辱所要付的代價，你們把公正事實真相的載體拿到

5　希萊爾・貝洛克（Hilaire Belloc）對英國報紙作了幾乎相同的分析。*Cf. The Free Press.*

市場兜售，把人類童真般的希望出賣給下流的大企業妓院。」[6]

從這段話看來，似乎真相是千真萬確的，而希望是有憑有據的，這些多少因為報業大亨的權謀算計而被拿來濫用了。如果這個理論正確，那麼必然得出這樣一個結論：只要與大企業毫無瓜葛，新聞媒體的真相體系就不會受到侵犯。如果一家新聞媒體不受大企業控制，也不與大企業友好往來，但卻還是無法容下真相體系，那麼辛克萊的理論就一定出了毛病。

這樣的新聞媒體確實存在。奇怪的是，辛克萊在提出補救方法時，並未建議讀者就近改訂激進派出版的報紙。為什麼不建議呢？如果美國新聞業的種種問題歸咎於大企業的黃銅支票，那麼解決之道難道不就是抵制收受黃銅支票的報紙嗎？何必繞一大圈，補貼《全國新聞》這家報紙，讓其刊登一切事實真相，「絲毫不顧受害的會是鋼鐵信託、世界產業工人聯盟（Industrial Workers of the World）、標準石油還是社會黨」，畢竟這家報紙

6　Upton Sinclair, *The Brass Check. A Study of American Journalism*. p. 116.

的董事會成員「理念及目標各有不同」。如果問題出在大企業，也就是鋼鐵信託、標準石油等這類公司，那為何不鼓勵大家去讀世界產業工人聯盟或社會黨的報紙呢？辛克萊並未說明理由。然而，原因就是他無法說服任何人，甚至連他自己都不相信反資本主義的媒體能抗衡資本主義媒體並解決問題。在其黃銅支票理論及建議方案中，他都對反資本主義的媒體視而不見。然而，如果要診斷美國新聞業的狀況，我們就不能忽視這些媒體。如果我們所關心的是「公正事實真相的載體」，首先將在某幾份報紙中發現的不公及不實案例都收集起來，然後先不管另外幾份中的相同案例，接著觀察範圍內的新聞媒體是否有共同的某個作風，或許這就是不實的原因，如此一來，我們就不會犯明顯的邏輯錯誤。如果我們要將報紙的缺失歸咎於「資本主義」，那就必須證明這些缺失是在資本主義的掌控之下產生的。辛克萊無法根除這項弊病的原因是，他在診斷時將一切歸咎於資本主義，但開解方時卻對資本主義及反資本主義視若無睹。

人們本該認為，辛克萊及其支持者必須更加嚴格檢視他們的假設，因為沒有一份非資本主義的報紙是真實及稱職的典範。他們本該反問自己，大企業拿來濫用的「公正事實真相的載體」究竟何在？為何反大企業的報紙似乎無法獲得這種真相？我相信，這些問題引出了整件事的重點，就是何謂新聞？

第23章

新聞的本質

全世界所有記者，即使日以繼夜地工作，也無法親眼目睹世上發生的所有事情。記者本來就不多，而且沒有人有瞬間移動的能力。記者並非神通逛廣大，不會凝視水晶球任意窺探世界，也不會得力於思想的傳遞。然而，這些相對稀少的人要涵蓋那麼大的報導範圍，如果這不是一套既定的標準，要能得心應手實在是奇蹟。

報紙並不試圖窺探全人類，[1]但各特定地點都有記者駐守，例如警察總部、法官辦公室、法院書記官（county clerk）辦公室、市政廳、白宮、參議院、眾議院等等。多數情況下，有一些組織會聘用記者去監視「很少人會注意的地點，一旦有人的生活……

1　See the illuminating chapter in Mr. John L. Given's book, already cited, on "Uncovering the News," Ch. V.

偏離常軌，或發生值得報導的事件，就會傳出消息」。例如，假設約翰・史密斯成為一名經紀人。十年間，他按部就班經營生意，除了顧客及朋友外，沒有人關注他。對報紙而言，他彷彿不存在。然而，在第十一年，他遭遇重大損失，最後資金耗盡，於是召見律師，安排財產轉讓事宜。律師將文件送往法院書記官辦公室，一名書記官在官方交接記錄簿上做了特別註記。這時，報紙快速介入。當書記官正在撰寫史密斯的商業訃聞時，一位記者瞥了他的肩膀一眼，幾分鐘之後，報社的記者便得知了史密斯的困境，而他們對其商業狀況的了解，就好像每天在他家門口守候十多年一樣。[2]

吉文表示報紙知道「史密斯的困境」及「他的商業狀況」時，他的意思並不是說報紙了解史密斯自己所知的一切，或是阿諾德・貝內特（Arnold Bennet）知情的那般，假如他當時真有將史密斯當作其小說三部曲的主角。報紙只在「短短幾分鐘內」獲悉了法院書記官辦公室所記錄的粗淺事實。這個公開行動「揭露」了關於史密斯的消息，而此消息是否會有進一步的追蹤報導則是

2　*Making a Newspaper*, p. 57.

另一回事。重點在於，一連串事件要成為新聞，通常要透過某種明顯的行動來讓人注意到，而且通常以相當粗糙的方式。史密斯的朋友或許多年來都知道他在冒險行事，甚至如果他們多嘴，這些傳聞說不定早就傳到了財經編輯的耳裡。除非有內容可能因為構成誹謗而無法刊登，否則該傳聞中根本沒有任何可構成新聞的具體事實。必須得有某個不可能出錯的事實發生才行，比方說破產，或是一場火災、一場車禍、一樁襲擊、一場暴動、一次逮捕、一個譴責、一項法案的提出、一場演講、一張選票、一場會議、一位知名市民所表達的意見、一篇社論、一筆交易、一份工資表、一回價格變動，甚至是造橋的提議……事件的過程必須呈現出某種明確可辨的形態。消息的某層面尚未成為既定事實之前，要了解實際的真相猶如大海撈針。

關於一個事件何時才會有報導價值，人們的看法差很多。出色的記者當然比一般人更常挖掘新聞。如果看到一棟傾斜的建築，可能造成公共危險，那麼記者當下就能意識到了新聞點。曾有一位卓越的記者只聽說某位爵士正在打聽氣候狀況，結果預測出下一任印度總督的名字。的確偶爾會靈光乍現，但能做到這點的人畢竟寥寥無幾。基本上，事件以既定的形式發生在引人注意的地點時，新聞價值就會顯現出來。最明顯的就是公眾事件與公權力交接處。法律不問瑣事（De minimis non curat lex）。正是此處才會有消息傳出，例如婚姻、出生、死亡、契約、倒閉、出發抵達、訴訟、騷亂、流行病以及災難等等。

新聞並非反映出社會狀況，而是公開某一顯著現象。新聞不會說明種子在地下如何發芽，但可能會將第一株嫩芽破土而出的時間公諸於世，甚至分享某人描述地下種子的變化過程，或是嫩芽並未如期出土的消息。換句話說，任何事件能被聚焦、討論、評判、命名的情況越多，新聞點就會越多。

立法機構為了提升人類生活已無所不用其極，如果某天突然異想天開，禁止了棒球比賽的記分，那麼還是有可能進行比賽，只是形式不同而已。在新的比賽中，裁判依照個人對公平競技的認知，決定比賽的時間、各隊上場打擊的時機，以及勝者的判定方式。如果這種比賽登上報紙，其內容大概就是記錄裁判的判決、記者對觀眾喝采聲的印象，在草皮上幾個小時的選手比賽過程充其量只是含糊帶過。我們越是想理解這荒唐處境的邏輯，就越能明白，為了採集新聞（更不用說進行比賽了），如果沒有一套用於命名、記分及記錄的機制與規則，一切都難以成事。正因為這套機制不完美，裁判往往難以集中注意力，許多關鍵情節只能依賴肉眼判斷。假如有人認為有必要將任何比賽的畫面都拍下來，那麼就像西洋棋比賽一樣，選手都會遵守規則，每一場比賽都完全不會殘存任何爭議。最後，這些影片絕對能解答許多記者心中的疑問。因為人眼反應遲鈍，在拳擊比賽過程中，他們一直無法確定是登普西（Jack Dempsey）的哪一拳撂倒了卡彭蒂爾（Georges Carpentier）。

只要有完善的記錄機制，現代的新聞報導就能相當精準。股票交易所就有這樣的系統，股價的變動在報價板上迅速閃現，精確度相當高。選舉結果也有一套記錄機制，如果票數計算及統計工作順利的話，全國大選的結果通常在選舉當晚就能確定。在文明社會中，死亡、出生、婚姻和離婚等事件都有建檔記錄，除非刻意隱瞞或疏漏，否則資料都很完整。在產業及政府領域內也有記錄系統，涵蓋證券、貨幣、必需消費品、銀行清算、不動產交易、工資標準等方面，而精確度各不相同。進出口貿易因為都要經過海關，因此相關資訊能夠現場記錄下來，出錯率不高。國內貿易的記錄精確度，尤其是場外交易，還達不到國外貿易的水準。

新聞確實性及記錄系統的直接關係很容易發現。如果我們回想一下改革者主要抨擊新聞媒體的議題，就會發現這些議題中，報紙所扮演的角色猶如那場無記分棒球賽的裁判。有關心理狀態的新聞皆是如此，例如針對個性、真誠、抱負、動機、意圖、大眾情緒、民族情感、公眾意見，以及外國政府政策的描述等等。未來事件的新聞大多也是如此。涉及個人利潤、個人收入、工資、工作環境、勞動效率、教育機會、失業[3]、單調、健康、歧視、不公、貿易限制、浪費、「落後民族」、保守主義、帝國主義、激進主義、自由、榮譽、正義等問題，紀錄資料同樣也是零零散散。這些資料可能因審查或基於隱私而隱藏起來，也許根本沒有資料，因為沒有人認為有記錄的必要，覺得這只是一種官僚作風，也有可能因為客觀的評估系統至今尚未問世。因此，這些議題的新聞會成為爭論的焦點，直到新鮮感消失為止。沒有被記錄的事件，不是本身太過個人及一般，就是無法構成新聞。這些事件不會成形，除非有人出面抗議、進行調查，或是為了炒話題，話題的字面內涵就是要有人發話。

這正是新聞代理人存在的根本原因。各組織團體逐漸相信，

3　試想看看一九二一年失業報告中啟人疑竇之處。

無論事件內容是要公開還是避開，報導的決定權不該交給記者。雇用斡旋於團體及報紙之間的新聞代理人，才是更穩妥的做法。新聞代理人的聘用者會難以抗拒利用此人特殊戰略地位。正如弗蘭克・科布（Frank Cobb）所說：「戰爭前不久，紐約的報紙對新聞代理人進行了普查，發現定期受聘且常獲認證的大約有一千二百人。至於現在（一九一九年）我不確定有多少人，但據我了解，許多直接取得新聞資訊的渠道已遭封閉，而給大眾的資訊必須先經由這些代理人篩選後才會傳送出去。大企業雇用他們，銀行雇用他們，鐵路公司雇用他們，所有商業及社會政治活動的組織裡都有他們的存在，他們就是新聞傳遞的媒介。連政治家也都有他們的協助。」[4]

如果只是將顯而易見的事實報導出來，新聞代理人充其量只是一個書記而已。然而，就大多數重大新聞議題而言，事實並不簡單，也不一目了然，而是受到選擇性及主觀性的影響。因此，每個人自然都會希望報紙刊登他們首選的事實。新聞代理人就是

4　Address before the Women's City Club of New York, Dec. 11, 1919. Reprinted, *New Republic*, Dec. 31, 1919, p. 44.

在做這些事，藉此確實為記者省下不少麻煩，因為他們為記者勾勒出清晰的情況畫面，否則記者可能都理不清頭緒。然而，這也暗示，新聞代理人為記者描繪的這幅圖像，正是他們希望大眾所看見的形象。他們既是審查者，也是宣傳者，只對其雇主負責，而他們所呈現的全部真相，僅是符合雇主利益觀念的部分而已。

新聞代理人的出現，清楚表明現代生活中的事實，不會自然而然就直接呈現出來，而是必須由某個人加以塑形。由於在日常工作中的記者無法做到這點，加上公正無私的情報組織幾乎不存在，因此利害關係團體自然掌握了事實表述的決定權。

優良的新聞代理人明白，他們並不會做單純的新聞，除非事件過於荒誕，能在日常生活中顯現出來。這並不是因為報紙不喜歡純粹事件，而是因為如果沒有人預期會發生任何事，那麼報導什麼都沒發生根本毫無意義。因此，如果新聞代理人希望能自由發揮，那確切來說，他們必須先創造事件，製造噱頭，例如妨礙交通、戲弄警方，或將客戶或本身事業與某個新聞事件牽扯在一起。婦女參政運動者深知這個道理，雖然他們並不特別喜歡這種現實，但仍依此行事，將婦女參政運動持續留在新聞版面上，儘管爭論早已失去熱度，而且人們也逐漸將其認定為美國既定體制之一。[5]

幸好，婦女參政運動者與女權主義者有所不同，他們擁有非常具體且簡單的目標。如其最得力的支持者與反對者所知，投票所象徵的意義其實並不簡單。然而，投票本身卻是一項簡單親切的權利。針對報紙的控訴中，勞資爭議也是主要項目之一。和投票權一樣，罷工權屬於相當簡單的權利，但特定罷工的原因及目的，如同婦女運動那般，解釋起來相當複雜。

假設導致罷工的條件非常惡劣，那麼惡劣的標準何在？答案就是某種特定觀念，涉及適當的生活水準、衛生狀況、經濟安全以及人類尊嚴。某行業可能遠低於理論上的社會標準，而工人可能悲慘到無力抗爭，也可能情況優於該標準，但工人卻激烈抗議。不管怎樣，這個標準不夠明確。然而，我們會認為以編輯的理解，現狀的確低於標準。有時，編輯不必等待工人發動抗議，而是在社工的驅使下派記者前往調查，並呼籲大眾留意糟糕的情

5　*Cf.* Inez Haynes Irwin, *The Story of the Woman's Party*.
這本書不僅是出色的紀錄，闡述一場重大煽動行動中的關鍵內容，更是有豐富素材的寶庫，記錄了在現代公眾關注、公共利益及政治習慣的條件下，如何成功進行非革命性、非陰謀性的煽動行動。

況，不過想必他們無法經常這樣做，因為這類調查需要耗費時間、金錢、專門人才以及大量版面。要讓關於惡劣條件的報導有說服力，就需要大量的報紙欄位。譬如，要如實揭發匹茲堡地區鋼鐵工人的狀況，需要組一支調查隊伍、安排充裕的時間以及出版好幾期報紙才能做到。不要指望任何一家日報，平常能將製作《匹茲堡調查》（*Pittsburgh Survey*），甚至是《教會聯合鋼鐵報告》（*Interchurch Steel Report*），當作其日常任務之一。要百般折騰才能獲得的新聞已超出日報的資源範圍。[6]

惡劣條件本身並不構成新聞，因為除了少數例外情況外，新聞報導都不是原始資料的第一手記錄，而是經加工整理過後的資料報導。假如公共衛生部（Board of Health）報告某工業區死亡率異常偏高，那麼這才有可能成為新聞。沒有公部門介入，這些事實就不會成為新聞，除非工人動員起來向雇主提出訴求。即便如此，如果輕易達成和解，無論是否真正改善了狀況，其新聞價值

6　不久前，貝比·魯斯因超速而入獄。就在下午比賽開始前，他從監獄獲釋後直奔等候他的汽車，並在趕往球場的途中，以超速來彌補在監獄中浪費的時間。雖然沒有警察攔下他，但有記者為他計時，並在翌日上午公佈了他的車速。貝比·魯斯真的很厲害。報紙無法對所有駕駛進行測速，他們只能從警方那裡獲得有關超速的消息。

也很低。然而，如果勞資關係破裂，演變成罷工或工作封鎖，這樣新聞價值就會提高；如果工廠停擺直接影響到讀者所仰賴的服務，或是破壞了社會秩序，那麼新聞價值更是會大幅增加。

透過某些引人注目的徵兆，例如訴求、罷工、騷亂等等，潛在的問題會呈現在新聞報導之中。以工人或正義之士的角度，這些訴求、罷工與騷亂只是整個複雜過程中的一個小環節。然而，因為所有的現實都超出記者以及特定讀者的直接經驗，他們通常必須等待一個信號，其以公開行動的形式出現。當此信號出現，例如工人退場或是警力支援時，就會激起人們對罷工與騷亂的刻板印象。無形的鬥爭本身沒有什麼具體韻味，畢竟文字紀錄讀起來抽象，但透過讀者及記者的直接體驗，這種模糊抽象彷彿得到了生命力。顯然，這種體驗與罷工者自身的體會截然不同。罷工者能真切感受到的是工頭大發雷霆、機器單調的運轉讓人神經緊繃、髒空氣令人沮喪、妻子日常工作枯燥乏味、孩子成長受阻，以及住所陰暗擁擠。罷工的口號中蘊含了這些情緒，而記者及讀者剛開始所看到的也只是一場罷工及一些口號，然後才慢慢將自己的感受投射在這些簡單的符號上，可能因為罷工者阻斷了他們工作所需的物資，工作因此變得不穩定，最後導致物資短缺及價格上漲，一切到頭來都變得極其不便。這些都是事實。他們將這些情緒轉移到只有抽象內容的罷工新聞時，事件的本質反而讓工人處於劣勢。也就是說，在現行的產業關係體制中，工人因不滿或抱有希望而引發的新聞，呈現方式幾乎都是以公開抨擊生產為出發點。

因此，我們所面對的是錯綜複雜的情況、標誌這些情況的公開行動、發布信號的既定快報模式，以及讀者根據自身經驗所下的信號定義。當然，讀者對罷工的體會或許有其重要性，但從引發罷工的根本問題來看，這種經驗是失焦的。然而，這種偏離核心的意義反而最引人入勝。[7]對讀者而言，如果要運用想像力來探究核心議題，就必須跳脫自我，走入截然不同的生活世界。

因此，在報導罷工時，最簡單的方法就是讓新聞藉由公開行動浮現出來，並將事件描繪成一則干擾讀者生活的故事。這正是吸引讀者注意力及激起他們興趣之處。我認為，對工人及改革者而言，報紙看似故意扭曲事實的現象，很大部分要歸因於披露事件的實際困難度，以及面對陌生事實的情緒阻礙，畢竟要增添其

7　*Cf.* Ch. XI, "The Enlisting of Interest."

趣味不容易，除非如愛默生（Ralph Waldo Emerson）所言，我們能「將這些事實視為個人熟悉經驗的一個新版本，僅此而已」，並能「立即將這些事實與我們認知的版本調成相同頻率」。[8]

如果我們研究許多罷工相關報導，就會發現這些議題很少登上頭條，在導語中也幾乎不會提及，有時甚至隻字未提。只有其他城市的勞資爭議極為重大時，新聞報導才會提供資訊，明確說明爭議內容。這正是新聞運作的慣例。政治議題及國際新聞也是如此，只是彈性多一點。新聞是階段性報導，只呈現備受關注的內容，而報紙堅守此慣例的原因來自各方壓力，例如來自版面限制，只能以既定方式記錄情況；來自獨具慧眼的記者難找；來自挪出更多版面的困難，無法讓最優秀的記者振筆疾書，為奇特觀點潤飾，使其變得合理；來自經濟考量，必須迅速抓住讀者目光並避免冒犯讀者，假如報導無趣，事件描述不充分又拙劣，就會帶來經濟風險。所有這些困難綜合起來，讓編輯面臨棘手議題時無法篤定，因此自然偏好無可爭辯的事實，加上更容易迎合讀者

8　From his essay entitled Art and Criticism. The quotation occurs in a passage cited on page 87 of Professor R. W. Brown's, *The Writer's Art*.

興趣的呈現方式，這兩者指的就是罷工本身以及讀者的不便感受。

在當前產業組織中，所有更為微妙、深刻的真相其實都是不可靠的，其牽涉到對生活水準、生產力及人權等標準的判斷。因為缺乏精確記錄與量化分析，這些判斷不斷成為爭論的焦點。只要產業中不存在這些記錄與分析，關於產業的新聞報導往往會，如愛默生引用伊索克拉底（Isocrates）的話，「小題大做或是大題小作」。[9]在產業中，如果沒有一套制度化的程序，也缺乏專家來篩選證據與主張，那麼對讀者而言最能引起轟動的事實，就幾乎是所有記者所追尋的事實。考慮到當前普遍存在的產業關係，就算當中存在協商或仲裁，若決策時事實未經獨立篩選，那麼大眾讀者關注的議題往往與產業本身所面臨的問題有極大出入。因此，藉由報紙來解決爭議，對報紙及讀者而言，會造成一種他們無法且不應承受的負擔。在真正的法律與秩序尚未建立的情況下，大部分的新聞報導，除非有人發現並勇敢糾正，否則對堅持個人主張卻無法無天的人相當不利。現場報導通常只記錄由主張引起的混亂，而非該主張產生的原因，而原因其實是難以捉摸的。

9　*Art and Criticism, supra*

編輯負責處理這些新聞快報。他們坐在辦公室裡閱讀這些訊息，但卻很少能親眼目睹事件的全貌。如我們所見，他們每天至少要吸引一部分讀者，因為如果他家報紙正好迎合讀者的口味，他們就會毫不留情變換菜色。編輯工作壓力極大，因為報紙之間的競爭往往是分秒必爭。判斷每一則快報要又快又準，不但要理解，還要能與其他事件建立關聯，再依據自身對大眾興趣的觀點，適當予以強調或淡化。要是沒有標準、刻板印象、例行判斷，又不能割捨事件的枝微末節，那麼編輯很快就會癱死在座位上。報紙最後一頁有固定的版面尺寸，務必在規定時間準備就緒。每份報紙的標題有特定數量，而且各標題能用的字母數也有限制，而且始終要滿足讀者迫切又任性的要求、顧慮誹謗的風險，以及處理數不勝數的突發狀況。如果無系統化管理，這一切根本不可能應付，只有將產品標準化，才能節省時間與精力，同時在一定程度上也能降低失誤的機率。

正是這一點讓報紙彼此之間的相互影響最為深刻。戰爭爆發時，美國報紙突然面臨一個史無前例的題材。因為財力足以負擔昂貴的電報費，某些日報能率先取得新聞，而其報導方式成為整個新聞界的典範。不過，這種模式其實來自英國新聞媒體，這不是因為北巖爵士（Alfred Harmsworth, 1st Viscount Northcliffe）擁有美國報紙，而是因為當初購買英國的新聞較為容易，比起其他國家的報紙，美國記者要閱讀到英國報紙相對簡單許多。作為電報及新聞中心，倫敦確立了一套專門的戰爭報導技巧。類似的情況也發生在對俄國革命的報導上。當時，資訊因受到俄國及協約國的審查而封禁，加上俄語本身的難度，使得消息封鎖更加徹底，但最根本的原因在於，即便是一場正在演變中的混亂，報導起來也是最艱難的。這使得俄國革命新聞的形成，從源頭赫爾辛基、斯德哥爾摩、日內瓦、巴黎一路到倫敦，都落入了審查員及鼓吹者的掌控之中。這些人長期以來幾乎都未受到制約。我們必須承認，他們讓自己貽笑大方之前，就從俄國的軍事混沌中找出某些真實面相，重新塑造出一套充滿仇恨與恐懼的刻板印象，長時間壓制了新聞業現場勘查及報導真相的機會，以致此至高無上的職業準則無法實際兌現。[10]

每一份報紙在讀者手中呈現之時，都是經過一連串選擇的結

10 *Cf. A Test of the News*, by Walter Lippmann and Charles Merz, assisted by Faye Lippmann, *New Republic*, August 4, 1920.

果，例如刊登的項目、刊登的位置、各版面所佔的比例，以及新聞強調的程度等等。這裡並不存在客觀標準，只有一些慣例。舉同一個城市所發行的兩份日報為例。其中一份的頭條寫著：「英國承諾援助柏林對抗法國侵略；法國公然支持波蘭。」而另一份的頭條則是「斯蒂爾曼夫人的另一段情」。讀者的選擇屬於個人喜好問題，但這並不完全代表編輯個人的喜好，而是編輯必須判斷新聞內容，並成功吸引部分讀者花半小時認真閱讀。然而，吸引讀者注意力的問題，絕不等於呈現新聞的視角是依照宗教教義，或是某種倫理文化形式。這是一個激發讀者情緒的問題，使其對閱讀的報導產生個人認同感。如果新聞無法將人帶進其描繪的衝突世界，那麼就無法提起廣大讀者的興趣。讀者必須透過個人認同的方式參與其中，如同出演戲劇一般。正如女主角陷入危險時，每個人都屏氣凝神，或像替貝比．魯斯（Babe Ruth）揮棒那般，讀者也會以更微妙的方式進入新聞的世界。為了讓讀者能夠融入其中，編輯必須在報導中找到一個熟悉的立足點，而這正是透過刻板印象營造的。這些刻板印象暗示讀者，如果一個水電工協會被稱作「聯合會」，那麼會產生反感是合理的；如果被稱為「商業鉅子集團」，反而會激起正面的反應。

正是這些元素的結合，讓輿論的力量得以產生。社論則進一步加強了這種力量。有時候，新聞頁面的呈現過於混亂而讓人難以辨識時，社論就會提供讀者線索，藉此讓他們投入其中。此線索必不可少，畢竟大多數人如果要快速捕捉新聞，就必須得到某種提示。換句話說，他們需要某種暗示，讓有某種身份的自己，將情感融入所讀的新聞之中。

沃爾特．白芝浩曾寫道[11]：「據說，只要能讓一位中產階級的英國人思考『天狼星裡是否有蝸牛』這個問題，他很快就會對此產生看法。雖然讓他動腦並不容易，但一旦他開始思考，就不可能一直持否定意見，最後一定會做出某種決定。在任何普通議題上，情況當然也是如此。一位雜貨店老闆對外交政策有完整一套自己的信念，而一名年輕女子對基督教聖禮也有完整的理論，兩者都無庸置疑。」

然而，這位雜貨商對自己的貨品充滿種種疑慮，而那位對基督教聖禮深信不疑的年輕女子，卻可能對是否要與這位雜貨商結婚產生各種疑惑，甚至就算不結婚，也會對該不該接受他的追求

11　On the Emotion of Conviction, *Literary Studies*, Vol. Ill, p. 172.

而猶豫不決。能一直秉持否定的態度有兩種解讀方式，不是對結果漠不關心，就是對各種可能的替代方案瞭如指掌。以外交政策或基督教聖禮為例，人們對結果所表現的興致很強烈，但檢驗這些觀點的方法卻寥寥無幾。這正是一般新聞讀者的窘境。如果我們要閱讀新聞，就必須產生興趣、融入情境並關心事情的結果。一旦如此，就難以維持一種冷漠否定的態度，除非能透過獨立的途徑來核對報紙所引導的觀點，否則正因為我們對新聞太過投入，所以難以平衡意見並接近事實真相。我們越是熱情投入，就越容易排斥不同觀點以及令人惶恐不安的消息。這就是為什麼許多報紙發現，一旦如實激發了讀者的黨派情緒，依編輯之見，即使事實證明有改變立場的必要，但要改變方針談何容易。如果必須改變，那麼就要以極其嫻熟及精細的手法來操控這段過渡期。通常，報紙不會冒險行事，反而會讓該主題的新聞逐漸失去吸引力，使其安全過渡，以靜水澆熄爭議烈火。

第24章

新聞、真相與結論

隨著我們對新聞媒體的研究日益精確，許多成果將取決於我們所持的假設。如果我們與辛克萊以及他的大多數反對者一樣，認為「新聞」與「真相」是相同的一件事，那麼我們將一無所獲。我們要證明的是，報紙撒了謊，同時也要證明，辛克萊的說法也是謊言。我們還要證明，當辛克萊說別人說謊時，他其實也在說謊，反之亦然。我們要發洩我們的情感，但最後不過是煙消雲散。

我認為最有意義的假設是：新聞與真相是兩回事，必須加以明確區分。[1]新聞的功能在於報導一個事件，而真相的功能則是揭露隱藏的事實，建立其關聯性，從而營造一個讓人們做出反應的

1　When I wrote *Liberty and the News*, I did not understand this distinction clearly enough to state it, but cf. p. 89 ff.

現實畫面。只有在明確的社會條件情況下，真相的全貌和新聞內容才會一致，而這只佔整個人類關注範圍的一小部分。新聞的檢驗也只有在這範圍內才能做到精確，因此任何針對新聞扭曲或壓制真相的指控，不會只是黨派性的評價而已。如果一份報紙只憑一個極為不可靠的消息來源，六次宣稱列寧已死，那就毫無任何辯護、減輕責任或藉口可言。在此情況下，新聞的標題不該只是「列寧已死」，而是「赫爾辛基聲稱列寧已死」。不論消息來源是否可靠，報紙的報導都不該太過肯定列寧已死。編輯應承擔的最大責任是判斷消息來源的可靠性。然而，提到俄國人想要什麼的主題時，卻不存在這樣明確的檢驗標準。

我認為，新聞行業的特點正是缺乏這些精確的檢驗標準，這就是最具說服力的解釋了。因為對知識的了解不夠精確，因此不需要卓越的能力或專門訓練就可應付，其餘的則全靠記者個人的裁量。一旦記者離開了相關知識的環境，例如法院書記官辦公室中有明確約翰．史密斯破產的紀錄，那麼所有固定的標準也就跟著消失。關於約翰．史密斯失敗的原因、他的人性弱點，以及導致他破產的經濟分析，這一切都可以用上百種不同的方式來敘述。記者進入真相不明的專業領域時，醫學、工程或法律都有權威性的規範給予他們思考方向。然而，應用心理學卻沒有這樣的機制，也無法強制讀者或出版商做任何判斷。記者的真相版本就是個人的主觀詮釋，那麼他們如何證明自己所見的真相呢？事實就是無法證明，就像辛克萊・路易斯一樣，他亦無法證明自己已表明了《大街》全部的真相。他越是了解自己的弱點，就越無法否認，在缺乏客觀檢驗標準的地方，記者的觀點大部分是出自個人的刻板印象、根據自己的準則，以及因個人利益迫切性而構建出來的。他們明白自己是以主觀的有色鏡片在觀察這個世界。不可否認，如雪萊（Shelley）所說的，他們就像一座五彩玻璃的圓頂，玷汙了那永恆的白色光輝。

正因為了解這一點，記者的自信有所收斂。或許擁有各種道德勇氣，事實上偶爾會展現出來，但他們卻缺乏堅定的信念，此信念能靠某種手段，最後使自然科學擺脫神學的束縛。物理學家就是透過逐步建立一套無可反駁的方法，獲得了與世間一切權勢抗衡的知識自由。他們的證明如此明確，證據也遠勝於傳統觀念，以致最後能徹底擺脫所有的束縛。然而，記者在良知上及事實上都沒有獲得這樣的支持。對記者施加控制的是僱主及讀者的觀點，這股壓力並不是偏見控制了真理，而是某一個似乎更為真實的觀點制約了其他觀點。蓋瑞法官（Elbert Henry Gary）宣稱工會將摧毀美國各項制度，而龔帕斯（Samuel Gompers）主張工會是保障人權的機構，兩者之間要選擇誰，最後很大程度上必須根據願意相信誰來決定。

記者無法減緩這些爭議，並將其縮減到能作為新聞報導的程度。他們必須讓人們理解，其觀點所基於的真相充滿不確定性。此外，透過批評與煽動，促使社會科學界提出更為實用的社會事實表述，同時敦促政治家建立更為透明的制度。換句話說，新聞媒體要積極擴大真相的可報導性。然而，依照現今社會真相的組織方式，新聞媒體無法在各期報紙中提供足夠的知識量，以符合公眾意見的民主理論。這不是因為黃銅支票的關係，如激進派報紙的新聞品質那般，而是因為新聞媒體所面對的社會，關於權力的記錄非常不完善。其實，新聞媒體本身無法記錄這種強制力量，通常只能記錄由體制運作所留下的固定版本。剩下的都屬於沒有定論的爭辯與意見，會隨著時局變遷、自我覺醒以及內心勇氣而搖擺不定。

新聞媒體就算不如辛克萊相信的那般邪惡或處心積慮，也比民主理論所認定的要脆弱得多。由於太過脆弱，所以無法承擔起整個人民主權的重擔，也不能自然而然提供渾然天成的真相，滿足民主主義者的期望。如果我們期望新聞媒體能提供如此真相載體，那麼採用的判斷標準就偏差了。我們低估了新聞固有的侷限性以及社會本質上的複雜性，同時高估了自己的忍耐力、公德心以及全方位的能力。我們以為自己對乏味的真相有極大的胃口，但誠實分析自身喜好後發現根本沒有。

如果報紙需承擔翻譯全人類公共生活的重責大任，讓每位成年人都能對任何有爭議的議題形成意見，那麼其實已經失敗了，而且必然會失敗，未來也只會繼續失敗。設想一個依賴分工與權力分散運作的世界，能由全人類的普世意見來治理，這根本不切實際。不知不覺中，該理論將單一讀者當作全能的存在，並把完成代議政府、產業組織及外交所未成達成的各項任務，責任全部推給報紙。報紙被要求在一天二十四小時中抽出三十分鐘，對每個人施加影響，並創造出一種名為「輿論」的神祕力量，以彌補公共體制的漏洞，這有可能嗎？事實上，新聞媒體曾多次誤以為自己能做到這一點，以極大的道德代價，助長了一種受前提束縛的原始民主理念，讓報紙能自發提供每一個政府機構、每一個社會問題本來就不具備的資訊機制。各體制內因不存在完善的知識工具而產生一大堆「問題」，最後理應由審視新聞媒體的所有人來解決這些疑難雜症。

換句話說，新聞媒體如今可說是直接民主的機制，每天在廣大的公眾範圍內，承擔倡議、公投及罷免等制度所賦予的職能。這個全天候運作的輿論法庭，隨時能對一切事物頒布規定。這根本行不通，如果考慮到新聞的本質，就連想都不用想。如我們所見，新聞的精確性取決於記錄的精確程度，除非事件和人一樣有名稱以及明確樣貌與身材，否則不是無法呈現出新聞的特質，就是會在觀察時受到偶發情況及偏見的影響。

因此，整體而言，現代社會新聞的品質正是其社會組織狀況的指標。體制越完善，各方利益就越能有代表性，各項議題越能釐清，客觀標準越多，事件就能更完美地成為新聞。在最好的情況下，新聞媒體是各種體制的僕人與守護者，但相反則淪為少數人的圖利工具，利用社會失序以達成目的。趁著體制失靈，不擇手段的記者便能在混亂中大撈一筆，而有良心的記者則不得不在充滿不確定性的環境中賭上一把。

新聞媒體並非各種體制的替代品，猶如一束不停掃射的探照燈，將一個又一個片段從黑暗中逐一顯示出來。人們無法只憑藉這束光完成天下大事，也無法僅靠單一事件、插曲或突發狀況來治理社會。只有人們將自己穩定的光芒作為指引，新聞媒體才能循著光，揭開能讓公眾作出明智決定的局面。問題的根源可能比新聞媒體的報導還深刻，解決方法亦潛藏於更深層次。這在於建立一套以分析和記錄為基礎的社會組織，以及該原則所帶來的一切附帶效應；在於放棄萬能公民的理論，推動決策下放，並藉由相應的記錄與分析來協調決策。如果管理核心能有持續運作的審查系統，讓工作者與監督者都能洞悉全盤運作，那麼問題出現時，就不會像無頭蒼蠅一樣摸不著頭緒。透過一套情報機制，新聞得以透露給媒體，而這套系統也能對其產生制衡作用。

這是激進的做法，因為新聞業的困境、地域性或功能性代議政府的難題，以及資本、合作或共產產業的弊病，其根源都相同，即自治的人民無法發明、創造並組織一套知識機制，以超越個人經驗與偏見。

正因人們必須在不可靠的世界畫面下做反應，政府、學校、新聞媒體和教會的發展才會有限，畢竟要面對的是民主明顯的缺陷、激烈的偏見、冷漠，以及對無意義的瑣事、花邊新聞及稀奇古怪事物的偏好等等。

這就是大眾政府的主要缺陷，一個根深蒂固的傳統缺陷，而我相信其他所有缺陷都可歸結於此。

第八部

給人們更有組織的訊息

ORGANIZED INTELLIGENCE

第25章

楔入專業

如果解決方法本身能提起人們興趣，那麼像查爾斯．麥卡錫（Charles James McCarthy）、羅伯特．瓦倫丁（Robert Valentine）和腓德烈．溫斯羅．泰勒（Frederick Winslow Taylor）這樣的美國先驅，就不必為了一場公聽會而大費周章。然而，正是因為情況如此，他們才不得不奮力爭取，這也解釋了為何政府研究單位、工業審計、預算編制等部門猶如改革的醜小鴨一般。關於引人注意的公眾意見，這些機構顛覆了其構建的過程。這些機構不再呈現一個偶然的事實、一幅充滿刻板印象的帷幕，以及一種戲劇化的認同機制，而是拆解這場戲劇，突破一層層刻板印象，向人們提供全然不同的事實畫面，而這個畫面既陌生又顯得缺乏人情。如果這樣的呈現無法引起痛苦感受，就會顯得枯燥乏味，而對深受痛苦的人而言，例如善於討價還價的政客及隱藏內幕的黨派份子，往往會利用大眾食之無味的感受，藉此排解他們自身的痛楚。

然而，每個複雜的社群都曾尋求專家協助，無論是占卜師、牧師還是長者。儘管我們的民主制度建立在普遍能力的理論之上，但卻仍依靠律師來管理政府並協助治理產業。一般認為，經過專門訓練的人在某種程度上能掌握真理體制，比業餘人士自發形成的觀念更為廣泛。然而，經驗顯示，傳統律師所依賴的工具及知識不足以應對所有挑戰。透過技術知識，偉大社會迅速成長到驚人的規模。這個社會是由一群工程師所建構的，他們善於運用精確測量與定量分析。人們逐漸發現，不能讓只用演繹法思考對錯的人來治理社會。人類只有運用建構社會的手段才能真正掌控社會。因此，越來越多有遠見的領袖開始召集受過專業訓練或無師自通的專家，讓管理者能夠理解這個偉大社會的各項層面。這些專家有各自的稱謂：統計學家、會計師、審計員、產業顧問、不同專業的工程師、科學經理、人事管理者、研究人員以及所謂的「科學家」，有時甚至只稱這些人為普通的私人祕書。他們各自帶來了專門的行話、檔案櫃、索引卡目錄、圖表、活頁卷宗等等，而最重要的是，一位主管能坐在辦公桌前對政策事項做決策判斷，面前只有一張打好字的紙，依照方便批准的格式呈現，這是多麼無可挑剔的理想畫面啊！

這整個發展過程，並非是自發性的創造演化，更像是盲目的自然選擇。政治家、行政主管、政黨領袖，以及志願團體的負責人發現，如果一天之內要討論二十幾個不同的議題，就必須有人指導他們。他們開始吵著要備忘錄，而發現自己無法閱讀全部郵件後，就請人用藍色鉛筆標出重要信件中的重點。他們面對辦公桌上堆積如山的打字報告時，也要求提供摘要。對於看不完的數字資料，他們反而喜歡能將數字製作成彩色圖表的人。他們甚至分不清各種機器，於是僱用工程師去挑選這些機器，並回報價格及功能。如同一個人在搬運重物時會依次拿下帽子、脫掉外套，再解開衣領，他們也逐步卸下一個個負擔。

然而，奇怪的是，儘管他們知道自己需要幫助，卻遲遲不求助社會科學家。相較之下，化學家、物理學家和地質學家早就得到了友善的對待，為他們設立實驗室，並提供各種誘因，因為人們能立即體會到他們在戰勝自然方面所取得的成果。然而，以人性為研究對象的科學家情況卻大不相同。原因有很多，而其中最主要的是，他們能展示的成果不多。這些科學家沒那麼有成就，是因為無法一直證明其理論的正確性，除非處理的是歷史事實。物理科學家可以提出假設、對其進行測試，並反覆修正數百次。

即使最終證明其假設是錯誤的，也不會讓其他人承受代價。然而，社會科學家根本無法提供類似實驗室測試的證據，如果採用他們的建議後發現有誤，那後果可能不堪設想。就事物的本質而言，他們要承擔的責任更大，但結論卻無法更加肯定。

還不止於此。在實驗室科學中，學者已突破了思想與行動之間的兩難困境，可以將一個行動的樣本帶到一個安靜場所，在那裡任意重複，從容檢驗。然而，社會科學家卻不斷陷於兩難之中。如果他們留在圖書館裡悠閒思索，就只能靠那些零散的些許印刷紀錄，都是透過官方報告、報紙及訪談得到的。如果他們走進事件發生的「現實世界」，則必須經歷漫長且往往一無所獲的探索期，最後才有機會進入決策的殿堂。他們無法隨心所欲進出於行動之中，因為沒有任何特許的傾聽者。決策者觀察到身處外面環境的社會科學家，只能了解到內部情況的皮毛，並領悟到社會科學家的假設，本身就不適合實驗室驗證，而驗證只能在「真實」世界中進行。因此，他們對反對自己公共政策觀點的社會科學家，往往評價不高。

在內心深處，社會科學家對自己的評價也是如此。他對自己的工作缺乏自信，總是半信半疑，對什麼都無法斷言，因此也沒有充分理由堅持自己的思想自由。憑藉自己的良知，他們究竟能為此提出什麼主張呢？[1]他們的資料充滿不確定性，缺乏可供驗證的方法，其最優秀的特質竟然淪為挫敗之源，因為如果他們具批判精神且深受科學精神薰陶，那就不可能成為教條主義者，為了自己都沒有把握的理論，與受托人、學者、公民聯盟以及保守派媒體決一死戰。如果我們真的要決一死戰，必須是為了上帝而戰。然而，政治科學家總抱有一絲懷疑，思考自己是否有受到上帝的召喚。

因此，如果社會科學中的諸多內容偏向自我辯解而不具有建設性，原因在於社會科學本身的機遇，其實跟「資本主義」無關。自然科學家藉由建立一套不可辯駁的結論方法，擺脫了教條主義的束縛。他們說服了自己，獲得了尊嚴，也清楚奮鬥的目標，而社會科學家必須研究出檢驗方法後，才能獲得應有的尊嚴與力量。偉大社會中的領袖有獲取分析機制的需求，他們要將其轉化為一種機遇，從而讓原本無形的事物變得容易理解。

1　Cf. Charles E. Merriam, *The Present State of the Study of Politics, American Political Science Review*, Vol. XV. No. 2, May, 1921.

然而，依現狀來看，社會科學家往往從一堆不相干的資料中拼湊出數據。社會過程的記錄常常零散而斷斷續續，往往只是行政運作中的偶然產物。國會報告、辯論、調查、法律文件、人口普查、關稅、稅目表等資料猶如皮爾當人（Piltdown Man）的顱骨，必須經過巧妙的推理拼湊，才能讓學者對其所研究的事件形成某種畫面。儘管這些資料涉及人們的意識生活，但往往晦澀不明，因為試圖做總結的人，實際上並沒有監控數據收集的過程。想像一下醫學研究是由進不了醫院的學生做的，他們沒有權利進行動物實驗，因此結論務必來自病患的敘述、各診斷體系的護士報告，以及國稅局對編制藥劑師的超額利潤統計。執行某法律的官員在心中照單全收的分類，以及官員企圖辯護、說服、主張或證明的分類，都是社會科學家所需的資料，他們通常只能盡力拼湊。學者深知這一點，並為了防範而發展出一門學術分支，其核心是對收集的資料抱持認真懷疑的態度，不能全盤相信。

這固然是一種美德，但如果用來矯正社會科學的歪風，這種美德就顯得很薄弱。學者只能盡可能大膽猜測，為何這種事會在一個不明的情境中發生。然而，受雇擔任代表之間的協調者也是行政機制的鏡鑒及圭臬，他們對事實的掌控方式截然不同。他們不必針對行動者拋出的事實進行概括，而是替行動者整理並準備事實。這是戰略位置的大轉變。他們不用再置身事外，反覆思索由決策者所提供的資訊，而是直接站在決策前線。現今的流程是，行動者先收集事實，並根據這些事實作出決定，然後再過一段時間，社會科學家才推論出能充分說明的理由，無論決定明不明智。這種事後推論的關係，說好聽一點是「學術」，但實際上是貶義的。真正的流程應當是，無私的專家首先為行動者發掘並整理事實，隨後再比較所理解的決策及所組織的事實，並提出所能提供的建言。

對自然科學而言，這種戰略地位的轉變起初進展緩慢，隨後卻加速發展。曾經有一段時期，發明家與工程師被視為思想浪漫且近乎窮困的局外人，甚至被當作怪人看待，而商人及工匠則熟悉自己行業的所有祕辛。隨著時間推移，這些祕辛更加撲朔迷離，最終產業開始依賴物理定律和化學組合，這些不但肉眼不可見，而且只有受過專業訓練的人才能理解。科學家也從拉丁區（Latin Quarter）那座高貴的閣樓遷入辦公大樓及實驗室，因為只有他們能構建出反映產業運作的現實畫面。在此新式關係中，他們獲得與付出的資源大致相當，甚至可能更多。純科學的發展速度超越了應用科學，儘管能藉由持續接觸實際決策者而得到經濟的支持、大量靈感來源，甚至更多關於理論實用性的資訊。然而，自然科學的發展仍面臨極大的侷限性。決策者只憑常識行事，如果沒有科學輔助，難以管理一個因科學家的存在而變複雜的世界。他們非得重新應付那些自己無法掌握的事實，就像以往請工程師來協助一樣，他們現在又必須再求助於統計學家、會計師以及各種專家。

這些務實的學者是新社會科學實實在在的先驅。他們正「與驅動輪軸緊密相連」[2]，科學與行動的實際結合造就雙贏的局面：行動因信念而得到合理解釋，而信念在行動中不斷接受檢驗並得以強化。我們正處於這一切最原始的階段。但如果我們承認，因為實際的困難，所有大規模的人類社會組織一定要包含一群人，他們逐漸了解其特殊的環境有專業報導的必要，那麼想像力就有了發揮的前提。在專家團隊之間進行技術與成果的交流中，我們已能了解社會科學實驗方法的初步輪廓。如果每個學區、每項預

2　Cf. The Address of the President of the American Philosophical Association, Mr. Ralph Barton Perry, Dec. 28, 1920. Published in the Proceedings of the Twentieth Annual Meeting.

算、每個衛生部門、每家工廠，甚至每張關稅表，都成為彼此知識資料的來源，各種可比經驗的數量就會開始接近真實實驗的規模。在四十八個州、兩千四百個城市、二十七萬七千所學校、二十七萬家工廠、二萬七千座礦山與採石場中，蘊藏著豐富的知識經驗，但願這些經驗能被完整記錄並加以運用。當中也同時存在低風險的反覆試驗機會，讓任何合理的假設在不動搖社會根基的情況下，都能受到公正的檢驗。

這個楔子不光是需要專業協助的產業主管及政治家插入的，還包括市政研究局[3]、法律圖書館、企業、工會及公共事業的遊說團體，還有女性選民聯盟（League of Women Voters）、消費者聯盟（Consumers League）、製造商協會（Manufacturers' Association）等志願組織，以及數以百計的協會及公民聯盟，還有《國會探照燈》（*Searchlight on Congress*）及《調查》（*Survey*）這類出

3　美國這種組織的數量極多。有些仍意氣風發，有些則半死不活，正處於快速變動之中。由底特律政府研究局的厄森（L. D. Upson）、紐約市政參考圖書館（Municipal Reference Library of New York City）的蘭金（Rebecca Browning Rankin）、威斯康辛州教育委員會（State Board of Education）祕書菲茲派翠克（Edward A. Fitzpatrick），以及紐約工業研究局的茲曼德（Savel Zimand）提供的名單上，這類組織的數量已達數百家。

版品，加上普通教育委員會（General Education Board）等等基金會。當然，這些機構的動機不見得都是公正無私的，不過這不是重點。這些機構都開始顯示出，在個人與其所捲入的廣大環境之間，需要插入某種形式的專業知識作為中介。

第26章

情報工作

民主的實踐遠遠領先其理論。理論認為，成年選民集合在一起，能憑藉他們內心固有的意志做出決定。然而，正如統治階級的形成在理論上是看不見的，而實際上許多人們因理念衝突而磨合的過程，也不存在傳統民主的既定形象中。目前已經有方式能代表生活中各種無形的利益及職能。

我們在闡述國會的理論時最能體會到這一點，當我們解釋其擁有的立法權及否決權時，就是基於如此觀點。可能遭當選官員忽略的利益必須受到保護，而人口普查局（Census Bureau）進行統計、分類及聯繫各種人事物及變化時，同時也在揭露環境中的無形因素。地質調查讓礦產資源變得明顯，農業部則在國家各級協商機構中，代表每位農民只能窺見一角的因素。學校當局、關稅委員會、領事機構與國內稅務局都是發聲單位，因為某些人以及某些想法及事物，無法透過選舉自動獲得代表性。兒童局也成了利益及職能的發言人，不過這一大串利益及職能是選民無法察覺的，因此無法自然而然融入他們的公眾意見中。正因如此，一旦嬰兒死亡率的比較統計數據公佈，往往就會伴隨著嬰兒死亡率的下降。市政官員及選民在統計公佈之前，嬰兒在他們身處的環境畫面中並未佔一席之地，而統計數據的出現，便讓這些嬰兒成為矚目的焦點，彷彿親自選出市議員為他們陳情一般。

在國務院中，政府設有遠東事務處（Division of Far Eastern Affairs）。這是為了什麼呢？日本及中國政府都在華盛頓設有大使館，難道他們還不夠資格代表遠東嗎？他們確實是遠東的代表，但沒有人會認為，美國政府只能諮詢這些大使，才能獲得關於遠東的資訊。即便他們已經相當坦率，但透過此管道而得的訊息還是有限。因此，為了得到更多額外的資訊，我們在東京和北京設立大使館，並在許多地點設置領事機構，可能還有一些祕密特務。這些人負責發送報告，經過遠東事務處一路送到國務卿手中。那麼，國務卿對遠東事務處有何期待呢？我認識的一位國務卿曾期待該部門花光其預算，但也有一些國務卿無法獲得報告，必須求助其他部會，而他們最不想遭遇的是，在事實不明的情況下還要想出巧妙的論述為美國的立場辯護。

國務卿要求的是，專家必須將遠東的全貌，以有條理且鉅細靡遺的方式，呈到他們的桌上，彷彿他們親自與遠東接觸一般。專家必須對信息進行翻譯、簡化、概括，但推導出的結論必須要適用於東方的現實，不只侷限在報告中的前提。假如國務卿工作相當稱職，那麼他們最無法容忍的是，專家們懷有「政策」，有自作主張之嫌。他們不想聽到專家們議論自己是否喜歡日本在中國的政策。他們想知道的是，不同階級的中國人、日本人、英國人、法國人、德國人及俄國人對此有何看法，以及根據他們的看法，預測其可能採取的行動。他們希望這一切都能呈現出來，作為決策的依據。遠東事務處如果能越忠實代表日本或美國大使，或西岸的參議員與國會議員未能涵蓋的內容，國務卿作為決策者就會更為出色。他們也許會從西岸獲取政策靈感，但對日本的看法，則必須直接來自日本當局。

世界上最優秀的外交服務，正好是讓知識收集及政策控制自成一格的體制，但這絕非偶然。戰時，在多處英國大使館還有英國外交部中，總有一些常駐官員或特別委任人員，能絲毫不理會當時盛行的抗戰心態。他們捨棄了無謂的爭辯，不再執著於支持或反對，不再偏袒某些國家、固守厭惡之事，以及藏匿太多未曾吐露的怨言，將這一切交由政治領袖處理。然而，在一處美國大使館中，我曾聽一位大使說，他從不向國家報告任何無法振奮人心的消息。他的魅力感染了每位與之相遇的人，曾幫過許多陷於困境的戰時工作者，在揭碑時的表現令人刮目相看。

這位大使其實不了解，專家的影響力取決於是否和決策脫鉤，身為專家的他不該做決定。像大使般選擇立場、干預決策的人，很快就會被忽視，變成決策者心中一位自作聰明的人。一旦他們過於執著，就只會看到想看的，從而忽略應該看見的真實面貌。他們的使命是代表無形的事物，代表非選民者、非主流的選民職能、無從察覺的事件、沉默無言者、尚未出生者，還有事物與人之間的關係。他代表的是由無形因素構成的群體，而無形之物根本無法形成政治多數，因為投票終究是一場力量的較勁、一場聖戰，而專家本身並無法立刻發揮其有用的影響力。然而，他們能透過擾亂現有權力的局勢來施加影響。藉由顯化無形之物，他們讓掌握實質力量的決策者面對一個全新的環境，喚起他們內心的理念及情緒，使其陷入混亂，因而以最深切的方式影響最後的決策。

在與自身認知矛盾的環境中，人們不可能一直無動於衷。

如果他們執意以某種方式做出反應，就必須重新構思環境，對某些事物進行篩選、合理化，但如果他們面前出現了明顯無可辯駁的事實，那麼就只有三種選擇。他們可以反其道而行地裝作沒看見，儘管可能會損害自身，以致反應過度而樂極生悲；他們也能將其納入考慮但拒絕付諸行動，最後充滿不適及挫折感；或者，我認為最常見的情況是，他們要調整自己的整個封閉行為，重新適應這個放大的環境。

認為專家因不加入決策而無法發揮影響力的觀點，其實與現實經驗不符。進入決策過程中的細節越是微妙，專家就越不用擔起責任。未來他們的影響力一定會逐漸擴大，因為越來越多的相關事實是選民及治國者都掌握不了的。所有的政府單位都會傾向於組織研究及資訊團隊，這些團隊會像全世界各軍隊的情報部門一樣，不斷向外擴張、延伸其觸角。不過，專家畢竟還是普通人。他們是有影響力，但往往自詡為審查員，因而承擔起決策的真實職能。除非明確界定他們的職能，否則很可能只會傳遞自己認為合適的事實，並下達主觀認定的決策。簡言之，他們最後容易淪為官僚。

唯一的制度保障就是盡可能將執行與調查部門分開。這兩個部門應該平行運作，但彼此獨立。各自應以不同方式招募人員，最好分別由獨立的經費支付，向不同的主管負責，本質上最好對彼此的績效好壞毫不在意。在產業領域中，審計員、會計師及稽查員應獨立於經理、主管和工頭之外。我們會發現，隨著時間的推移，如果要讓產業受到社會控制，記錄機制就必須完全獨立於董事會及股東。

然而，建立產業及政治領域的情報部門時，我們並不是重頭做起。除了堅持基本的職能分化之外，如果太過拘泥各具體情況下所該採取的形式，就會顯得繁瑣耗時。有些人信奉並採用情報工作；有些人雖不懂其精髓，但要完成工作就不能缺少情報；還有一些人會加以抵制。然而，只要此原則能在每個社會機構中立下基礎，就會逐步推進，也就是說應該事不宜遲，開始行動。以聯邦政府為例，並不必先整理百年來積累的行政混亂，以及不合邏輯的疊床架屋，才能從中為國家急需的情報局找到一個整齊舒適的位置。選舉前，我們承諾會勇於蹚這灘渾水。然而，當我們氣喘吁吁處於此境地時，卻發現各荒謬之處都附著既定的習慣、強大的利益，以及國會議員盤根錯節的關係。如果我們沿著整個體制開攻，就會產生極強的後座力，正如詩人所言，我們踏上戰場，最終必將失敗。我們能廢除一個跟不上時代的局處，裁撤一批職員，甚至將兩個局處合併。可是到了那時，我們可能忙於處理關稅與鐵路事務，錯過了改革的時機。此外，如果要以合邏輯的方式完成政府的重組，正如所有候選人常做的承諾，我們就得激起更多的熱情，沒時間靜下來好好思考。即便我們已經準備好全新的方案，也一定需要官員來執掌。無論人們如何評價公務員，即使在蘇聯，也樂於讓許多元老重返崗位，而這些元老如果遭受過於無情的對待，最後會成為理想體制的破壞者。

沒有善意，任何治理方案都無法真正運作，而要對奇特作法產生好感，就非得靠教育來達成。更好的辦法是，在現有體制中，只要有機可乘，就設立機構，並每週、每月都對其仔細檢視一番。如此一來，不但能讓執行者看清體制的樣貌，也能讓負責的上位者及外面的人民清楚了解其運作情形。公務員開始自我反省時，或更準確來說，局外人、領袖及下屬都開始看見相同的事實，也就是藏不住的事實時，各種阻礙就會隨之減少。改革者如果主張某個局處效率低落，這只不過是他的主觀見解，該局處可能對此不以為然。不過，假如能系統性分析及記錄該局處的工作，並再與其他局處及私營企業做比較，這樣一來，辯論就會提升到更高的層次。

華盛頓內閣有十個代表部門。假設各部門都有常設的情報部門，那麼這些部門要想有效運作，必須具備哪些條件呢？最關鍵的是，情報官員必須完全獨立，既不受該部門相關委員會的控制，也不受部長的干涉。他們不涉及決策，也不參與具體行動。獨立性主要取決於三個關鍵因素：經費、任期以及資料存取權。顯然，如果某國會或部門官員能隨意剝奪情報部門的經費、解雇其人員或封鎖檔案，那麼其工作人員就淪為對方的玩物。

經費問題既重要又複雜。如果一個研究機構依賴國會每年撥發的經費，而國會可能又眼紅又吝嗇，那麼這個機構就無法真正獨立運作。然而，經費的最終控制權離不開立法機構。財務安排應保護工作人員免受惡意攻擊及暗算，同時又能為機構的發展提供資金保障。工作人員應當表現極堅定的態度，以致任何對其存在的攻擊都會無所遁形。這或許能依據創立信託基金的聯邦章程，加上逐年調整經費比例的標準來實現，依照情報部門上級單位的經費安排，反正涉及的金額並不大。信託基金能用來承擔一小部分工作人員的日常開支及資本成本，而逐年調整經費比例的標準則用以支付剩下的一大部分。不管如何，這筆撥款像在償還長期債務一樣，不該隨意更動。比起修正憲法或發行國債來「牽制住國會」，這種做法輕鬆很多。當然，國會可廢除這個章程，但必須徹底放棄，不能只是設法阻撓。

任期應為終身制，並規定提供豐厚退休金作為保障，還有預留休假年以供進修與培訓，且沒有經過專業同儕審核，不能予以解聘。所有適用於非營利知識性職業的條件，也應適用於此。如果要在這項工作中顯得突出，必須具備尊嚴與安全感，至少在更高層次上，能夠無拘無束，隨心所欲，不必急著做決策。

資料存取權應在法案章程中明確規定。該局處應有權查閱所有文件，並有權詢問任何官員或外部人士。這種持續性調查絕不能像驚世駭俗的立法調查那般，或是斷斷續續的資訊搜集，這些都是當前政府的一貫作風。該局處也有權向所屬部門提出會計方法建議。如果該建議遭駁回，或是通過後未按表操課，則可根據其章程向國會提出上訴。

各情報局會成為國會與部門之間的聯繫紐帶，比內閣官員親自出現在眾議院及參議院更有效力，儘管此提議並不排斥後者的存在。該局處會成為國會的法眼，監察其政策執行的情況，也是部門面對國會批評的回覆單位。由於部門的運作始終透明，也許國會就不認為有必要信奉分權學說，制定繁瑣的法規，畢竟這類立法會大大妨礙行政效率。

當然，這十個部門不可能各自獨立運作，互不干涉。在這些部門之間的聯繫中，蘊藏著「協調」的最佳契機，這是經常有人談論但卻很少有機會見到的情況。顯然，各部門的工作團隊要盡可能採用一致的衡量標準，並互相交換記錄。例如戰爭部（War Department）及郵政部（Post Office Department）在購買木材、聘用木匠或建造磚牆時，不必非得透過同一家代辦機構來處理，畢竟可能造成事務過度集中化，變得既繁瑣又沒效率。不過，各部門仍能對同樣的事務使用同樣的衡量標準，保持常需要進行比較的態度，視其他部門為競爭對手。這種競爭越是多樣化，越是有利。

競爭的價值取決於其衡量標準的價值。因此，我們不該問自己是否相信競爭，反而應該問是否相信競爭者要爭取的目標。頭腦不清醒的人會期待「廢除競爭機制」，因為一旦最後一絲效法之心都沒了，人們就會不假思索，甘於服從常規，僅由少數機靈者做些調整。然而，也沒有人期望競爭最後會演變成人人相殘的血腥鬥爭。重點在於如何選擇競爭的目標及規則。總是最顯著的衡量標準決定了遊戲規則，例如金錢、權力、人氣、讚譽，或者韋伯倫（Thorstein Bunde Veblen）所謂的「炫耀型浪費」（conspicuous waste）。我們的文明通常還提供了哪些其他的衡量標準呢？這些標準如何衡量我們不斷高喊的效率、生產力及服務呢？

基本上沒有真正的衡量標準，當然也就不存在為了實現這些理想的競爭行為，因為所謂高低動機之間的分別，並不像人們常說的那樣，只是無私及自私之分[1]。其區別在於目標是簡單易懂，還是模糊難懂。勸一個人比鄰居賺更多錢，他就知道該追求什麼，但如果勸他提供更多社會服務，他能確定何種服務是社會性的嗎？檢驗標準是什麼？衡量標準是什麼？這往往只是主觀感受、個人觀點而已。在和平時期，如果告訴一個人他應該為國家服務，那只是一句聽膩的陳腔濫調，但在戰時，「服務」這個詞卻夾帶著具體的含義，意味著一系列具體行動，例如參軍、購買公債、節約糧食，或者工作一年只賺一元，而這些服務，對他來說，都明確成為具體目的的一部分，就是建立一支比敵人更龐大、裝備更完善的勁旅。

1 比較「重新檢視利己」。

因此，我們越能分析行政管理，找出可供比較的要素，並為期望提升的品質發展出量化標準，就越能將競爭轉化為追求理想目標的手段。如果我們能設計出合適的指數[2]，那麼就能在單一工作坊內的個別工人之間產生競爭，也在工作坊、工廠、學校[3]、政府部門、軍團、軍師（division）、船隻、各州、各郡、各市之間產生競爭。我們設計的指數越精確，這種競爭就越有助理想的實現。

毫無疑問，資料互通是有可能的。政府某部門時常在尋找另一部門所獲得的資料，儘管其形式也許不太一樣。譬如，國務院需要知道墨西哥石油儲量的範圍、其與世界其他地區供應的關係、墨西哥石油田當前的所有權狀況、目前建造或計畫中的軍艦對石油的重要性，以及各領域中的相對成本等等。國務院要如何獲得這些資料呢？說不定散佈在內政部、司法部、商務部、勞工

2　我使用「指數」這個詞並非單純指涉其技術層面的意義，只要是用來比較衡量社會現象，這個詞都能派上用場。

3　See, for example, *An Index Number for State School Systems* by Leonard P. Ayres, Russell Sage Foundation, 1920.
在自由貸款運動中應用配額原則成果豐碩，而在更為艱難的情況下，則由盟軍海運委員會（Allied Maritime Transport Council）採用。

部和海軍部之中。不是國務院的一位職員在參考文獻中查找墨西哥石油的資料，而資料準確度有待商榷，不然就是某人的私人祕書致電給另一位私人祕書，索要一份備忘錄，隨後一位黑人信差攜來一大疊難以理解的報告。國務院應該能夠調用自己的情報局，將這些事實按外交決策問題的需求整理，而外交情報局則可從中央清算中心中取得。[4]

此機構很快就會成為一個相當了不起的資料集散地，而其中的工作人員也會真正意識到政府問題的所在。他們會處理定義、術語、統計技術及邏輯等問題，並具體跨越整個社會科學的範疇。難以理解的是，除了一些外交及軍事機密外，為何這些資料不應該讓國內學者取用。政治科學家能夠在此找到真正棘手的問題，也能為學生提供實質的研究題目。這項工作未必全都在華盛頓進行，但都和華盛頓有關。因此，此中央機構的組織架構猶如一所國立大學。在這裡，工作人員可以從大學畢業生中招聘，他們將進行研究，而論題是各國立大學的校長及全國的教師經協商

4　這類服務在各行業協會中發展極好。一九二一年紐約建築行會的調查中，揭開了其可能遭不當誤用的情況。

選定的。如果這個聯繫機制夠靈活，那麼除了固定職員之外，還能持續吸納來自各大學的臨時及專業委任人員，以及由華盛頓派出的交流講師。如此一來，培訓與招聘就能同步進行。部分研究能讓學生進行，而大學中的政治科學也會與美國的政治現實無縫接軌。

大致上，此原則同樣適用於州政府、城市以及鄉郡。比較與交流的工作可以透過各州、市、郡局處聯盟來進行，而這些聯盟可以規劃任何理想的區域結合。只要會計制度彼此相容，就能避免大量重複工作。區域協調尤為可取，因為法律劃定的邊界往往與實際運作環境不符，但這些邊界基於一定的風俗習慣，若任意打破，將會付出慘痛代價。透過協調資料，數個行政區域能在維持各自決策自主性的同時，還能進行合作。例如，從市政廳的角度來看，紐約市本身是一個難以有效治理的行政區。然而，就許多領域而言，如公共衛生及交通運輸，紐約大都會區才是真正的行政單位。該區域內包含揚克斯（Yonkers）、澤西市（Jersey City）、帕特森（Paterson）、伊莉莎白（Elizabeth）、霍博肯（Hoboken）、貝永（Bayonne）等大城市，這些城市不可能全由單一中心管理，但在許多功能上又必須共同合作。最終，也許韋伯夫婦（Sidney and Beatrice Webb）所提出的彈性地方政府聯合模式，才是合適的解決之道[5]。不過，協調的第一步不該針對決策與行動，而是先從資訊與研究下手，讓各市政官員根據相同事實來檢視共同面臨的問題。

不可否認的是，這個貫穿政治及產業的情報局網絡，最後可能變成沉重的包袱及持續的困擾。不難想像，這個網絡會吸引愛爽缺的人、書呆子及好管閒事者。我們能預見官僚的繁文縟節、文件堆積如山及七零八落、問卷調查反反覆覆、各文件副本製作七份、各種簽名背書、計畫延誤、表格使用錯誤百出，以及文件未以紅墨水書寫而遭退回的情形，使用鉛筆或黑墨水書寫都不合規定。整個網絡的運作很可能會雜亂無章。畢竟，沒有任何體制是萬無一失的。

然而，假設政府部門、工廠、辦公室與大學之間能夠實現人員的流通，以及資料與批評的流通，那麼機構內部腐敗的風險就不會太過嚴重。有人或許會說這些情報局讓生活變得更加複雜。

---

5 "The Reorganization of Local Government" (Ch. IV), in *A Constitution for the Socialist Commonwealth of Great Britain.*

恰好相反，這些單位其實開了一條捷徑，因為揭開了人力難以應對的複雜現狀。現今這個根本上隱蔽的政府體制盤根錯節，以致大多數人早放棄追蹤，而正因為他們不再追根究柢，反而誤以為其相對單純。事實上，這個體制捉摸不定、匿影藏形且晦澀難懂。採用情報系統意味著，每取得一個結果所需的人力可以大幅減少，因為透過共享各自經驗，可以減少無意義的試驗，同時也讓社會過程變得清晰可見，幫助工作人員自評自省。如果考慮到目前特別調查委員會、大陪審團、地方檢察官、改革組織以及渾渾噩噩的官員所浪費的時間，要建立如此情報系統並不用再增添額外人員。

如果輿論以及民主理論在現代環境中的分析都是全面的，原則上是如此的話，那麼我們就一定會領悟到，這種情報工作正是社會改進的關鍵。我指的不是本章節中所提出的那幾項建議，這些就只是舉例說明而已。發展這項技術的任務掌握在受過專業訓練的人手中，即便是他們，也無法當下就完全預見其形式，更遑論細節。如今有記檔的社會現象數量極少，分析工具非常粗糙，概念往往模糊且未接受過考驗。然而，我認為這足以表明，有效報導無形環境是可能的，而且能排除各方偏見，克服主觀口吻，以維持中立的方式傳遞給不同群體。

如果真是如此，那麼在發展情報原則的過程中，人們會克服自治的最大障礙，也就是如何應對無形的現實。因為這個困難點，任何自治社群都會猶豫不決，無法確定需要自我孤立，還是多接觸外面世界；無法平衡地方決策的尊嚴與獨立性，以及安全與廣泛協調之間的矛盾；無法在不犧牲責任的前提下，確保有效的領導；無法獲得有用的公眾意見，假如不將普遍的公眾意見加諸在所有議題之上。如果不能建立對無形事件的共同描述，以及對各自反應的共同衡量標準，那麼理論上可行的民主形象，也只能建立在一個孤立社群的基礎之上，而當中這些人的政治能力，如亞里斯多德的那句著名格言所說，僅侷限於他們狹窄視野的範圍。

但是現在有了一條出路。儘管這條路還很遙遠，但確實存在。其根本方式與一位芝加哥市民所採用的方法完全相同。這名市民的眼耳都不如雅典人優秀，卻能夠遠遠就看到目標及聽到聲音。如今這是有可能的。隨著投入更多的心力，將來更有可能縮短人們內心環境與實際環境之間的差距。隨著情報工作不斷精進，聯邦制就會越依靠共識運作，而非僅僅憑藉強制力。雖然聯邦制是自治群體聯合的唯一可行方法[6]，但只要這種聯合不是基於正確且廣為認同的聯邦事務理念，聯邦制就會走向極端，不是邁向帝國式的中央集權，就是倒向狹隘的無政府狀態。這些理念並非自然而然產生，必須經由分析後的歸納總結才能拼湊出來，而分析工具的發明及檢驗也必須透過研究來實現。

沒有任何選舉機制、區域劃分的操縱、或是產權制度的變革，能夠觸及問題的根本。我們無法從人們身上竊取超出他們本身所具有的政治智慧。無論改革多麼轟動，也絕非真正的激進改革，除非能有意提供一種方法，用以克服因有限的個人經驗而產生的主觀意見。的確有一些政府、投票及代議制度更能提煉出智慧，但知識最後並不是來自於良知，而是來自與之互動的環境。人們依據情報原則行事時，會出外尋找事實，並累積自己的智慧。然而，我們對此原則視而不見時，就只會向內探尋，只能發現固有的偏見，最後只會不斷粉飾個人的偏見，無法真正有所長進。

6　*Cf.* H. J. Laski, *The Foundations of Sovereignty*, and other Essays, particularly the Essay of this name, as well as the Problems of Administrative Areas, The Theory of Popular Sovereignty, and The Pluralistic State.

第27章

訴諸公眾

在現實生活中，每個公共問題都能形成一個公眾意見是說不通的，沒有人以此行事，儘管一個人因為沒有形成自己的公眾意見而認為根本不存在公共問題時，這個事實往往沒人注意到。然而，布賴斯爵士（Lord Bryce）認為「輿論的作用是不間斷的」[1]，而在我們政治的理論中，我們對這句話的意思解讀得太過於字面，與他個人相比有過之而無不及，儘管「其作用…只涉及廣泛原則」[2]。因為我們堅持相信自己擁有連續不斷的意見，同時又不完全理解何謂廣泛原則，於是自然而然打了一聲痛苦的哈欠，認為沒有必要閱讀那麼多政府報告、統計數據以及曲線圖與圖表。畢竟，這些和黨派言論一樣令人困惑，更不用說有趣了。

1　*Modern Democracies*, Vol. I, p. 159.
2　*Modern Democracies*, footnote, p. 158.

可供分配的注意力實在有限，假設國內每個人認真讀完所有情報機構的出版物後，就能提高警覺、獲得資訊，而且對數不勝數的實際問題充滿熱情，就算這些問題不太符合任何廣泛原則。我並不認為此假設完全正確。主要理由是，情報機構是行動者、有決策責任代表以及工作者的輔助工具。假如這些人都認為機構派不上用場，那其他人也會有同樣感受。然而，只要情報機構能幫助他們理解所處的工作環境，就能增加他們行動的能見度，如此一來，就能更大程度上對一般大眾負起責任。

其目的並非讓每位公民都必須承擔所有問題的專業意見，而是將這種重擔轉嫁給負責的管理者。當然，作為一般資訊的來源以及日常新聞的監督單位，情報系統具有一定價值，但這不是最重要的。其真正的價值是協助政治及產業領域中代議政府與行政管理的運作。以會計師、統計師或祕書形式呈現的專業協助，一般大眾並不需要，有需求是從事公共事務的人，但他們無法只靠經驗法則行事。其本質和理想上，更能推動公共事務的運作，而不是凸顯欠妥之處。

作為國家公民及選民，沒有人能嘗試消化這些文件。然而，作為爭論的一方、立法委員會委員、政府、企業或工會幹部，或是產業理事會成員，針對具體爭議事項的報告會越來越受歡迎。如今對某議題感興趣的公民會加入志願團體，當中雇有專職人員研讀文件、撰寫報告並監督官方行為。針對這些資料，報社記者會做一定的研究，而專家和政治學家則會大肆探討。然而，除了極少數的情況，我們每個人在現代生活中都是局外人，不但沒有足夠的時間、注意力及興趣，也缺乏能做具體判斷的工具。正是在健全條件下工作局內人，支撐著社會日常的運作。

一般大眾只能根據事件的結果以及事前的程序，來判斷這些條件是否健全。「輿論的作用是不間斷的」這個廣泛原則，本質上是程序原則。局外人能請專家說明，相關事實是否有經過適當考慮。大多數情況下，他們無法自行判斷相關的事實為何，或何謂適當考慮。局外人也許能判斷，關心該決策的團體是否都能充分表達意見，投票過程（如果有的話）是否公正無私，以及成員是否能坦然接受結果。就算新聞表明程序值得關注，他們也能觀察是否真是如此。如果該程序的正常結果與心目中美好生活的理想相牴觸[3]，他們也可以提出疑問，質疑程序本身的正當性。然

3　比較第二十章「新畫面」。

而，如果他們在每件事上都試圖以自己的觀點取代程序，彷彿在危急時刻能再給出如長輩般的建言，這樣只會讓亂上加亂，導致思路無法一貫。

在種種繁複的問題上呼籲公眾參與，幾乎總意味著一種企圖，也就是為了避開知情人士的批評，動員一大群從未有機會了解內情的人。最終的裁決往往在於誰的聲音最響亮或最動聽、誰的宣傳手段最巧妙或最大膽，以及誰在報紙上的版面最多。就算編輯對「對方」盡量保持公正，但只有公正是不夠的，因為可能還有其他未被提及的立場，其來自任何有組織、有資金且有積極態度的黨派人士。

身為一般公民，我們常會因為各黨派要求自己的輿論觀點而困擾不已，但不久就會發覺，這些呼籲並非在讚美我們的智識，而是欺負我們的善良本性，甚至侮辱我們對證據的判斷能力。隨著公民教育讓我們認清周遭環境的複雜性，於是我們會更關心程序的公正與合理，而大多數的情況下，我們也期望自己選出的代表替他們把關。我們不願承受這些決策的重擔，不過面對急於爭取勝利，急著將第一手情報丟給記者的人，絕對會直接比倒讚。

現代社會中忙碌的人民如果希望能輕鬆應對問題，那麼這些問題絕對要經過一定程序才能搬上檯面。因為由黨派人士陳述的議題，總是由一連串錯綜複雜的個人主觀事實構成，表面再包上一大層帶有個人情緒的刻板用語，聽起來油嘴滑舌。依照當前的風氣，他們從會議室走出來時，會堅稱自己所追求的是某種能讓靈魂昇華的理念，例如正義、福利、美國精神或社會主義。針對這樣的議題，身處局外的我們有時可能會恐懼不安或是欽佩不已，但就是不會有理性的判斷。我們在相信這些議題的論點之前，務必先幫黨派人士把那「油膩膩的嘴」擦乾淨。

如果能在一位主席或調解人的主持下，透過內部代表進行討論，那麼要實現這點不難，而主席或調解人要規定，討論必須依據專家提供的分析資料。對要處理遠端事務的代表機構而言，具備此意見組織模式很重要。黨派的聲音固然要考慮，但這些黨派人士不得不面對一些人，他們不受個人利益干擾、掌握充分事實，並具備辯證技巧，還能在刻板印象、固定套路及華麗裝飾當中，分辨出真實的觀點。這是一種蘇格拉底式的對話，他以破除語言表層、直達真實內涵而聞名，但這又不只止於此，因為現代生活中的辯證必須仰賴一群關鍵人物，他們不但熟悉外面環境，也能洞察人類心智。

例如，在鋼鐵產業中就存在一場激烈的爭辯。雙方各自發布了充滿崇高理想的宣言，而在這個階段，唯一值得尊重的意見就是堅持召開會議。對於認為自己正氣凜然，無需也不應受到會議玷污的一方，幾乎難以獲得同情，因為在人世間不存在絕對正義。或許反對召開會議的人不敢如此妄言；或許他們會說對方是邪惡的化身，根本不屑與叛徒握手。此時，公眾意見能做的就是策劃由公職人員主持的聽證會，以查明對方邪惡的證據，不能只聽信黨派人士的說法。假設雙方同意召開會議，而且主席代表中立一方，他們隨時可以召集公司、工會，甚至勞工部的諮詢專家……

蓋瑞法官態度極其真誠地表示，他的下屬薪資優渥且不致於過勞，接著開始概述彼得大帝時期到沙皇遇刺的這段俄國歷史。福斯特（William Z. Foster）則站起身來，同樣真誠地宣稱工人遭受剝削，然後開始勾勒從拿撒勒的耶穌到亞伯拉罕・林肯的人類解放歷程。就在這時，主席要求情報人員拿出工資表，展示各級的工資狀況，不談「薪資優渥」及「遭受剝削」這兩個籠統詞語。蓋瑞法官認為所有工人都薪資優渥嗎？答案是肯定的。至於福斯特，他認為所有工人都遭受剝削嗎？當然不是。他認為遭受剝削的只有C、M和X群體。他所謂的「遭受剝削」是指工資不足以維持基本生活，而蓋瑞法官則主張工資足以應付生活所需。主席隨即發問，靠這樣的工資能買到什麼呢？福斯特回答：「什麼也買不到」；蓋瑞法官回答：「能買到他所需的一切」。主席查閱了政府的預算與物價統計[4]，裁定X群體能夠維持平均預算，但C及M群體則達不到。蓋瑞法官隨後提出異議，認為官方統計數據不可靠，因為預算標準設得太高，而物價卻已下跌；福斯特也提出異議，認為預算標準設得太低，物價卻上漲了。最後，主席裁定這個問題不屬於本次會議的管轄範圍，官方數據仍然有效，並指示蓋瑞法官及福斯特各自的專家，應將各自的上訴書提交給聯邦情報局常設委員會。

蓋瑞法官仍接著說：「儘管如此，如果我們改變工資標準，後果不堪設想。」主席問道：「你所謂的後果不堪設想是什麼意思？請出示你的帳本。」蓋瑞法官回答：「我拿不出來，那些帳

---

4 See an article on "The Cost of Living and Wage Cuts," in the *New Republic*, July 27, 1921, by Dr. Leo Wolman.
關於這些數據及「偽原則」隨意使用的問題，這篇文章有精彩的論述。此警訊尤其重要，因為他是一位專業的經濟學家兼統計學家，在改善產業爭議技術方面有卓越貢獻。

本屬於私密資料。」主席則回應：「私密之事與我們無關。」隨後，他向大眾發表聲明，宣稱C及M群體的工資比官方規定的最低生活工資低了某個數額，而蓋瑞法官拒絕提高工資，理由他拒絕說明。經過如此一番程序後，以讚頌為主的公眾意見就此誕生。[5]

專家調解的價值不在於其建立了一種意見來強制黨派服從，而在於其能瓦解黨派性。蓋瑞法官及福斯特可能依舊堅持己見，不過即使是他們，也必須以不同的態度來發言。然而，幾乎所有未曾捲入其中的人都能免受到牽連。因為透過這種辯證方式，人們本能反應的心結，例如刻板印象及慣用口號，就能迎刃而解。

許多具有重大公共意義的議題上，以及個人針對私密問題的不同程度上，記憶與情緒之間的連線往往會打結。相同的詞彙可能會喚起無數不同的觀念：情緒不再直接依附於其原本所屬的形象，而是轉移到與這些形象名稱相似的詞語上。因此，在純真的心靈深處，只憑音韻、接觸及演替就能激發大量聯想。當中存在著零散的情緒依託，以及曾經有深層定義但如今卻只剩表面的詞

5　As used by Mr. Lowell in his *Public Opinion and Popular Government*.

語。在夢境、幻想與恐慌之中，我們發現內心的失序狀態，足以看出單純心靈的組成及其運作方式，絲毫未受清醒理智及外在制約的影響。我們發現，再也沒有比佈滿灰塵的舊閣樓更自然的秩序了。事實、觀念與情緒之間的脫節，就好像在一座歌劇院中，所有戲服堆積如山，所有樂譜混雜無章，《蝴蝶夫人》（*Madama Butterfly*）中的主角竟身穿女武神的裝束，柔情等待浮士德歸來。正如一篇社論所述：「聖誕佳節期間，往日回憶使人心變得柔軟。回味童年時，神聖的教誨歷歷在目。如果以摯愛者的模糊記憶看世界，儘管悲喜參半，卻與上帝同在，赫然發覺這個世界有美好的一面。沒有一顆心能免受神祕力量的牽動……國家雖然到處都是紅色宣傳的痕跡，但卻有充足的繩索、肌肉及路燈……這世界繼續不停運轉，而自由精神會在人們的心胸中熊熊燃燒著。」

腦海中湧現出這些詞句的人需要協助，因為實在太過混亂。他們需要一位如蘇格拉底的人，能將這些詞句拆解，盤問他到能為下定義為止，賦予句子觀念的名稱，只指涉某個特定的對象，別無他義。因為這些緊密的音節，已經透過原始的聯想在他們腦中相互連結，並與聖誕節的回憶、身為保守派的憤慨，以及作為革命傳統繼承者的激動情緒糾纏在一起。有時，這種內心的結過於龐大且深刻，因此難以迅速解開；有時，就像在現代心理治療中一樣，層層疊疊的記憶回溯到嬰兒時期，必須一一解構並重新命名。

命名的效果，即將「勞工遭受剝削」這種籠統的說法，換成具體的C及M群體工資過低，而非X，這種表達方式一針見血。這使得各種觀念重新獲得了其獨立性，激起的情緒也變得具體，不再被種種龐大且突如其來的聯想牽制住而無法自拔，就如上述的聖誕節連接到莫斯科那般。如果一個觀念經過拆解、獲得獨立名稱，並附上重新過濾後的情緒，那麼要以新資訊來矯正問題就顯得容易許多。曾經這個觀念深植於人的整個性格之中，聯繫著完整的自我：任何挑戰都會引起整個靈魂的震盪。然而，經過徹底梳理之後，此觀念就不再屬於我，而是變成客觀存在的它。觀念失去了主觀性，開始與自我保持著一定距離。其命運不再與我的命運糾纏，而是依附在我所反應的外面世界中。

這種再教育的方式有助於讓我們的公眾意見順應環境，藉此消除龐大的審查、刻板化及戲劇化機制。只要我們能輕而易舉掌握相關環境，那麼批評家、教師、醫生都能解讀人心，但如果連分析學家及其學生都看不清環境，那麼任何分析技術都不足以應對，必須仰賴情報工作。在政治及產業問題上，儘管只靠批評家也能有所作為，但如果無法依賴專業記者提供有效的環境畫面，其辯證分析就無法深入。

儘管在此以及大多數事務中，「教育」是至高無上的解方，但這種教育的價值要取決於知識的發展。就目前來看，我們對人類制度的認識仍極為匱乏，僅停留在印象層面。整體上，社會知識的收集還是毫無章法的，未能正常輔助人們對環境的反應。然而，可以確定的是，收集資訊並非為了最終用途，而是出於現代決策的需要。此過程中，隨著大量資料的累積，政治學能將其歸納成普遍原則，並為學校建立起世界的概念圖。當畫面逐漸成形，公民教育就能做好準備，應對無形的環境。

當實際運作的社會體系模型呈現在教師眼前時，他們就能以此讓學生明白，心智在面對陌生事物時該如何運作。在該模型確立之前，教師根本不指望能讓學生做好心理準備，迎接他們面對將來的世界。教師能做的只是幫助學生充分認識及理解自身心智，使其足以應對未來世界。他們能採用案例教學法，培養學生檢視資訊來源的習慣。舉例來說，他們可以教導學生在報紙上查找消息發稿的地點、通訊員的姓名、新聞通訊社的名稱、該聲明所依據的權力單位，以及該聲明取得的具體情況等等，進而引導他們反思，對記者所描述的情景提出質疑，並記住該記者以往描述其他事件的方式。此外，教師還能闡述審查制度的本質、隱私的概念，並補充過去宣傳活動的相關知識。透過對歷史事實的理解，學生能意識到刻板印象的存在，面對印刷文字所喚起的意象時，能有內省的習慣。藉由比較歷史與人類學，教師還能讓學生領悟到一項影響終生的道理，社會上的任何規範都有可能以一種特定模式，影響人們的想像力發揮。在課程中，學生能發現自己確實會編造寓言、誇大關係或是將抽象概念擬人化，懂得如何應對他們認同且感興趣的寓言，並採取某種態度來搭配某一特定觀點，例如英勇的態度，或是浪漫、有利可圖的態度。對謬誤的研究不僅能防患於未然，更能刺激對真理的探索。隨著我們深刻意識到自身的主觀性，就會發現客觀方法別具一番風味，並認真去窺探，看清我們難以察覺的偏見，體會偏見在不經意的情況下，就能導致慘痛的後果。偏見崩壞時，儘管我們會因為自尊心會受到傷害而感到痛苦，但成功破除偏見後所產生的巨大安心感及成就感，卻能徹底擴大我們的注意力範圍。隨著現有的社會框架逐漸瓦解，一個樸素、單純的世界便浮現出來，整個場景變得生動活潑且充實圓滿。接著會有一股激情油然而生，驅使人們全心全意欣賞科學方法。在其他情況下，這種驅動力不但難以產生，也無法延續。畢竟，偏見往往既輕鬆又富有趣味。如果我們將科學原則當作自古以來就存在的常識來講授，那麼其最主要的美德，意即客觀性，就會讓自身變得沉悶，讓人提不起興趣。然而，如果首先將這些原則解讀為戰勝迷思的工具，那麼追尋與征服所帶來的快感，就能幫助學生跨越艱難的過渡期，從自我中心的經驗邁向新的階段，能展現足夠的好奇心及理性去應對外面世界。

第28章

訴諸理性

這本書的結尾我寫了好幾個版本，然後全部擱在一旁。每版結尾中都瀰漫最後章節的宿命感，當中每一個觀念似乎都找到了自己的位置，所有作者尚未忘卻的謎團也都解開了。在政治的故事裡，主角的生活不會永遠幸福美滿，也不會劃上完美句點，因為他眼前的未來，比背後所記載的歷史還要更為廣闊，根本還不到完結篇。最後一章只是一個作者想像的場景，讓不好意思打斷的讀者有機會偷瞄手錶一眼。

柏拉圖到了必須總結之時，突然一陣怯場，原本胸有成竹的自信化作雲煙，因為他心想，如果這時才表達心中的看法，說明理性在政治中的地位，這聽起來多麼荒唐。《理想國》第五卷中那些句子，即便對柏拉圖來說也是難以說出口，但就是如此純粹、如此不加修飾，讓人想忘都忘不掉，卻也無法奉為人生座右銘。於是，柏拉圖要求蘇格拉底跟格勞孔（Glaucon）說，他如果說出「要讓一個國家變得更為真實，那麼所需的最小改變為何」[1]，肯定會笑破人家肚皮，乾脆跳進河裡死了算了。因為他「原本很想說出口，但覺得那話太過做作」的念頭其實是：「除非哲學家成為國王，或是這個世界上的國王及王子擁有哲學的精神與力量，而且政治的偉大與智慧融為一體……否則城市將會不斷遭受禍害——不，所有人類都會遭殃……」

柏拉圖話音剛落，便意識到這些驚世駭俗之言其實是一種完美主義的忠告，對自己那遙不可及的偉大構想感到窘迫。於是，他趕緊補充道，當然，「真正的舵手」會被冠上「喋喋不休者、不切實際者、一無是處者」的稱號[2]。這一廂情願的表白，儘管能使自己免受希臘人的責難，不用擔心人們會怎麼說他太過正經八百，但他嚴肅的思想其實淪為笑柄，任人宰割。他態度變得強硬起來，並警告阿狄曼圖斯（Adeimantus），他必須將「哲學家的無能歸咎於不肯好好利用他們的人，而不是將過錯都推給哲學家自己，因為舵手不該卑躬屈膝乞求水手讓他指揮，這違反大自然的

1　*Republic*, Bk. V, 473. Jowett transl.
2　2 Bk. VI, 488-489.

法則。」不可一世的他突然恢復理智，頭也不回地走入學院，直至身影消失在視野之中，淡然將這個世界交給後世馬基維利。

因此，在理性與政治首次的偉大對決中，理性的策略是憤然退隱，但與此同時，正如柏拉圖所言，船已出海。自柏拉圖撰文以來，海上已經行駛了無數船隻，而如今，無論我們認為自己是聰慧或愚昧，再也無法稱某人為真正的舵手，就只因為他懂得「關注歲月、季節、天空、星辰、風向，以及所有屬於其技藝的事物」[3]。他不能忽視能讓這艘船順利航行的任何因素。因為船上有叛變者，他無法輕描淡寫地說：「這對我們所有人來說實在是不幸……處理叛變並非大自然的定律……考慮叛變也非哲學之道……我懂得如何導航……但卻不懂得如何駕馭一艘載滿水手的船……如果他們無法看出我是應當掌舵之人，我也無能為力。我們終將一同觸礁，而他們將為自己的罪孽遭受天譴。我則帶著那份自以為更了解航海之道的自信……」

每當我們在政治上訴諸理性時，這個寓言中的難題便會重現。用理性的方法去應對一個不講理的世界，本身就蘊藏著難以

3　Bk. VI, 488-489.

克服的困境。即使我們和柏拉圖一樣，認為真正的舵手知道對船最有利的情況，但也必須記住，這樣的人沒那麼容易被找出來，而這種不確定性會讓大部分船員心存疑慮。定義上來說，船員無法知道舵手所知，而沉醉於星辰及風向的舵手，也不懂如何讓船員領會到他知識的重要性。海上發生叛變時，根本沒有時間讓每位水手評判誰是專家，也沒有時間讓舵手徵詢船員意見，以確認自己是否真的這般睿智。畢竟，教育的成敗需要經年累月的付出，但緊急狀況卻是一觸即發。因此，對舵手而言，真正的解決辦法是灌輸水手更深刻的證據意識，這純屬學術層次，只能對著陸上的船長說。在危機時刻，唯一的建議就是動用槍炮、發表演說、喊出激勵人心的口號、提出折衷辦法，或採取任何能迅速平息叛變的手段，畢竟證據意識究竟為何，在這種情況下根本無暇顧及。只有在陸上，人們才有可能規劃多次航行，才能夠且必須為了自身的生存，處理需要長時間才能解決的問題根源。他們考慮的不光是眼前的緊急狀況，而是以數年甚至數代人的大局為重。區分真假危機是最能考驗他們智慧的時刻。空氣中瀰漫恐慌情緒，危機接踵而來，而實際的危險與虛構的驚嚇混雜在一起時，理性就完全無法發揮有效作用，此時任何秩序似乎都比失序來得好得多。

只有在長期存在某種穩定性的前提下，人們才有可能走理性途徑。這並不是因為人類無能，也不是因為訴諸理性有前瞻性，而是在於政治議題上，理性的發展尚處於初期階段。我們在政治上的理性觀念仍是龐大且空泛的表述，過於抽象、粗糙，難以提供實際指引，除非總數足夠大，這樣個體特殊性才能被抵消，呈現整體的高度一致性。理性在預測個人行為上尤為不成熟，因為人的行為中，就連最微小的初始變化，也常發展成最錯綜複雜的差異。也許正因如此，突發情況時，我們試圖只靠理性應對，讓人笑掉大牙。

我們現有的理性驅使自己的速度，比採取行動還慢得多，所以在當前政治科學的現狀裡，常常有種趨勢，即某一情況在尚未完全讓人理解之前，已經變成另一種情況，這讓許多政治評論員淪為事後諸葛，無法提供真正的指導。無論是在發現未知事物的過程中，還是在傳播經驗證的事實時，都存在著一種時間差，理應比以往更能引起政治哲學家的重視。在格雷厄姆·華萊斯的啟發下，我們已開始探討一種無形環境對我們觀點所產生的影響。然而到目前為止，除了憑藉粗淺的經驗法則外，我們尚未真正理解時間對政治的影響，儘管其直接關係到建設性計畫的可行性。[4]例如，我們了解到任何計劃的相關性，在某種程度上取決於其執行所需花費的時間，因為該時間決定了該計劃所預設的項目，是否在實際情況下還能維持不變。[5]講求實際且經驗豐富的人確實會將此納入考慮，他們在某種程度上有別於投機取巧者、夢想家、庸俗之輩以及賣弄學問者。[6]然而，時間的盤算如何融入政治，我們仍一籌莫展，尚未有明確的系統協助。

在我們能清楚明白這些問題之前，至少能記住這是一個關鍵問題，其理論難度與實際影響都相當大。這提醒我們要珍惜柏拉圖的理想，同時也不需認同他草率的結論，認為不聽從理性之人暴戾乖張，有違常理。要在政治中遵循理性非常困難，因為這表示我們必須努力讓兩個南轅北轍的進程並肩前行，明知道其步調節奏都不在一個拍子上。在理性尚未成熟之前，應付政治的立即攻防仍需要天生的機智、力量以及一種無形的信念，這些都是理

4　*Cf.* H. G. Wells in the opening chapters of *Mankind in the Making*.

5　一個機構針對今日的情報分析得越出色，當然人們就越不可能以昨日的事實來應對明日的問題。

6　我認為反動派、保守派、自由派與激進派之間的部分差異，源自於他們對社會事務變遷速度的直覺評估不同。

性所無法提供且掌控的，因為現實生活中的事實幾乎無差別，不足以滿足其理解的能力。事實上，社會科學的方法尚未完善，因此做重大決策時，甚至在大部分日常決策中，我們都別無選擇，只能憑藉直覺的提示放手一搏，聽天由命。

然而，我們依靠這種直覺讓自己相信理性；我們能運用智慧與力量，為理性開拓立足點。在我們對世界的種種描繪之下，可以試著窺伺時間跨度更長的事件全貌，而在任何緊迫的時局中，能讓這段更長的時間來左右我們的決策。然而，即使懷有讓未來發揮作用的意志，我們仍不斷重蹈覆轍，自始至終無法確定該如何依照理性的指示反應。事實上，理性能主導的人類問題寥寥無幾。

然而，我們了解及相信作為群聚物種，所有人類都渴望一個更友善的世界，這點無可辯駁，不過當中卻潛藏著一種高尚的偽裝。人們彼此間所呈現出的各種怪相，不過只是伴隨著心跳微微一顫，所以未必都需要重視。太多事物充滿不確定，而許多反應必須靠猜測來完成，因此，我們急需動用內在資源，幫助自己做好表面功夫，以一種彷彿善意永遠奏效的態度來生活。我們無法證明善意一定有用，同時也無法證明為何輿論的七宗罪是仇恨、狹隘、猜忌、偏執、隱瞞、畏懼及說謊。我們只能堅信，這些惡行在訴諸理性的過程中絕無容身之地，而長遠看來，這些惡行宛如毒藥一般。只要立足於一種超越自身困境與生命短暫的世界觀，我們就能對其抱持堅定的偏見，不受其支配。

我們一定能更好達成目標，只要不讓恐慌與狂熱深深震撼我們，以致惱羞成怒，舉手投降；只要不對人類未來失去信心，以致對長遠的發展也失去熱情。這種絕望是毫無根據的，因為正如詹姆斯所言，我們的命運所牽引的一切如果，依然充滿孕育未來可能性的力量。我們曾親眼見識過殘暴，而正因該殘暴行徑一反常態，因此其出現並未成為人類的完結篇。修辭上來說，這只是一九一四年至一九一九年間的柏林、莫斯科及凡爾賽，而非所謂的世界末日。人們越以現實的態度面對殘暴與歇斯底里，就越有資格說，如果又爆發了一場大戰，那我們就應該相信，僅憑智慧、勇氣與努力永遠無法為全人類締造出美好生活，這並不是什麼愚蠢的想法。

儘管人間恐怖極為駭人，但卻並非普遍存在。既有腐敗之徒，也有堅守正道者；既有混亂紛擾，也有奇蹟出現；充斥著巨大的謊言，同時也有立志揭發真相的人。當我們否認曾有一些人、更多人，甚至足夠多人是那樣的人，這並非出於評判，而只是一種心境罷了。我們能對子虛烏有的事物感到絕望，對人能長出三個腦袋感到絕望，儘管蕭伯納對此還不死心。然而，我們絕不能對未來的場景感到絕望，因為根據每個人的心中所勾勒出的畫面，無論品質好壞，一切都有可能發生。如果在這十年的種種人類罪惡中，我們還未曾清醒過來，珍惜身邊見過的男男女女，想像能不斷重演的美好時刻，那麼就連上帝也幫不了我們。

公眾輿論：訊息與真實的明辨
Public Opinion

沃爾特．李普曼（Walter Lippmann）著

書系｜知道的書Catch on! 書號｜HC0110

著　　者　沃爾特．李普曼
譯　　者　陳琪徨
行銷企畫　廖倚萱
業務發行　王綬晨、邱紹溢、劉文雅
總 編 輯　鄭俊平
發 行 人　蘇拾平

出　　版　大寫出版
發　　行　大雁出版基地 www.andbooks.com.tw
　　　　　地址：新北市新店區北新路三段207-3號5樓
　　　　　電話：(02)8913-1005 傳眞：(02)8913-1056
　　　　　劃撥帳號：19983379　戶名：大雁文化事業股份有限公司

一版一刷　2025年5月
定　　價　699元

ISBN 978-626-7676-02-8

國家圖書館出版品預行編目（CIP）資料

公眾輿論：訊息與真實的明辨 / 沃爾特・李普曼（Walter Lippmann）著；
陳琪偉 譯｜初版｜新北市：大寫出版：大雁出版基地發行｜2025.5
464面；14.8x20.9公分.（知道的書Catch on!；HC0110）
譯自：Public Opinion
ISBN 978-626-7676-02-8（平裝）

1.CST: 輿論　2.CST: 民主政治　3.CST: 社會心理學

541.771　　114002079

Catch on!
知道的書

Catch on!
知道的書